英国司法審査とEU法

兼平裕子 著

成 文 堂

は し が き

　本書は、ここ数年書きためてきた11本の論説を、2018年上半期までの改正や新たな資料・知見を取り入れ、大幅に加筆修正し、9本の論説にまとめたものである。英国司法審査とEU法に関する論説3本、英国・EUおよび日本における原子力発電に関する論説3本、そして、英領タックスヘイブンを利用した租税回避に関する論説3本である。

　イギリス法を専門研究分野として選んだわけではないが、はるか昔からイギリスが大好きであった。自分の興味がある研究対象と、ここ十年来のイギリスにおけるEU法やEU司法裁判所に対するスタンスの変化とが複合的に作用し合って、選択した研究テーマが本書各章にまとめた内容である。

　第一部「英国司法審査とEU法」に関しては、まず第1章として、EU離脱のレファレンダムをしながらも、「国会主権主義によって、内閣は離脱通知を行う国王大権の行使はできない」という伝統的なテーマに関する訴訟を選んだ。次に第2章・第3章として、司法審査請求に関して、日本やドイツにおける環境公益訴訟と比較して大雑把ともいえる司法へのアクセス権の実際を検討した。まず第2章では、オーフス条約に関して、イギリス法におけるEU法のヒエラルキーと協力関係の中での分析を、そして第3章では、EU大気質指令の国内法化をめぐるEU司法裁判所先決裁定やイギリス最高裁判決における司法積極主義への転換を分析した。

　第二部「英国、EUおよびわが国における原子力発電」は、福島事故後の原子力廃止措置や原発訴訟さらには原発新規立地問題を取り扱ったものである。

　福島事故後の原子力廃止措置には超長期の時間を要することになる。その事業体としてどのような法人が望ましいかにつき、英国NDAと比較を含めて第4章で検討した。次に第5章で、伊方原発訴訟で示された「高度な専門技術的判断」に関する司法審査の判例理論では原発事故の発生を未然に防ぐことができなかったことに関して、環境団体訴訟における原告適格の問題、司法審査の役割の変容につき検討した。その福島事故後もイギリスは原発維持策を堅持している。この前提のもと、固定価格買取制度（CfD）を用いなければ建設費用が高騰した原発

の新規建設ができないイギリスの国家補助政策に対する EU 委員会決定および EU 司法裁判所判決を取り上げて、第 6 章で検討した。

第三部「英領タックスヘイブンを利用した租税回避」は、まず第 7 章で、なぜ英国王室属領にタックスヘイブンが多いのかという問題につき、その歴史的経緯や特異な法制度さらには EU 法との関係につき分析した。次に第 8 章で、国際課税における組織体問題（ハイブリッド・ミスマッチ）として取り上げられることの多い LPS につき、同日（2015年 7 月17日）に最高裁の判断が示された英領バミューダ LPS 訴訟とデラウェア州 LPS 訴訟を検討した。最後に第 9 章にて、租税回避として利用されるオフショア・タックスヘイブン問題につき、13世紀以来のガーンジー（The Bailiwick of Guernsey）の歴史的背景を分析したうえで、今後の対応策としての EU 法および BEPS の影響につき検討した。

なお、本書の初出は以下の通りである。

第 1 章 「EU 基本条約50条に基づく離脱通知に対する国会承認の必要性
──高等法院2016・11・3 判決に示された英国憲法上の国会主権および国
王大権──」愛媛大学法文学部論集（社会科学編）第42号（2017） 1 ～21頁
第 2 章 「英国司法審査における環境公益訴訟」愛媛法学会雑誌第40巻 1 ・
2 合併号（2014） 1 ～38頁
第 3 章 「EU 大気質指令──イギリス最高裁判所判決と EU 司法裁判所先
決裁定──」愛媛法学会雑誌第41巻 3 ・ 4 合併号（2015） 9 ～42頁
「EU 大気質指令の国内法化をめぐる EU 法とイギリス国内法の関係──
EU 司法裁判所先決裁定手続および差戻後のイギリス最高裁判決」環境管
理51巻11号（2015） 45～51頁
第 4 章 「電力システム改革と原子力廃止措置の事業体──英国 NDA（原子
力廃止措置機関）と日本の電気事業者──」『企業と法の現代的課題──市
川兼三先生古稀祝賀論文集──』（2014、成文堂） 157～184頁
第 5 章 「環境団体訴訟における原告適格──原発訴訟における司法審査の
役割──」愛媛法学会雑誌第39巻 3 ・ 4 合併号（2013） 37～80頁
第 6 章 「英国ヒンクリーポイント C 原発支援国家補助に対する欧州委員会
承認──委員会決定および EU 一般裁判所決定［T-382/15］に示された比

例性原則と市場の失敗——」愛媛法学会雑誌第44巻1・2合併号（2017）
1～40頁（※兼平麻渚生（首都大学東京）との共著）
第7章　「なぜ英国王室属領にタックス・ヘイブンが多いのか」税務事例46
巻10号（2014）　31～41頁
第8章　「バミューダ LPS 訴訟における法人該当性——外国法を準拠法とす
る事業体に関する借用概念——」税務事例46巻8号（2014）　34～43頁
「デラウェア州 LPS のわが国租税法上の法人該当性——最高裁第二小法廷平
成27年7月7日判決——」愛媛法学会雑誌第42巻2号（2016）　127～145頁
第9章　「英国王室属領の特殊性と EU 法および BEPS の影響——オフショ
ア・タックスヘイブンとして利用されるガーンジーの分析を通して——」
税法学577号（2017）　3～28頁

　イギリスは2016年6月23日のレファレンダムにより、EU 離脱を決定した。
2017年3月29日に EU 基本条約50条に基づき、メイ首相は欧州理事会に離脱を通
告した。2018年時点では未だ交渉中であるが、通知から2年後には離脱すること
になる。もはや離脱しないという選択肢はありえない。離脱の影響がどれほど大
きいか、現時点では測り知れない。EU 法の優越性や直接効果原則によりもたら
されたところの「国会主権原則」や「法の支配」とのジレンマは解消されること
になるのか。EURATOM 条約からも離脱することになるが、それは原子力維持
を決めているイギリスにどのような影響を及ぼすことになるのか。まだまだ流動
的な要因を多く残している。
　英領におけるタックスヘイブン問題は、かつての大英帝国植民地や英国王室属
領問題から派生している。一方で、環境法やエネルギー法に関してドイツ的な緻
密さはなく、「とりあえずやってみる」という臨機応変でフレックスな対応を
採っている。百年を超える超長期の原子力廃止措置問題や、建設費の高騰にもか
かわらず国家補助を用いてまでも原発建設を進めようとしていること——これら
はドイツの原子力フェイズアウトとは別の観点から、日本の参考になると思われ
る。これら全ての問題が、今後どのように変化するか予断や許さない。しかしな
がら、2018年末時点での分析と今後の対応策がそれなりに役立つことを祈念して
いる。
　本書の出版にあたっては、成文堂の篠崎雄彦さんに大変お世話になりました。

iv　はしがき

こうして出版の機会を与えてくださり感謝の限りです。そしてこれまで理解し、支えてくれた私の周りの全ての方々に心から感謝申し上げます。

　2018年10月

兼 平　裕 子

目　次

はしがき

第一部　英国司法審査と EU 法

第 1 章　EU 基本条約50条に基づく離脱通知に対する国会承認の必要性——高等法院2016年11月 3 日判決に示された英国憲法上の国会主権および国王大権——

Ⅰ　はじめに ……………………………………………………………… 3

Ⅱ　EU 基本条約50条に基づく離脱通知に関する訴訟における
　　主要争点の背景 ……………………………………………………… 5

　(1)　国会主権と国王大権——国会か政府か（5）

　(2)　加盟国法と EU 法の関係—— EU 法の国内効力と EU 司法裁判所（7）

　(3)　イギリス国民としての地位に基づく司法審査請求——原告適格（10）

Ⅲ　高等法院判決［2016］EWHC2768（Admin）
　　——R (Miller) v Secretary of State for Exiting the European Union——
　　……………………………………………………………………………13

　(1)　EU 基本条約50条—— EU から離脱する権利の行使（13）

　(2)　条約の制定・改廃に関する国王大権の行使の範囲（14）

　(3)　高等法院判決の結論——1972年欧州共同体法の解釈（17）

Ⅳ　高等法院判決が問いかける法律問題 …………………………………19

　(1)　国内法および国際法の平面における国会主権と国王大権（19）

　(2)　EU と加盟国間の権限配分バランス（21）

Ⅴ　むすびにかえて ………………………………………………………24

vi　目　次

第2章　英国司法審査における環境公益訴訟
── EU 法のヒエラルキーと協力関係の中でのイギリス法 ──

Ⅰ　はじめに ……………………………………………………………………27

Ⅱ　オーフス条約と国内法…………………………………………………28

　(1)　オーフス条約──司法へのアクセス権 (28)

　(2)　ドイツおよびフランスにおける団体原告適格 (29)

　(3)　イギリスにおける原告適格と司法へのアクセス権 (32)

Ⅲ　イギリス法における司法審査請求の拡充と EU 司法裁判所 ……35

　(1)　司法審査請求──市民訴訟をどこまで認めるか (35)

　(2)　公益訴訟における原告適格の拡大と限界 (38)

　(3)　国内裁判所と EU 司法裁判所間の役割分担および緊張関係 (42)

Ⅳ　環境公益訴訟の実質化 …………………………………………………45

　(1)　EU 大気質指令の国内法化をめぐるイギリス最高裁判決および
　　　 EU 司法裁判所先決裁定 (45)

　(2)　司法へのアクセス権──日本への示唆を含めて (50)

　(3)　「国会主権原則」と「法の支配」とのジレンマ (52)

　(4)　EU 法における環境公益訴訟──環境と経済の持続可能な発展 (53)

Ⅴ　むすびにかえて ………………………………………………………55

第3章　EU 大気質指令の国内法化をめぐる EU 法とイギリス
　　　　国内法の関係──イギリス最高裁における司法積極主義へ
　　　　の転換──

Ⅰ　はじめに ……………………………………………………………………57

Ⅱ　EU 法とイギリス国内法の関係 ……………………………………59

　(1)　EU 司法裁判所と国内裁判所の関係──先決裁定 (59)

　(2)　EU 法の優越性および直接効果の原則
　　　 ──国内裁判所と EU 司法裁判所間の緊張関係 (60)

　(3)　国会主権原則と法の支配── EU 法による変容 (63)

　(4)　欧州人権条約と不一致宣言 (65)

　(5)　EU 指令に対する直接適用可能性 (66)

Ⅲ EU大気質指令の国内法化をめぐる高等法院判決（2011年12月13日）
および控訴院判決（2012年5月30日）の検討── *The QUEEN on the application of ClientEarth v The Secretary of State for the Environment, Food and Rural Affairs* ── 68

(1) EU法とイギリス国内法の解釈アプローチ
──目的論的解釈と文理解釈（68）

(2) 2008年EU大気質指令（Directive 2008/50/EC）の国内法化（69）

(3) 2008年指令における「大気質計画」（70）

(4) 高等法院判決（2011年12月13日）
──宣言的判決および職務執行命令を求める司法審査請求（71）

(5) 控訴院判決（2012年5月30日）──文理解釈と司法消極主義（73）

Ⅳ イギリス最高裁判決（2013年5月1日）の検討
── *R (on the application of ClientEarth) v The Secretary of State for the Environment, Food and Rural Affairs* ── 75

(1) 最高裁判決（2013年5月1日）──予備的結論と先決裁定の付託（75）

(2) 国内裁判所において可能な救済方法（77）

(3) EU司法裁判所への付託（78）

Ⅴ EU司法裁判所先決裁定（2014年11月19日）および差戻後の
イギリス最高裁判決（2015年4月29日）
── *ClientEarth v The Secretary of State for the Environment, Food and Rural Affairs* ── 79

(1) EU司法裁判所優先処理手続（2013年11月28日）（79）

(2) EU司法裁判所先決裁定［Case C-404/13］（2014年11月19日）（80）

(3) イギリス最高裁差戻後判決における職務執行命令（2015年4月29日）（83）

(4) 国内裁判所およびEU司法裁判所の役割
── EU法の枠内での司法積極主義と政策的選択（85）

Ⅵ むすびにかえて 87

viii　目　次

第二部　英国、EU およびわが国における原子力発電

第4章　電力システム改革と原子力廃止措置の事業体
——英国 NDA（原子力廃止措置機関）と日本の電気事業者——

Ⅰ　はじめに ……………………………………………………………91

Ⅱ　電力システム改革——発送電分離に関する議論 ……………93

 (1)　2005年までの部分自由化の限界（93）

 (2)　福島事故後の議論（95）

 (3)　発送電分離（アンバンドリング）の法的問題（97）

Ⅲ　原子力廃止措置の問題点 ………………………………………99

 (1)　原子力発電の事業リスク（99）

 (2)　核燃料サイクルの破綻（101）

 (3)　高レベル放射性廃棄物——地層処分の難しさ（105）

Ⅳ　英国の原子力政策と NDA（原子力廃止措置機関）……………107

 (1)　原子力政策と NDA（107）

 (2)　原子力廃止措置の事業体（109）

Ⅴ　発送電分離と原子力廃止措置 …………………………………111

 (1)　原子力フェイズ・アウトの後始末（111）

 (2)　わが国における原子力廃止措置の事業体（113）

Ⅵ　むすびにかえて …………………………………………………114

第5章　環境団体訴訟における原告適格
——福島事故後の原発訴訟における司法審査の役割の変容——

Ⅰ　はじめに …………………………………………………………117

Ⅱ　福島事故以前の原発訴訟における司法判断 …………………120

 (1)　伊方原発訴訟における実体審理（120）

 (2)　もんじゅ第二次訴訟控訴審および上告審（125）

 (3)　志賀原発訴訟および浜岡原発訴訟——原発の耐震安全性確保（129）

Ⅲ　公益団体訴訟における客観的違法性 …………………………131

(1)　原発訴訟の限界——相対的安全性と客観訴訟としての側面 (131)

　(2)　環境団体訴訟における公益性

　　　——オーフス条約と欧米における司法へのアクセス権 (133)

　(3)　わが国の環境団体訴訟における原告適格

　　　——集団的利益に対する判例の立場および学説 (139)

Ⅳ　団体に原告適格を認める意義および団体訴訟の判決効…………143

　(1)　地域住民の利害の対立および関与の限界 (143)

　(2)　集団的利益を主張する団体訴訟における原告適格の拡大 (145)

　(3)　団体訴訟の判決効 (148)

Ⅴ　福島事故後の原発訴訟における司法審査の役割の変容…………149

　(1)　原発訴訟における司法審査の役割の変容——客観訴訟としての側面 (149)

　(2)　訴訟要件の克服——公益追求訴訟としての側面 (152)

Ⅵ　むすびにかえて ……………………………………………………154

第6章　英国ヒンクリーポイントC原発支援国家補助に対する欧州委員会承認——委員会決定およびEU一般裁判所決定 ［T-382/15］に示された比例性原則と市場の失敗——

Ⅰ　はじめに ……………………………………………………………157

Ⅱ　ヒンクリーポイントC原子力発電所

　　——原発新設計画をめぐる背景 ……………………………………160

　(1)　イギリスの電力市場改革

　　　——20年ぶりの原発新設計画と EDF Energy 社の支配 (160)

　(2)　イギリス政府による国家補助—— Brexit の影響 (162)

Ⅲ　欧州委員会による修正支援策の承認

　　——国家補助における比例性原則と市場の失敗 …………………165

　(1)　EU の国家補助ルール—— EU 運営条約107条と EU 司法裁判所判決 (165)

　(2)　欧州委員会による修正支援策の承認 (169)

Ⅳ　オーストリア政府による提訴・ドイツ再生可能エネルギー

　　発電業者等による提訴と EU 一般裁判所決定………………………173

　(1)　オーストリア政府による提訴およびドイツ再生可能エネルギー

　　　発電業者等による提訴 (173)

x　目　次

(2)　EU 一般裁判所決定［Case T-382/15］(176)

Ⅴ　EU の原子力政策の方向性とイギリスにおける原子力発電の行方
　　………………………………………………………………………… 181

(1)　Brexit の EURATOM 条約に与える影響——原子力は別扱い (181)

(2)　一つの加盟国の原発推進政策が他の加盟国のエネルギー政策に及ぼす影響
　　を訴訟で争えるか (184)

(3)　原子力発電に対する国家補助——原発による気候変動対策は適合可能か(187)

Ⅵ　むすびにかえて　………………………………………………… 189

第三部　英領タックスヘイブンを利用した租税回避

第 7 章　なぜ英国王室属領にタックスヘイブンが多いのか

Ⅰ　はじめに　………………………………………………………… 193

Ⅱ　多国籍企業による租税回避問題とタックスヘイブン ………… 194

(1)　タックスヘイブンおよびオフショア金融センターの定義 (194)

(2)　多国籍企業による租税回避問題 (196)

Ⅲ　*Cadbury Schweppes* 事件［Case C-196/04］(2006年 9 月12日)
　　………………………………………………………………………… 196

(1)　イギリス国内裁判所と EU 司法裁判所 (197)

(2)　EU 司法裁判所による先決裁定 (199)

Ⅳ　ガーンジー島事件 (最判2009年12月 3 日) ………………… 201

(1)　租税および外国法人税の意義 (202)

(2)　ガーンジーの特異性——英国王室属領 (204)

Ⅴ　なぜ英国王室属領にタックスヘイブンが多いのか ……………… 206

(1)　英国王室属領の特色 (Bailiff による支配)
　　——マクゴネル事件［ECHR62］(2000年 2 月 8 日) (206)

(2)今後の方策—— OECD および英米の対策 (209)

Ⅵ　むすびにかえて　………………………………………………… 210

目　次　xi

第8章　英領バミューダ LPS 訴訟における法人該当性
——デラウェア州 LPS 訴訟との比較において——

Ⅰ　はじめに ……………………………………………………………… 213

Ⅱ　英領バミューダ LPS 訴訟における法人該当性 ……………… 214

　(1)　LPS とハイブリッド・ミスマッチ取決め（214）

　(2)　バミューダ LPS の法人該当性——東京地裁判決および東京高裁判決（216）

Ⅲ　デラウェア州 LPS 訴訟における法人該当性 ………………… 219

　(1)　デラウェア州 LPS 訴訟の概要（219）

　(2)　デラウェア州 LPS の法人該当性（220）

Ⅳ　外国事業体のわが国租税法における法人該当性 ……………… 226

　(1)　外国事業体のわが国租税法における法人該当性の判断基準（226）

　(2)　外国法に基づく事業体についての形式判断および実質判断（227）

　(3)　租税法における準拠法（228）

　(4)　当事者の選択と国内租税法（229）

Ⅴ　英領バミューダ LPS 訴訟およびデラウェア州 LPS 訴訟の比較
　………………………………………………………………………… 230

　(1)　外国法人の定義の曖昧さ（230）

　(2)　アウトバウンド取引であるバミューダ LPS 訴訟および
　　　デラウェア州 LPS 訴訟（231）

　(3)　両判決の比較および今後への影響（231）

Ⅵ　むすびにかえて ……………………………………………………… 234

第9章　英国王室属領の特殊性と EU 法および BEPS の影響
——オフショア・タックスヘイブンとして利用されるガーンジーの分析を通して——

Ⅰ　はじめに ……………………………………………………………… 235

Ⅱ　チャンネル諸島がタックスヘイブンとなった背景
　——ガーンジーの歴史………………………………………………… 237

　(1)　混合法体系であるところのガーンジー法（237）

　(2)　王立裁判所に独立性があるといえるのか——マクゴネル事件（239）

　(3)　Bailiff による支配とイギリス本国との結びつき

xii 目　次

　　　　──EU および OECD との関係（242）

Ⅲ　イギリス法の影響とガーンジー所得税法 ……………………… 245

　⑴　イギリス法の影響（245）

　⑵　ガーンジー所得税法（251）

Ⅳ　オフショア・タックスヘイブンとなる要因の分析 …………… 253

　⑴　Residence（居住者）および Domicile（永住者）（253）

　⑵　Jurisdiction（管轄）──国外所得免除方式と帰属所得主義（255）

　⑶　法人のコーポレート・ガバナンス──租税と社会的責任を免れる法人（257）

Ⅴ　EU 法および BEPS の影響
　　　　──産業としてのオフショア・タックスヘイブンに対する歯止め
　　　　は可能か ………………………………………………………… 259

　⑴　EU 二次法の影響（259）

　⑵　情報的手法の国際化（261）

　⑶　BEPS プロジェクトの効果
　　　　──ハイブリッド・ミスマッチをどう防ぐか（264）

Ⅵ　むすびにかえて ……………………………………………………… 266

事項索引 ………………………………………………………………… 269

第一部

英国司法審査と EU 法

第1章

EU 基本条約50条に基づく離脱通知に対する国会承認の必要性——高等法院2016年11月 3 日判決に示された英国憲法上の国会主権および国王大権——

I　はじめに

　2016年 6 月23日、イギリス（UK：United Kingdom）は、EU 国民投票法（European Union Referendum Act 2015）に基づき、EU 離脱の是非を問う国民投票を行い、その結果、離脱への投票が、残留への投票を上回った（Brexit）。国民投票後、辞任したキャメロン首相の後任のメイ首相は、2017年のできるだけ早い時期に離脱への交渉を始めることを表明した。

　EU 基本条約（リスボン条約）50条 1 項は「全ての加盟国は憲法上の規定に従い、共同体からの離脱を決定することができる」とし、さらに同条 2 項は「離脱を決定した加盟国はその意思を欧州理事会に通知しなければならない」と規定している。したがって、イギリスが正式な離脱交渉を開始するためには、50条 2 項に基づいて「通知」（notice）を行う必要がある。

　しかし、イギリス憲法上、「法の支配」（rule of law）とともに重要なのは「国会主権」（sovereignty of Parliament, parliamentary sovereignty）であり、法律を制定・改廃することができるのは国会のみである。数百年にわたって確立されてきた国会主権原則の結果として、国王（＝今日の「行政府」）は、国会の制定した法律を無効にするような「国王大権」（Crown's prerogative power, royal prerogative）の行使はできないとされてきた。当該原則は極めて重要であり、「国際関係に関する行為や条約の制定・改廃は国王大権の行使の範囲内にある」とする一般原則の及ぶ範囲に関して問題を惹起することになる。

　すなわち、「今日、政府（Government）が行使している国王大権には、国会（Parliament）の同意なしに、EU 離脱通知を行う権限があるのか」という憲法上の問題を引き起こす。当然の認識として、EU 離脱はイギリスのそれぞれの管轄権における国内法を変更させる点で重大な結果をもたらすことになるからである。

4　第一部　英国司法審査と EU 法

　本章で取り上げる2016年11月3日高等法院判決［2016］EWHC2768（Admin）
は、Gina Miller（ビジネス・ウーマン）および Deir Tozetti Dos Santos（ヘア・ド
レッサー）が、イギリス国民または市民権を有する者としての地位に基づき、原
告として提訴したものである。当該訴訟において、被告・政府側は、50条のもと
政府が通知を行えば国内法を変える効力を有すると強く主張している。したがっ
て、当該訴訟の中心的な争点は、国王大権の行使として、政府には50条に基づき
通知を行う権限が与えられているかというイギリス憲法上の論点である。EU 離
脱の国民投票に伴う政治的な問題ではなく、純粋な法律問題として高等法院が判
断を示したものである[1]。

　本章Ⅱでは、訴訟で取り上げられた争点のうち、(1)伝統的な国会主権という憲
法原則と国王大権の範囲、および、(2)加盟国法と EU 法の関係につき、EU 法の
国内効力と EU 司法裁判所の観点から、その背景につき総論的に検討する。さら
に本件訴訟では、原告適格については争点にすらなっていないが[2]、(3)単なるイ
ギリス国民または市民権を有する者としての地位に基づき司法審査を起こしうる
のか、という司法審査請求（claims for judicial review）における原告適格（stand-
ing：locus standi）についても検討する。

　次いでⅢにおいて、高等法院判決を上記の視点に基づいて、(1)EU 基本条約50
条の EU から離脱する権利の行使、(2)条約の制定・改廃に関する国王大権の行使
の範囲、(3)1972年欧州共同体法の解釈について分析する。結論として、本件判決
が問いかける法律問題につき、(1)国内法および国際法の平面における国会主権と
国王大権、(2)EU と加盟国の間の権限配分バランスの見地から考察する(Ⅳ)。

───────────

(1) 2015年 EU 国民投票法には、結果が国会を拘束するという明文はなく、アドバイザリー効果を
　もつにすぎない。同法に基づいて行われた国民投票の結果（Brexit：EU 離脱）に示された国民
　の意思の重要性に関しては政治的な問題であり、その意義については別途評価され、取り上げら
　れるべきとされている（EWHC2768（Admin）、paras.105-108）。
(2) 当該判決では、「全てのイギリス国民および市民権を有する者は50条の通知がされると法的権利
　につき影響を受けることになるので、原告適格があるかどうかは難しい問題ではない」とされて
　いる。一方で、日本の行政訴訟の原告適格は、「法律上の利益を有する者に限る」（行訴法9条）
　として、その範囲を厳格に制限している。このような両国の司法審査（行政訴訟）の現状を比較
　する意味でも取り上げる。

II EU 基本条約50条に基づく離脱通知に関する 訴訟における主要争点の背景

(1) 国会主権と国王大権——国会か政府か

イギリスには、文書としての憲法は存在しないが、それは憲法が存在しないことを意味するのではない。イギリスには4つの国（nations：イングランド、ウェールズ、スコットランド、北アイルランド）の管轄権で認められた憲法が存在している。それは、成文法の形式で書かれている場合も、国会や裁判所で認められる基本的な「法の支配」によってもたらされる場合もある。イギリスは、公権力の行使を規定する十分に確立された法規をもち、各々の決定権限を有する三権分権が確立している立憲民主主義国家であり、法の支配に服している（EWHC2768（Admin）、para.18）。

このような歴史的継続性をもつ憲法規定（UK constitutional law）のなか、2人のイギリス国民または市民権を有する者によって提訴され、「EU 離脱開始手続を定める EU 基本条約50条のもと、国王（今日では「行政府」）は、『通知』を行う国王大権を有するか否か」についての憲法適合性の判断を求められたのが当該訴訟である（para.19）。

ダイシー（A.V. Dicey）によると、イギリスの伝統的な憲法原則は「国会主権」と「法の支配」である[3]。前者の最も基本的なルールとして、国会における国王（Crown）は主権を有しており、両院の同意のもと、国王によって制定された立法は優越性をもつことを共通の根拠としている。すなわち、国王・貴族院・下院の三者からなる国会は無制限の立法権を常にもち、国会以外の何人も（裁判所も）国会の制定した法を無効にできず、執行を拒めない[4]。したがって、「国会が、イギリス憲法のもとで、いかなる法も作り、または廃止する権利をもつこと、さらに、いかなる人も機関も、イギリスの法によって、国会の立法を覆したり、排除する権利をもつことは認められない。これ以上のことを意味しないし、これ以

（3） 1689年の「権利の章典」により、国会を中心とする統治構造への方向づけが確定された。これを表現するのが「国会主権」である。この国会主権原則に定義を与えたのは、19世紀の憲法学者ダイシー（A. V. Dicey）『憲法研究序説』（*An Introduction to the Law of the Constitution*）（初版：1885）である。

（4） 中村民雄「イギリスの EU 脱退とイギリス憲法①」
https://www.waseda.jp/folaw/law/news/2016/07/04/8198/ ［最終確認日：2018年10月15日］

6　第一部　英国司法審査と EU 法

下のことを意味するものでもない」とされている[5]。

　「国王大権」の理解につき、通説も判例（*Burmah Oil Co Ltd v Lord advocate*）（1965年）[6] も共にダイシーによる「国王大権とは、国王のもともとの権限の残っている部分に与えられる名前であり、国王（女王）自身によって行使されるか、大臣によって行使されるか否かにかかわらず、ある時点で国王の手にある裁量的権限の残余に与えられる名前である」との説を採る[7]。18世紀以降は、内閣制度の発達により、首相や大臣の助言に拘束されて行使されるか、直接大臣や公務員によって行使されるようにかわっている。

　一方、「国会主権」の基本原則のうち重要なのは、主要な立法は国王大権の行使によって排除されることはないという点である（para.25）。「布告事件」（*Case of Proclamations* [1610] 12 Co.Rep.74）において、王権神授説をもって国王主権を主張し、布告で人々に一定の規定をかけようとしたジェームズ一世に対し、「王権も法の下にある」として「法の支配」を示したコーク（クック）卿判事（Sir Edward Coke）は、「国王は大権を行使することで、判例法や制定法や慣習法で認められた人々の自由を変更できない」と判示した（para.27）。国王はコモンローによって認められた大権をもつのみであり、認められた範囲内でのみ法的効力を有する。国王（すなわち「行政府」）も法に従うことがイギリスにおける「法の支配」の基本である（paras.27-29）。

　このように、国会主権という憲法原則のもとで、条約の制定・改廃は国王大権の行使としての国王（政府）の権限とされている。しかし、離脱のための通知を行うことは、国会が1972年欧州共同体法（European Communities Act 1972）により、イギリス法上の権利として認めた EU 法上の権利を 2 年後に消滅させる行為となる。果たして、国会主権に基づく国会の承認なくして、政府が離脱通知を行うことができるのか、という点が本件訴訟の争点である。

（5）戒能通厚『現代イギリス法事典』（新世社、2004）128頁、134頁。
（6）*Burmah Oil Co (Burma Trading) Ltd v Lord Advocate* [1965] AC75, at 101.
　　「国王大権は、不使用によって失われるのではなく、制定法によってカバーされない事例で適用されるだけのまさしく『過去の残余』（relic of a past age）である」（para.24）
　　バーマオイル社は1886年にインド亜大陸での油田開発を目的にスコットランドで創設され、2000年に BP（British Petroleum）社に買収された法人である。
（7）戒能・前掲注（5）159頁。

第1章　EU基本条約50条に基づく離脱通知に対する国会承認の必要性　　7

(2)　加盟国法とEU法の関係——EU法の国内効力とEU司法裁判所

①　EU法の国内効力——国会主権原則の変容

イギリスは1973年1月1日、ECに加盟した。EC加盟にあたって、イギリス
は加盟条約を批准すると同時に、EC法を国内受容するために1972年欧州共同体
法を制定した。

うち、1条3項では、同条2項に定義される条約には両院で決定した法案によ
る承認が必要であることが要求されている。「条約の一般履行」という見出しの
2条は、イギリスにEC（EU）加盟国としての効力を与え、加盟国となることに
よって求められる国内法の変化に関しての条項である。2条1項の規定[8]によ
り、直接適用できるEC（EU）法はイギリス法の一部となり、適用可能となる。
すなわち、同項は、国内法に対するEC（EU）法の優越性（supremacy）および直
接効果（direct effect）を認めている。さらに3条1項は、EU法の解釈に関して
は、国内裁判所に対してEU司法裁判所の先決裁定に従うよう要求している[9]
（paras.46-54）。

このようにEC（EU）条約および1972年欧州共同体法によって、EC（EU）法
は、国内法に対し「直接効果」をもち、「優越性」が与えられている。EC（EU）
法の「直接効果」とは、EC（EU）法を実施するための加盟国の立法措置を必要
とせずに、加盟国とその国民の間の法律関係において直接効果を発生させること
をいう。EC（EU）法の「優越性」とは、加盟国法秩序内において、EC（EU）法
の規定と加盟国法の規定の抵触を解決するという「国内的序列」の次元の問題で
ある[10]。国内裁判所は、EC（EU）法の制定が国内法の前であれ、後であれ、国
内法をEC（EU）法に適合するように解釈することが求められている[11]。

国会主権原則から導き出される「後の法は前の法に優先する」定理からする

（8）「EC諸条約によって、もしくは、それに基づいて随時創設され、発生する全ての権利・権限・
　　責任・義務・制限は……諸条約に従って、新しい法の制定がなくても法的効果を与えられ、採用
　　され、それゆえに、施行され、許容され、遵守される」
（9）1972年欧州共同体法2条1項、2項、3条1項の解釈は、本件の判決において重要な意味を
　　もっている（para.93）（本章Ⅲ(3)を参照）。
（10）したがって、EC（EU）法の優越性は、EC（EU）法は国内で法としての効力をもつか（国内
　　的効力）という問題に解答を提供できない。「国内的効力」と「国内的序列」の問題は分けて考
　　察されなければならない。柳生一成「加盟国法に対するEU指令の排除的効果に関する一考察」
　　一橋法学13巻2号（2014）457頁。
（11）戒能・前掲注（5）135頁。

8　第一部　英国司法審査と EU 法

と、1972年欧州共同体法以降に、EC 法と国会制定法の内容が不一致の場合、問題が生ずることになる。そこで、「本法の本編に含まれている規定以外は、これまでのどんな国会制定法であれ、これから制定される国会制定法であれ、本条の諸規定に従って、解釈され、効力を有する」と規定し（2条4項）、EC 法に国内法に優越する効力を認めた。

　当該立法により、イギリス法は EC（EU）法体系のヒエラルキーに組み込まれ、国会主権原則の縛りは二次的になったと考えられている。それを示したのが「ファクタテイム事件」[12]である。ファクタテイム社（Factortame）は、スペイン人が、イギリスに設立した会社であり、イギリス船籍の登録資格を持ち、EC 海域でイギリス割当の漁獲をしていたが、イギリス国会は1988年商業商船規則を設け、イギリス国民が75% 以上の株式を有する会社に割当を限定した。原告のファクタテイム社は、1988年商業商船規則は EC 条約の会社設立の自由の規定等に抵触するとして、訴えを提起した。高等法院は本件につき、さらに貴族院上告委員会は仮差止め義務の存否につき、欧州司法裁判所（ECJ：European Court of Justice）に先決裁定を請求した［Case C-221/89］［1991］。当該先決裁定では、「国際法の一般的準則に従って、船舶を登録簿に登録し、条件を決定することは、加盟国に委ねられている。ただし、その権限を行使する場合、加盟国としては、EC 法の法準則（rules）に従わなければならない。国内裁判所が、仮の救済を付与する妨害となるものが国内法上の準則だけであると考えるときは、当該準則を排除する EC 法上の義務があると解するのが相当である」と判示した。

　そして貴族院上告委員会も、「国会は法的に無制限の立法権をもつ。しかし国会は1972年欧州共同体法により、EC 法をイギリス法として受け入れて優先させる意思を示した。その国会意思が後の国会により明示的に覆されない限りは、EC 法に反する国会立法よりも EC 法を優先させるべき」と判示した。1972年欧州共同体法を明示的に覆さない限りは、イギリス裁判所は EC 法を優先的に適用すると判示したことにより、EC 法の優越は、国会主権原則の変容を正面から認めるに至った。

---

(12) *R v Secretary of State for Transport, ex parte Factortame Ltd*, ［1990］2 A.C.85（H.L. 1989），［1990］E.C.R.I-2433（ECJ），［1991］1 A.C.603（H.L.1990），［1991］E.C.R.I-3905.
　Paul Craig, *Administrative Law Seventh Edition*, Sweet & Maxwell, 2012, at 280-283,「EC 法による『国家主権の原則』の変容」英米判例百選［第3版］（1996）94〜95頁、中村民雄＝須網隆夫『EU 法基本判例集［第2版］』（日本評論社、2010）70〜76頁。

第1章　EU 基本条約 50 条に基づく離脱通知に対する国会承認の必要性　　9

②　EU 司法裁判所——先決裁定

ルクセンブルクにある、27名の裁判官と8名の法務官で構成される EU 司法裁判所（かつては ECJ、現在は CJEU：Court of Justice of the European Union）は、EU 法に関する最高裁判所であり、EU 法の統一的な解釈（uniform interpretation）と適切な適用（proper application）の確保を最大の任務とする[13]。ただし、国内の判決について EU 司法裁判所へ直接上訴（direct appeal）することは、国内裁判所の地位を低下させることになるため、行うことはできない。

EU 基本条約（リスボン条約）および EU 運営条約267条は、当該問題を「先決裁定」（preliminary ruling）の制度を通じて解決している。すなわち、EU 法の解釈に関し争点が生じた場合は、国内裁判所は EU 司法裁判所に付託し、（国内裁判所を拘束する）権限のある先決裁定が下される（1972年欧州共同体法3条1項にも明記）。このような先決裁定手続は、法の共同体としての EU になくてはならない重要な手続となっており、国内裁判所と EU 司法裁判所は緊密な協力体制を形成している。

EU 法上の権利が侵害された場合、個々人をどのようにして守るかを決定するのは各国の裁判所である。ところが、EU 司法裁判所は、EU 法上の権利が国内法に適用されていない場合に、その施行を促すための新たな法的救済を裁判所に要求していない。にもかかわらず、EU 法による権利は、国内法による類似の権利に適用される救済より不利であってはならないとされる。ゆえに、国内裁判所と EU 司法裁判所間の緊張関係——加盟国は、新たな法的救済を設ける必要がないという原則（国家自治権：national autonomy）と、EU 法上の権利は効果的に保護されねばならないという原則（効率性：effectiveness）——が生じることになる[14]。この2つの原則の中で、「効率性原則が国家自治原則より優先されねばならない」ことは、いくつかの EU 司法裁判所判決で示されている。

EU 司法裁判所先決裁定によって形成された EU 法の2つの特徴（EU 法の優越性および直接効果）は、イギリスが1973年に EC に加盟する以前から確立されているものである。EU 法の直接効果は「ファン・ヘント・エン・ロース事件」（1963年）[15]により、EU 法の優越性は「コスタ対エネル事件」（1964年）[16]さらには「シ

---

(13) EU 司法裁判所につき、ルードルフ・ティーネル、出口雅久＝木下雄一（共訳）「欧州司法裁判所（欧州連合司法裁判所）の組織と機能」立命館法学331号（2010）378～405頁、M. ヘンデーゲン著・中村匡志訳『EU 法』（ミネルヴァ書房、2013）147～164頁。

(14) Jonathan Manning, *Judicial Review Proceedings Third Edition*, Legal Action Group, 2013, at 10-11.

10 第一部 英国司法審査と EU 法

ンメンタール事件」(1978年)[17]により確立している (para.40)。

このような EC (EU) 法と加盟国法との緊密かつ緊張した関係のなか、1972年
欧州共同体法に基づくと、国会が制定法を立法化しない限り、EC 基本条約のも
と、EC へのイギリスの加盟につき国王(行政府)は批准することができないこと
になる。EC (EU) 法の効力を国内法に及ぼすには国会の立法が必要となる。し
たがって、国会のみが、条約が要求するところの国内法 (domestic law) レベルに
影響を与えるように EC (EU) 法を適用させるよう国法 (national law) に必要な変
化をもたらすことができる——というのが共通認識となっている (paras.41, 42)。

(3) イギリス国民としての地位に基づく司法審査請求——原告適格

イギリスでは広義における公益訴訟が認められており、判例の積み重ねによる
原告適格の拡大は EU 加盟国の中でもかなりリベラルな方である。

当該訴訟は、イギリス国民または市民権を有する者としての地位に基づき、
Gina Miller (ビジネス・ウーマン) と Deir Tozetti Dos Santos (ヘア・ドレッサー) お
よび関係者によって提訴された。「基本条約50条の通知が行われると、最終的に
は、すべてのイギリス国民および市民権を有する者が法的権利につき影響を受け
ることになるので、原告適格を認めることは難しい問題ではない」とされ、争点
にすらなっていない (para.7)。

このように、イギリスにおける司法審査請求は、公的な機関を相手にした行政
訴訟として捉えられる。機関訴訟のような客観訴訟が設けられていないイギリス

---

(15) [Case C-26/62], *Van Gend en Loos v Nederlandse Administratie der Belastingen* [1963] E.C.R.
 1. オランダの輸入業者が、ドイツから輸入される化学品(尿素ホルムアルデヒト)の関税の税
 率変更を争ったものである。オランダの新関税協定の税率表に従って、関税が増加しており、
 EEC12条(輸入品につき、いかなる新たな関税の賦課も、現在の税率の引上げも禁止)により、
 禁止されている無効な関税の引上げだと主張した。

(16) [Case C-6/64], *Costa v Ente Nazionale per l'Enegia Elettrica (ENEL)* [1964] E.C.R. 585. イタ
 リアが1962年に電気事業を国有化したことにつき、民間の電力会社の株主であったコスタ氏が、
 治安判事裁判所に対し、「電力国有化法は EC 条約の諸規定に反する違法な立法であり、EC 条約
 の関連諸規定が直接に提供可能であって、国有化法はこれらに違反する」と主張して提訴した。

(17) [Case C-106/77], *Amministrazione delle Finanze dello Stato v Simmenthal SpA* [1978]
 E.C.R.629. 原告のシンメンタール社は、フランスからイタリアに食肉を輸入したが、伊政府は
 1970年のイタリア法に基づいて輸入時に食肉の衛生検査費用を賦課した。原告は、EC 法が個人
 に直接発生させる権利は加盟国の法に優位するので、国内の違憲判決がなくても、その権利侵害
 への実効的な救済として、違法に賦課された費用の返還を求め得るはずだと主張した。対して伊
 政府は、1970年法が憲法裁判所において違憲無効とされない限りは、その賦課処分が EC 条約違
 反であったとしても、イタリア法下では返還できないと主張した。

第1章　EU基本条約50条に基づく離脱通知に対する国会承認の必要性　　11

では、公的機関が原告となる場合も司法審査請求が利用されている。司法審査請求で争える範囲は広い。法規命令のような一般的な適用がある行為も対象となる[18]。すなわち、対象は特定の者に対する決定に限定されず、また、内部的な行為・非権力的な行為であっても対象性が否定されず、当事者・公衆に対する実際的効果を有する場合や違法な行為へと通じることになる場合に限定されることもなく、対象となっている。

司法審査請求制度自体の歴史は古いものではなく、1980年前後の一連の改革を通して設けられたものである（1981年に、Supreme Court Act（のちにSenior Courts Actへと名称変更）31条によって一部が法律化された）[19]。現行制度（高等法院の行政部門における司法審査請求）は2000年施行の民事訴訟規則54部（Civil Procedure Rules, Part 54）によって整備されたものである[20]。54部Ⅰ(2)(a)の「司法審査請求」概念に関して、司法審査の範囲は、(ⅰ)法令、および(ⅱ)公的機能の行使に関する決定（decision）、作為（action）、不作為（failure to act）の適法性とされている[21]。法令の定義はないが、一次法、二次法を含むとされている。これにより、アメリカの行政手続法（Administrative Procedure Act）に相当する行政法の体系がほぼ完成したことになる[22]。

このような政府等の公的機関の決定等に対して異議を唱えることができる力は、裁判所自身が認めてきたものである。すなわち、コモンロー上のものであり、高等法院法（Senior Courts Act）が創り出したものではない。司法審査請求は裁判所の内在的管轄に基づくものであり、高等法院法は単に基本的な手続用語を規定しているにすぎないとされている[23]。

司法審査請求では、個人にも団体にも原告適格が認められている。公益的原告

---

(18) 榊原秀訓「行政訴訟に関する外国法制調査——イギリス（上）」ジュリストNo.1244（2003）251頁。
(19) 1981年に法律化されたSupreme Court Actは2005年のConstitutional Reform Actによって Senior Courts Actへと名称が変更された。これは貴族院上告委員会に代わって、最高裁判所を設置することが決定し、その混乱を避けるための名称変更である。
(20) 1996年から2000年まで記録長官（Master of Rolls）を勤めたウルフ卿による民事訴訟改革（1996年7月にウルフ・レポートを提出）に従って、民事訴訟規則が1998年に制定された（2000年施行）。ウルフ・レポートは、すべての国民が必要なときに、司法の救済を得られることを目的とする。同規則はその後も改正され、改革は不断に進行している。幡新大実『イギリスの司法制度』（東信堂、2009）120頁。
(21) Peter Cane, *Administrative Law Fifth Edition*, Oxford University Press, 2011, at 266.
(22) 田島裕『イギリス法入門［第2版］』（信山社、2009）215頁。
(23) *Supra* note 14, at 2.

12 第一部 英国司法審査と EU 法

適格（citizen（or public-interest）standing）は、特定の個人に具体的不利益があるわけではないにもかかわらず、より広範囲の公益を代表して訴訟を提起する場合である。このタイプでは、判決は一般的な市民に影響を与えることになるが、特定の個人に直接的な利益があるわけではない[24]。

　実際の司法審査請求は、申請書（Judicial Review Claim Form）を高等法院に提出することによって始まる。審理は、「許可段階」（the permission application）と「聴聞段階」（the hearing）の二段階に分かれるが、その両方の段階で、原告適格を判断する。

　前者の段階は、「一見明白に認容の可能性のない」「おせっかいな訴訟好き」ケースを却下するフィルターにすぎない。後者の段階では、本案と原告適格とを関連させて、原告の利益の度合い、制定法上の権力の性質、主張される違法性のタイプ等により、本案提起ができるかどうかを判断している[25]。

　高等法院法31条3項および民事訴訟規則54部において、原告適格は「十分な利益（sufficient interest）を有するもの」とされている。「直接の利益」ではなく、「十分な利益」が求められるのは、公的機関は、いかなる特定の個人の権利を侵害することなく、「法の支配」を破ることもあり得るからである。

　原告適格要件であるところの「十分な利益要件」（the sufficiency of interest test）につき、最初に重要な判決を下したのは「IRC 事件」（1982年）[26]である。フリート街（かつて新聞社が多かった）の新聞社の不定期労働者（約6,000人）は、偽装名義を使い、税金を払わないのが普通であった。内国歳入庁（IRC：Internal Revenue Commission）は、過去2年間の申告をしたら、それ以前の申告は問わないとの取引を組合と行った。全国自営業者および小規模事業組合は、IRC の取引は権限踰越（ultra vires）であるとして、宣言的判決（declaration）と職務執行命令（mandamus：現行法では mandatory order という）を求めた事例である。被告の IRC による「事業組合には原告適格がない」との主張に対し、判決は、「大権的救済（prerogative order）を行うのに統一テストが必要か」という点と、「全ての救済に統一テストが必要か」という2点について、共に肯定的に判断している。原告適格は新

---

(24) *Supra* note 12, at 793.
(25) *Supra* note 14, at 98.
(26) *R v Inland Revenue Commissioners, ex p National Federation of Self-Employed and Small Businesses Ltd* [1982] A. C. 617.

第1章　EU基本条約50条に基づく離脱通知に対する国会承認の必要性　　13

たな問題に対応できるように発展させるべきであり、「十分な利益」に基づいた統一的な概念が必要だと導いた。当該判決において、原告適格と本案は完全に分離される問題ではないとされた結果、原告適格はかなり緩やかに判断されるようになった[27]。それは本件訴訟においても同様である。

　他方、わが国の行訴法9条1項の「法律上の利益を有する者」という原告適格の要件は、「十分な利益要件」と比べるとはるかに範囲が狭い。2004年改正により9条2項が加えられた後も、判例で認められる範囲がそれほど拡大しているわけではない現状から判断すると、本件のような公益訴訟は、わが国では、提訴の段階で却下されたであろうと思われる。

Ⅲ　高等法院判決［2016］EWHC2768（Admin）

—— *R (Miller) v Secretary of State for Exiting the European Union* ——

　高等法院2016年11月3日判決［2016］EWHC2768（Admin）は、結論として、国王（政府）は、イギリスがEUから離脱する50条による「通知」を行う国王大権を有していないと判示した。当該判決につき、9つの項目を設け、11パラグラフにわたって説明している。うち主要論点につき、以下、3つの項目に分けて分析する。

(1) **EU基本条約50条**── **EUから離脱する権利の行使**

　EU基本条約（リスボン条約）50条1項は「全ての加盟国は憲法上の規定に従い、共同体からの離脱を決定することができる」とする。当該規定は、リスボン条約（2009年発効）による改正によって新設されたものである。同条2項は「離脱を決定した加盟国はその意思を欧州理事会に通知しなければならない」とし、離脱協定はEU運営条約218条3項（EUが行う国際協定の交渉手続一般の規定）に沿って交渉が行われる。さらに同条3項は、交渉が難航し、離脱協定が締結できなかった場合、「第2項における通知から2年でEU法が適用できなくなる」とする。当該通知は取り消すことも、条件を付すこともできない、というのが共通基盤と

---

(27) 以後、個人が原告となった判決では、ほぼ原告適格は認められている。ただし、「ほかに適切な訴訟提起者がいない」という要件につき、殺された子供の父親の原告適格を認めなかった事例がある。刑事裁判所があるからである。*R (Bulger) v Secretary of State for the Home Department* ［2001］EWHC 119（Admin）. *Supra* note 12, at 101.

14 第一部 英国司法審査と EU 法

して理解されている。すなわち、①50条2項による通知は一度行われると撤回することができない、②50条2項の交渉による離脱協定の合意ができなくても、国会が承認したときに限り効力をもつといった通知に条件を付すことはできない、というのが共通認識であると判示した（para.10）。

　加盟国は自国憲法に基づき自律的に EU 離脱を一方的に決定でき、それを欧州理事会に通知さえすれば、離脱協定が発効しなくとも2年後には EU からの完全な離脱という法的効果がもたらされることになる。50条に基づく離脱プロセスが完成するには時間がかかるが、通知を行うことによる効力は直接的なものである（para.11）。

　国王（政府）が離脱協定の条件を交渉することになるので、現在の EU の権利のうち何を残すべきかを選択する権限を国王（政府）が有することになる。離脱協定が合意されると、それは批准を必要とする条約であり、国会による再審理に付される必要がある。「2010年憲法改正およびガバナンス法」（Constitutional Reform and Governance Act 2010：以下「CRAG 法」という。）20節の消極的決定手続（Treaties to be laid before Parliament before ratification）のもと、これらは別個に行うべきとされている。ゆえに、原告は、EU 離脱担当相が通知手続を行うのは CRAG 法に合致しないと主張する（paras.12, 13）。CRAG 法20節の手続規定にもかかわらず、離脱協定に対する国会の関与がなく、国会が批准をしないのであれば、政府による離脱協定がどんなに不十分なものであったとしても、イギリスと英国民の完全な離脱を結局は認めることになってしまう、との考えに縛られることになる（para.14）。

　原告による異議申立ては、50条1項に基づく離脱決定に対するものなのか、50条2項に基づく通知を行うことに対するものかに関しては議論の余地があるが、50条2項の通知は1項の決定の結果によるものであり、50条1項、2項は連続して解されるべきであり、大差はないと判断している。すなわち、国王（政府）に50条2項のもと、通知を行う国王大権が憲法上ないとしたら、50条1項のもと、イギリスを代表して、国王大権に基づき、憲法上の要件に従って、離脱を決定することはできないからである（paras.15, 16）。

(2)　条約の制定・改廃に関する国王大権の行使の範囲

　通常、イギリスを代表して行う国際関係行為（条約の制定・改廃を含む）は、憲法

原則の文脈から導かれる国王大権の行使として、国王（政府）の権限であるとされている。1972年欧州共同体法においても、他の制定法においても、EU 基本条約から離脱する方策を講じるためのイギリスの国際関係行為において、国王大権の行使を取り除くために国会が特に行ったことはない。

被告・政府側（EU 離脱担当相）は、マーストリヒト条約について貴族院議員が原告となって争った事例である「*ex p. Rees-Mogg* 事件」（1994年）[28]等を根拠として、「50条のもと、通知を行うことによって EU からの離脱をもたらすという国王大権の行使は、当該効力をもたらさないようにする明文による一次法（primary legislation：EU 条約および EU 運営条約）によってのみ奪うことができる」と主張する。したがって、政府側は、1972年欧州共同体法も、これらに言及する制定法も、このような意味での国王大権を、明文によっても、含意によっても、奪うことはできないと主張している（para.31）。

一方、政府通信本部（GCHQ：Government Communications Headquarters）の官僚の労働組合活動への参加を禁止したサッチャー首相の大権勅令について、吟味することが可能だとした貴族院判決である「*GCHQ* 事件」（1985年）[29]においては、大権勅令の権限行使が国王大権であることのみにより審査の対象外となるわけではなく、その内容に従って考えられるべきとしている。司法審査の対象については、国際関係行為を行う国王大権の裁量は広く、国王（政府）は条約の制定・改廃により国内法を変えることはできないため、通常は司法審査の範囲外としている。当該事件において、Roskill 卿判事は、不合理性や不公平性を根拠として、司法審査の対象とならない国王大権（条約の締結、防衛、慈悲の特権、栄誉の付与、国会決議、大臣の指名）を例示している[30]。

条約の制定・改廃により、国王（政府）は国際法の平面において法的効力をも

---

(28) *R v Secretary of State for Foreign and Commonwealth Affairs, ex p. Rees-Mogg* [1994] QB552 (DC). 条約締結という国王大権の行使は司法審査の対象となるとしたうえで、適法である旨が確認された。司法審査における裁量基準の根拠として、①違法性（illegality）、②手続的瑕疵（procedural impropriety）、③不合理性（irrationality）を挙げている。

(29) *Council of Civil Service Unions v Minister for Civil Service* [1985] AC 374.「中央政府の決定（大権）は、制定法で与えられているものであれ、コモンローで認められた国王大権の行使であれ、行政法の規範に従う」と判示した。

(30) 戒能・前掲注（5）160〜161頁は当該判決につき、「判例の集積は、国家権力の行使を制定法上の権限と国王大権の行使としての法源論のレベルで形式的に説明してきたことを超えて、実質的な権限の分類へと進める一つの可能性を開くものである」とコメントしている。

16 第一部 英国司法審査と EU 法

たらすことになるが、国内法を変えることはできない。国会の関与なくして、個
人に権利を付与することはできないし、奪うこともできない。国内法の平面で、
大権の行使として他の主権国家と条約を締結する国王（政府）の権限として、政
府が条約を締結し、国会がその実施法を制定したならば、その有効性につき国内
法（municipal law）では審査できないし、国内裁判所で審査できない。

　これは、EC への加盟に際し、「政府が条約に署名し、国会がその実施法を制
定したならば、国会が後にこれを破って脱退を試みることは予想しない」と判示
した「*Blackburn* 事件」（1971年）[31] の根本原則の一番目としても示されている
（para.33）。Denning 卿判事は、「EC に参加することに対する異議申立ては、議会
における主権以上を含むものであり、不法なものである。条約締結権は大臣の助
言に基づく王権の行使であり、司法審査に適さない。議会は次の議会に対して、
法的拘束力を与えることができず、ローマ条約は一度調印されると取り消すこと
ができない。後に、議会によって覆すことはできない」。しかし、「いったん与え
られた自由を取り上げることはできず、法律理論は常に政治的現実と一致するわ
けではない」とも述べている。

　Blackburn 事件で二番目に示された原則は、憲法上の問題として、国王大権の
行使によって条約を締結することはできるが、国会の関与なくして法律を変える
ことによる個人の権利の拡大や、国内法上認められている個人の権利を奪ったり
することはできないことである。条約は国内法の制定により具体化されるまで、
そして具体化されない限り、イギリス法の一部ではない。そして、国王大権の行
使であるところの外交関係の行為として行われたという理由のみではなく、関係
のないところの権利や義務の源泉として行われたとの理由によって、それは裁判
所の司法審査の管轄外ということになる（para.33）。

　本件訴訟の大きな特徴は、判決の法的論点は、以下の二つの間で直接の関連性
を有する制定法の文脈において生じることである。それは、一方で、EU への加
盟や同等の条約や EU の立法機関による EU 法の制定によって国際的な平面にお
ける活動から権利や義務が生じ、他方で、国内法の文脈でも生じる。これは EU
加盟国の国内法システムに対する直接効果原則を含む EU 法原則と、1972年欧州
共同体法の用語が組み合わさった結果である（para.34）。

---

(31) *Blackburn v Attorney-General* [1971] 1 W.L.R.1037. 幡新大実『イギリス憲法 I 憲政』（東信
　堂、2013）100頁、245頁。

第1章　EU 基本条約 50 条に基づく離脱通知に対する国会承認の必要性　17

　上述の原告側主張につながるところの法的文脈の特徴は、EU 法に国内的効力を与えるところの1972年欧州共同体法や他の制定法は、EU 基本条約からの離脱を認める50条のもと、「通知を行う」という大権を行使する余地を国王（政府）に残すことはないのか、という点である。判決はこの点につき、国王大権の行使により、国内法を変え、法律上の権利を奪うことはできないとした「The Zamora 事件」(1916年)[32]において枢密院によって要約されている憲法原則を侵害するおそれがあることから、すでに解決され、共通認識となっており、これ以上の説明は不要と判断している (paras.29, 35)。

　対して被告・政府側（EU 離脱担当相）は、EU 基本条約から離脱するための通知を行う国王大権は、一次法によって除外されているわけではない——したがって、国王（政府）には国際関係において、大権の行使として通知を行う権限があり、ゆえに、国王は国内法に変化をもたらすこととなる権限を有していることを国会は認めるべきと主張している (para.36)。

(3)　高等法院判決の結論——1972年欧州共同体法の解釈

　高等法院判決は、国会主権から導かれる普遍的な憲法原則として、同時に「布告事件」(1610年) 以降の判例法からして、「政府は国王大権の行使によって国内法を変更したり、1972年欧州共同体法によって獲得した国内法上の権利を変更することはできない」、すなわち、「政府は50条2項のもと、通知を行うことはできない」として、原告側主張を認めた。

　1972年欧州共同体法2条1項、2項、3条1項の解釈につき、まず、①「De Keyser's Royal Hotel 事件」(1920年)[33]、②「The Fire Brigades Union 事件」(1995年)[34]、③「Laker Airways 事件」(1977年)[35]を引用して、国王大権の及ぶ範囲につき説明している (paras.97-101)。

---

(32) The Zamora [1916] 2 AC.77.「枢密院における王権（King）すなわち行政長官による権限の行使は、裁判所によって判断されることになる法を規定したり、変更したりする力をもつという考えは、憲法原則と調和しない。現代の多くの制定法のなかで、行政長官は制定法上の効力をもつ規則を制定する権限を有するが、それらの規則は、権限を与えるところの制定法の有効性から由来するものであり、行政長官の権限から生じるものではない」(para.29)

(33) Attorney-General v De Keyser's Royal Hotel [1920] AC508. 制定法は、国王大権の足かせになるとの判断を示した。

(34) R v Secretary of State for the Home Department, ex p. Fire Brigades Union [1995] 2 AC 518.

(35) Laker Airways v Department of Trade [1977] 643 (CA).

18 第一部 英国司法審査と EU 法

　1972年欧州共同体法の解釈およびその結論は、①の *De Keyser's Royal Hotel*
事件の示すガイダンスに従ったものである。国王大権は一次法によって破棄でき
る状態となりうる。また、国王大権は、制定法によって直接規制される場合もあ
る。すなわち、国王大権は、国会制定法によって廃止または縮小されない限りに
おいてのみ存すると判示した。そして、②の *The Fire Brigades Union* 事件の効
力として[36]、国会による立法が無駄になることはなく、制定法上の補償スキー
ム開始前であっても、政府はある程度、これらの実施を考慮すべき義務を負うこ
とになるとする。すなわち、国王大権は制定法により破棄できる状態になると判
示し、さらに③の *Laker Airways* 事件に基づき[37]、EU 離脱担当相は国際関係の
平面における国王大権を、市民の権利を奪うような方法で行使することができな
いと判示した。

　1972年欧州共同体法第2条の見出し（条約の一般履行）は、1条2項で定義され
た「条約」を履行するためのものである。2条1項は通常の意味に従って適切な
文脈で読むと、条約自体に存する、あるいは、しばしば制定される EU 法の効力
によってもたらされる EU 法上の権利・救済・手続のみに言及している。2条2
項も、EU 法の効力を国内法に与えるための規定であり、その制定法の効力は、
国王大権の行使による国王の権限によってなくすることはできないことを国会が
信頼し、意図していることを示している。さらに3条1項につき、EU 運営条約
267条のもと EU 司法裁判所に先決裁定を求め、有効性に関して論点を明確にす
る国内裁判所の義務、および EU 司法裁判所の管轄に関する EU 文書の意味また
は効力は、国会が離脱法を制定するまでは、イギリスに関する EU 法および EU
条約の継続適用を前提として読むのが一番自然であるとの見解を示している。

　以上より、付随的協定（ancillary treaties）に対するよりも、より国会のコント
ロールが及ぶことになるところの国内法に影響を与える主要な EU 条約は、1条
2項、3項にあげられた「条約」とみなされる。したがって、国内法に法的影響

---

(36) 当該判例は、もともとは国王大権によって導入された「刑事損害補償スキーム」に関するもの
　　であるが、制定法による補償率を適用するような地位を与える立法の施行前であっても、国王
　　（政府）は制定法上の義務の実施を損なうような大権の行使はできないと判示した。
(37) 当該判例において控訴院は、条約の締結に関する国王大権は、航空輸送に許可を与える制定法
　　によって破棄されうる状態になることを示した。原告航空会社は、ロンドン――ニューヨーク間
　　航空サービス許可を受けていたが、政府は米国との航空条約のもと認められていた指令を取り消
　　す提案をした。「議会は、制定法における同等の項目によって、国王大権を拘束する意図をも
　　つ。国際関係の平面における国王大権を抑制する立法でも同様である」

第1章　EU基本条約50条に基づく離脱通知に対する国会承認の必要性　19

を与えるという事実が重要であるとしている。国王は、国王大権の行使によって、付随的協定を締結・批准することができるわけではない。国内法に法的効力を創出することはできない（para.93（3）（5）（7）（8））。

　高等法院判決は、憲法上の理解に基づく72年欧州共同体法の解釈につき、「国王大権の行使によって台無しにされることがないように、国会は同法によってEU法を国内法に適合させるように立法したことは明白である」とする。したがって、国会が、明文であれ、含意であれ、制定法によって国王（の権限）に言及しない限り、国王が国内法を変えたり、法律上の権利を無効にすることはできないと判示した。

　国会はEU法上の権利を国内法に及ぼそうと意図したのであり、これらの効力は、国王大権の行使による政府の行動によって台無しにされたり、覆されるべきではない。政府が国際法の平面で、元にもどすための行為を行ったからといって、EU法上の権利が国内法に及ぼす影響につき、1972年欧州共同体法は、何も言及していないとみなすことはできない。高等法院は、同法がEU基本条約50条のもと、通知を行うことを含む国王大権の権限を保持しているか否かにつき、「保持していないことは明らかである」と判示した（para.94）。

Ⅳ　高等法院判決が問いかける法律問題

(1)　国内法および国際法の平面における国会主権と国王大権

　以上まとめたように、高等法院判決は、1600年代の「布告事件」から1970年代の「*Laker Airways*事件」、1990年代の「*The Fire Brigades Union*事件」までの判例を辿ったうえで、「国会が権限を与えない限り、イギリス法が認めた権利を変更したり廃止したりするために、国王大権の行使として王権（King's or Queen's powers）を使うことはできないのがイギリス憲法における根本原則である」と判示した。

　1970年代のECへの加盟に際しては国会で投票が行われたため、ECに関連する制定法に比肩するような国王大権による協定の締結はありえなかった。離脱交渉の最終段階において議員の投票を許すことは、国会の承認を得ることにはならない。というのは、50条の手続が開始されると、イギリスがEUを離脱しないという選択肢はありえず、（離脱協定の合意に至らなくとも）2年後にはEU基本条約の

20 第一部 英国司法審査と EU 法

適用が停止され、現存する国内法を変えることになるからである。

2015年 EU 国民投票法制定に際して、議員は 6 対 1 の投票結果で賛成しているが、国民投票の結果は強制ではなく、アドバイザリー的なものにすぎない（同法には、結果が国会を拘束するという明文はなかった）。したがって、議員が国民投票法に賛成（投票）したからといって、50条の手続を開始させる権限を譲り渡すことにはならないとしている[38]。

もっとも1972年欧州共同体法により、EC（EU）法は国内法化の立法手続をとらなくてもイギリス法の一部となる。したがって、同法によって、国会主権原則とは異なる新しい原理がイギリスに導入されたことになる。この EU 法のイギリス法に対する優位は、EU 司法裁判所によっても、国内裁判所によっても、確立されている。最も重要な憲法原則であった国会主権は部分的ではあるが、否定されていることになる[39]。

Brexit に関する国際法の平面における論点は、EU 基本条約50条 1 項で認められている「離脱」を実施するために行った2016年 6 月23日の国民投票の結果を受けて、イギリス政府が同条 2 項に基づいて離脱手続を開始することを意味するか、という点である。それは、50条 2 項の解釈として、離脱手続を開始する権限、すなわち、イギリスを代表して「通知」を行う主体は、国会主権に基づく「議会」なのか、国王大権に基づく「政府」なのか、というこれまで多く議論されてきた古典的な憲法上の問題、すなわち、国内法の平面における論点につながる。したがって、1972年欧州共同体法のもとでの EU 法の国内効力を分析する必要が出てくる。

イギリス首相が閣議決定に基づき通知を行うのは、国王がもつ条約交渉・締結権限という国王大権の行使になる。それは、「国王（政府）は国会の同意なくして国王大権を行使することにより国民の自由を奪えるか」という17世紀の昔からあった古典的問題をよみがえらせることになる[40]。

高等法院判決は、17世紀以降の判例を渉猟して検討したうえで、離脱通知は、1972年欧州共同体法という制定法によりイギリス法上の権利として認めた EU 法

---

(38) Brexit court defeat for UK government（ 3 November 2016, UK Politics）http://www.bbc.
　　 com/news/uk-politics-37857785
(39) 田島・前掲注（22）222頁。
(40) 中村民雄「イギリスの EU 離脱とイギリス憲法②」https://www.waseda.jp/folaw/law/
　　 news/2016/07/08/8199/［最終訪問日：2018年10月15日］

第1章　EU 基本条約 50 条に基づく離脱通知に対する国会承認の必要性　　21

上の権利を 2 年後に消滅させる行為なので、政府のもつ条約交渉・条約締結権を超えており、国会の承認が必要と結論付けている。EC への加盟に際して提訴された「*Blackburn* 事件」(1971年)[41]において示された根本原則（条約はその締結により自動的に有効になるものではなく、議会の関与による国内法の制定により、国内法としての効力をもつ）である。

(2)　EU と加盟国間の権限配分バランス

①　超国家的な組織体とイギリスの独自性——憲法原則とのジレンマ

　EU 加盟国はその主権の一部を EU との関係で制限ないし譲渡することにより作った EU という新たな組織体によって、超国家的（supranational）な機構や法制度を発展させてきた。しかし、島国であるイギリスは、もともと大陸法体系とは異なる法体系をもち、かつての大英帝国として「7 つの海を征した」歴史をもつ。これら特殊な地理的位置や歴史的背景、さらには権力懐疑的で自由主義的な特徴を有するイギリスが、EU への加盟により、「国会主権」と「法の支配」という憲法原則の縛りが二次的になったことに対するジレンマは大きい。

　「法の支配」原則に従って司法権を行使するにもかかわらず、国内裁判所が「法の支配」に従った判断ができない。EU の超国家型の法秩序に縛られ、イギリスの独自性が失われるという不満が高まっていた。2010年前後の EU のユーロ危機の打開策として、加盟国の財政政策に対する規律を強化しつつ、財政赤字を抱えるギリシャ等に財政支援をしようとしたことに対し、キャメロン首相は反対し、一切の EU 基本条約の改正を拒否した。イギリス国内では2011年に欧州連合法（European Union Act 2011）を定め、基本条約の改正で EU の権限が拡大されるときは常に国民投票を行うことを決定した。

　以上の背景のもと、キャメロン首相は国民投票を行うという政治的な判断をしたわけであるが[42]、その結果は事前の予想に反して、離脱という選択であった。

---

(41) Denning 卿判事は、「政府がこの条約に署名し、国会がその実施法を制定したならば、国会が後にこれを破って脱退を試みるとは私は予想しない。とはいえ、万一国会がそうするなら、それはそのときに考えることである」と述べている。

(42) EU 内外から来る移民がイギリスの社会保障制度を圧迫しているとの極右政党の言動もあって、キャメロン首相は2017年末までに EU 加盟継続の是非を問う国民投票を行うと公約した。中村民雄「EU 脱退の法的諸問題—— Brexit を素材として——」福田耕治編『EU の連帯とリスクガバナンス』（成文堂、2016）103～104頁。

22 　第一部　英国司法審査と EU 法

その選択を遂行するために EU 基本条約50条に従った手続が必要となるが、それは、EU 法と加盟国法の間の権限配分バランス（Balance of Competences）に関して別の問題を引き起こすこととなった。「イギリス憲法上の理解に基づくと国会の承認が必要」というのが古くからの判例で示された見方であったが、実際に2人のイギリス人（と関係者）によって提訴され、国内裁判所の判断が示されたのが本件判決である。

　前述の「コスタ対エネル事件」（1964年）ECJ 判決では、「期間の定めのないEC を創設することにより、……加盟諸国は、限られた範囲ではあるが、その主権的権利を制限し、加盟国の国民および加盟諸国自らを拘束する法体系を創り出した」「EC 条約により生ずる法は、独立の法源であり、その特別かつ独自の性質ゆえに、いかなる形の国内法規定も、これに対抗できないと解するのが相当である」として、超国家組織の創設による EC（EU）法の優越性を確認している。

　EU 法の優越性は、EU 法と国内法が抵触する場合にはどちらが適用されるかを決める抵触ルールを意味し、さらに、全ての EU 法がいわゆる国内法に対しても優越することを意味する[43]。そして、国内裁判所は国内法が EU 法に適合するように解釈適用しなければならないし（適合解釈義務）、国内法の解釈変更による適合解釈がまったく不可能な場合には、国内裁判所は EU 法に抵触する国内法を適用排除しなければならないことになる（抵触排除義務）[44]。

②　権限配分バランス──既得権

　イギリスは EU 加盟国の中で唯一、EU と加盟国の間の権限バランスが適切かどうかを包括的・体系的かつ実証的に研究した国である。2012～2014年に政府主張により32項目について、「権限配分バランスの研究」（Review of the Balance of Competences）[45]が行われている。EU がどのような点で、どのようにしてイギリスに影響を与えるかに関する調査であり、特に EU の変革時に、EU 法とイギリスの国益がどのようにして相互に作用しあうかを明らかにする意味で重要であっ

---

(43) 庄司克宏『はじめての EU 法』（有斐閣、2015）53頁。
(44) 庄司・前掲注（43）53頁、55頁。
(45) Foreign & Commonwealth Office, *Review of the balance of competences*, first published:12 December 2012, Last updated:18 December 2014.
　　https://www.gov.uk/guidance/review-of-the-balance-of-competences［最終訪問日：2018年10月15日］

第1章　EU基本条約50条に基づく離脱通知に対する国会承認の必要性　23

た。当該研究の結論は、「EU権限の多くが実際には加盟国との間で共有されているため、EUから加盟国に戻すことが正当化されるようなEU権限は存在しない。そのため権限配分バランスはおおむね適切である」というものであった[46]。

離脱交渉につき最も重要なのは、既得権（acquired rights）の範囲の問題であろう。すでに、企業取引にも、一般人の市民生活にも、EU法が浸透しているからである。

ウィーン条約法条約70条1項b号では、条約の終了以前に当該条約の実施により生じた当事国の権利・義務・法的地位は、当事国間での特段の取決めがない限り存続するものとしているが、EU法は多種多様の法的状況に関与しており、この一般原則だけでは到底妥当に対処できないだろうと考えられている[47]。

下院（House of Commons）でも、国民投票実施後の2016年7月28日、Brexitの交渉過程、その法律問題、既得権、EUに代替する機構による単一市場へのアクセス等について Briefing Paper を公表している。「離脱協定によりカバーされない分野の既得権につき、EU法あるいは一般的国際法に基づき、加盟国がEUを離脱した後、現行のEU条約が自動的に継続している間に獲得された権利につき、EU法は何も言及していない。既得権を保護する、あるいは、EU法に基づいた残存請求（survival of claims）をカバーする明白な『残存条項』（survival clause）はない」「EU残存条項がないので、国家によって合意されたところのウィーン条約法条約が唯一の根拠であるが、どの範囲の権利に及ぶかについては明白ではない」と要約している[48]。

国内法に転換されたEU指令等はすでに国内法なので存続することになる。しかし、国内法に転換される必要がなく、そのまま国内に適用されていたEU規則等については、その内容により改めて国内立法により同内容を定めたり、逆に適用終了を決定する必要がある[49]。

本件判決では、EU法および1972年欧州共同体法によって生じる権利を三つの類型に分け、離脱によって生じる影響について分析している。当該三類型とは、①EUを離脱しても国内法によって付与可能な権利（労働時間指令による労働者の権

---

(46) 庄司克宏『欧州の危機Brexitショック』（東洋経済新報社、2016）157頁。
(47) 中村・前掲注（42）110頁。
(48) House of Commons Library Briefing Paper No.07214, 28 July 2016 *"Brexit: some legal and constitutional issues and alternative to EU membership"*, at 4.
(49) 中村民雄『EUとは何か——国家でない未来の形——［第2版］』（信山社、2016）107頁。

利、他)、②他の加盟国の活動に関連してイギリス市民と法人に与えられる権利（人と資本の移動の自由、法人設立の自由、他)、③イギリス国内法に影響を与え、EU離脱によって失われる権利、すなわち「EUクラブ会員」であることから生じる権利（欧州議会の選挙権、EU司法裁判所への先決裁定を求める権利、イギリス国内で発生し救済を求めるためのEU競争法、EU環境保護法違反調査のような事項に関連して行動をとるよう欧州委員会を説得する権利、他）である（paras. 57-66)。

　50条に基づく通知を行った日から（期間の延長が認められる場合もありうるが、原則として）2年で離脱協定が合意され、手続が終了する（50条3項)。イギリスのEU法上の直接の権利・義務がすべて消滅するという離脱の効果（国内立法に転換されている権利は除く）は離脱通知の日から2年後に生じ得る。これほど広範な法的効果をもたらす「通知」に対して、イギリス国内法である憲法原則に則った手続的な慎重さが求められたのが、本判決の意味するところであろう。

V　むすびにかえて

　EU法とイギリス法との整合性を可能ならしめているのが、1972年欧州共同体法である。同法により、EU法は国内法化の手続をとらなくても、イギリス法の一部となっている。EU法の優越性原則である。それは、イギリス憲法が数百年にわたって築いてきた国会主権原則が、部分的とはいえ、否定されたことを意味する。

　高等法院判決からわずか3か月後の2017年1月24日、政府側控訴に対する最高裁判決（[2017] UKSC 5）が示された。国王大権を用いて首相が50条を発動することは可能とする政府側主張を、8対3で棄却し、高等法院判決を踏襲するものであった。「議会による事前承認が必要」との判決なので、50条を発動するうえで、法的権限を政府に与えるための法案が必要となった。

　当該判決を受け、2月7日には、デービス離脱担当相が、European Union (Notification of Withdrawal) Bill を下院に提出し、翌8日に可決された。貴族院での承認後、2017年3月29日メイ首相はEU基本条約50条を発動し、欧州理事会に正式に離脱を通告し、離脱交渉が始まった。

　今後とも交渉には紆余曲折が生じようが、EU離脱の通知を行った2017年3月29日から原則2年でEU法が適用できないことになる。それは国際法の平面にお

けるEU基本条約50条2項に則った行為が、国内法の平面でこれまで認められてきた個人の権利を変更させることを意味する。

　国際法の平面では、一部、国会主権を放棄していると解されていることから敷衍すると、EU基本条約50条2項の規定に基づく離脱手続（＝通知）を政府が行うことができると考えることも可能であったろう。しかし、通知を行うことは、直接的に国内法の効力を変えることになる。したがって、国内法の平面では、あくまで伝統的な国会主権原則に縛られる――数百年来の憲法原則に則り、1972年欧州共同体法の解釈を手掛りとして、手続的正統性を重視する必要がある――との結論は、いかにもイギリス的である。

第2章
英国司法審査における環境公益訴訟
── EU法のヒエラルキーと協力関係の中でのイギリス法──

I　はじめに

　司法の場において、「誰が環境を守ることができるのか」「どのようにして環境を守ることができるのか」について、これまでも多くの議論がされてきた。将来の見込み（立法）や現実の対応（行政）にも関連する環境訴訟に関して、わが国は消極的な立場に終始しており、環境団体には原告適格（standing：*locus standi*）すら認められていない。

　日本の訴訟法体系は、私益と公益の二分論に基づいて構築されており、行政訴訟では主観訴訟と客観訴訟が厳格に区別されてきた。しかし、二分論では、集団的利益という概念に対して有効な活躍の場を与えることが困難である。したがって、主観訴訟か客観訴訟かという枠組みで環境訴訟の性質を論じる必要性自体が薄れていることは間違いなく、むしろ環境団体訴訟の発展にとって障害となっている[1]。

　フランスやドイツでは環境団体訴訟が認められ、多くのアメリカ環境法では市民訴訟（citizen action：*actio popularis*）が認められている。イギリスでは広義における公益訴訟が認められており、団体による訴訟提起は、NGOのみならず、法人格のない社団にも認められている。市民訴訟も認められており、判例の積み重ねによる原告適格の拡大は、EU諸国の中でも、かなりリベラルな方である。

　一方、今日のEU法体系においては、EU法に「優越性」（supremacy）が与え

（1）団体訴訟を認めるべきとする多くの論説がある。阿部泰隆「環境行政訴訟の機能不全と改革の方向」法学教室269号（2003）35頁、山本隆司「原告適格（2）」法学教室337号（2008）82頁、越智敏裕「行政訴訟改革としての団体訴訟制度の導入」自由と正義53巻8号（2002）36頁、同「団体訴訟の制度設計」『公害・環境紛争処理の変容』（商事法務、2012）168頁、桑原勇進「環境団体訴訟の法的正当性」『公害・環境紛争処理の変容』（商事法務、2012）161頁、島村健「環境団体訴訟の正統性について」『行政法学の未来に向けて　阿部泰隆先生古稀記念』（有斐閣、2012）520頁。

28 第一部　英国司法審査と EU 法

られ、国内法に対し「直接効果」（direct effect）が認められる。しかしながら、そもそもの EU 法の解釈において、EU 法自体が曖昧であるため、①目的論的解釈をせざるを得ない。さらに、②欧州連合司法裁判所（Court of Justice of the European Union：以下「EU 司法裁判所」という。）は、加盟国の国内裁判所からの付託を受けて初めて判断を行う、という解釈上および制度上のジレンマがある。

　このように「EU 法のヒエラルキーと協力関係の枠内でのイギリス法」という縛りのある環境公益訴訟の現状につき、本章では、司法審査請求制度や団体に対する原告適格の問題、および、国内裁判所と EU 司法裁判所の役割分担（先決裁定と付託手続）について、EU 大気質指令（Directive 2008/50/EC）に関する最高裁判決（2013年5月1日）および EU 司法裁判所先決裁定（2014年11月19日）、その後の差戻審である最高裁判決（2015年4月29日）を参照しつつ、ボーダーレスの地球環境という公益を、国レベルの司法の場において、どのようにして守ることができるのかにつき検討する。

Ⅱ　オーフス条約と国内法

(1)　オーフス条約──司法へのアクセス権

　国連欧州経済委員会（UNECE：United Nations Economic Commission for Europe）において、環境分野への市民参加条約であるオーフス条約（The Aarhus Convention）が35ヶ国によって採択されたのは、1998年6月25日のことである。同条約において、環境権を実効的なものとするため、一定の市民や一定の環境 NGO に対し、①環境情報へのアクセス（access to environmental information）、②環境に関する政策決定への参加権（public participation in environmental decision-making）と併せて、①および②が適切に実行されない場合等における、③司法へのアクセス権（access to justice）が付与された（オーフス条約三原則）[2]。2001年10月31日に発効して以来、EU 自身や27の EU 加盟国（アイルランドのみ不参加）、中央アジア各国を含め、46の国と地域が加盟している（2018年現在）（日本は未締結）。

　オーフス条約三原則 のうち、③の司法へのアクセス権が、環境公益訴訟（environmental public-interest litigation）と関連してくる。環境公益訴訟とは、環境利益

---

(2) Marc Pallemaerts (ed.), *The Aarhus Convention at Ten*, Europa Law Publishing, 2011, at 3.

を守るため、自己の法的利益を侵害されたか否かにかかわらず、行政・企業等に対し、違法な行為の差止・是正・環境損害の回復等を求める訴訟をいう[3]。

オーフス条約は、EU 自身も締約国となっており（2005年）、条約を実質化させるための履行手段として「オーフス規則」（the Aarhus Regulation（Regulation 1367/2006））を制定している。したがって、27の加盟国は、それぞれが締約国であると同時に、EU 法の一部であるオーフス条約にも拘束される（欧州連合運営条約：Treaty on the Functioning of the European Union（以下「EU 運営条約」という。）216条2項）。

オーフス条約三原則のうち、①の環境情報へのアクセス、②の環境に関する政策決定への参加権についてはそれぞれ指令が設けられているが（Directive 2003/4/EC, Directive 2003/35/EC）、③の司法へのアクセス権（9条3項のみでなく、以下に説明する4項も含む）については、司法アクセス指令案（COM（2003）624）が欧州議会や欧州理事会によって阻止されて以来、未だに設けられていないという真空状態となっている。

発効以来10年以上が経過した現在、EU 司法裁判所判決による判例法の進化はあるが[4]、いまだに、オーフス条約に即して司法アクセスを向上させるような政治的な提言がされている段階にあり、指令制定には至っていない[5]。

(2) ドイツおよびフランスにおける団体原告適格

司法へのアクセス権の保障は、EU 加盟国によって異なる。

（3）大久保規子「欧州における環境行政訴訟の展開」『行政法学の未来に向けて　阿部泰隆先生古稀記念』（有斐閣、2012）459頁、同「オーフス条約と環境公益訴訟」『公害・環境紛争処理の変容』（商事法務、2012）133頁、同「環境公益訴訟と行政訴訟の原告適格―― EU における展開――」阪大法学58巻3・4号（2008）659頁。

（4）［Case C-263/08］ジュールガルデン判決（2009年10月15日）、［Case C-115/09］トリアネル判決（2011年5月12日）、［Case C-240/09］スロバキア熊判決（2011年3月8日）等。
　判例法の進化について「環境問題における司法へのアクセス　EU レベルでの展開」J・F・Brakeland 欧州委員2013年4月10日講演資料参照。
　http://greenaccess.law.osaka-u.ac.jp/wp-content/uploads/2013/04/10pjp_brakeland.pdf
　［最終訪問日：2018年10月15日］

（5）2012年3月7日の委員会コミュニケーション COM（2012）95では、EU 環境法の全分野において、効率的かつ実効的な国内裁判所へのアクセスの条件について EU レベルで定義づけることが提言されている。2012年6月11日の理事会結論（より良い履行、実施、監視および環境政策・立法の強化）においても、オーフス条約に即して司法アクセスを向上されることが盛り込まれている。Brakeland・前掲注（4）参照。

30 第一部 英国司法審査と EU 法

　ドイツでは、行政裁判所法42条2項により、自己の権利侵害を主張する者にのみ、行政訴訟の原告適格が認められている。ドイツの原告適格の判断基準（保護規範説）は、一般論として日本と同じであり、他のヨーロッパ諸国に比べて狭隘なことが際立つ結果になっている。行政法が個別の利益を保護することを厳格に要求する従来の保護規範説は、個別の利益侵害が生ずるより前の状態を保全するように重心が移行している昨今の状況に適合しなくなっている[6]。

　自己の権利侵害の有無に関わりなく、環境分野において公益的団体訴訟が認められるのは、特別法が導入されている分野のみである。具体的には、自然保護の分野に限って、公益的団体訴訟が導入されている（2002年の連邦自然保護法29条）。

　ドイツは上記の環境情報へのアクセスにかかる指令（Directive 2003/4/EC）の国内法化およびオーフス条約の批准（2007年）にあたり、「環境・法的救済法」を制定し、環境団体訴訟制度を強化する立法的手当をしてきたが、それでも環境訴訟の司法アクセスに関してはEUの中で、最もその保障が弱い国の一つと評価されている[7]。

　というのは、上述したように、ドイツでは権利侵害を要件とし、しかも権利侵害の概念を比較的厳格に解釈する。環境・法的救済法は、個人の権利を根拠付ける法規について違反があった場合にのみ環境団体訴訟を認めるという特異な仕組みを採用している。この点につき、リューネン石炭火力発電所建設をめぐる団体訴訟において、「先決裁定」（preliminary ruling）を求められたEU司法裁判所が、「環境団体に対し、このような主張制限をすることはアクセス指令に反する。ドイツの適格団体は、直接アクセス指令に基づいて、関連法規違反を主張できる」との画期的な判決を下した（トリアネル判決［Case C-115/09］、2011年5月12日）ことからも窺える[8]。

（6）山本隆司「行政訴訟に関する外国法制調査──ドイツ（下）」ジュリスト No.1239（2003）112頁。

（7）大久保規子「ドイツにおける環境・法的救済法の成立（一）（二）」阪大法学57巻2号（2007）203頁、58巻2号（2008）279頁、同「ドイツ環境法における団体訴訟」『塩野宏先生古稀記念　行政法の発展と変革（下巻）』（有斐閣、2001）40頁、小澤久仁男「ドイツ連邦自然保護法上の団体訴訟──自然保護団体の協働権からの分析──」立教大学法学研究39号（2009）51頁、同「環境法における団体訴訟の行方──ドイツ環境・権利救済法を参考にして──」『香川大学法学部創設30周年・法学研究院創設記念論文集』（成文堂、2012）51頁。

（8）大久保規子「環境アセスメント指令と環境団体訴訟──リューネン石炭火力訴訟判決の意義」甲南法学51巻4号（2011）65頁。

トリアネル判決をドイツ行政裁判所は受容し、環境・法的救済法も2012年11月に改正された（2013年1月28日施行）。環境団体の司法アクセス権と裁判所の審査範囲を「個人の権利を根拠付ける」法規違反に限定するという制限を撤廃した点では、オーフス条約やEU法に適合的である[9]。

一方、フランスの環境法分野においても、特別法により環境団体訴訟が認められている（1976年7月10日法により、環境団体の認可制度の新設と認可団体に対する「私訴権」（Action Civile）の承認が行われた）[10]。2000年には環境法典が整備され、第2章に環境団体訴権についての規定が置かれ、消費者団体とほぼ同様の権利が認められている[11]。これはオーフス条約の規定する環境団体訴権とは別に、フランス独自の制度として、損害賠償請求権の分野において認められたものである。環境法典に規定された環境団体訴権（損害賠償請求権）は、刑事訴訟法における「私訴権」の一種である[12]。

20世紀前半には、団体私訴権は職業団体に対してのみ認められていた。その後、消費者保護等一定の分野において付与され、環境保護団体に対しても私訴権を行使する原告適格が付与されるに至った。すなわち、ナポレオン法典において、いかなる結社も禁止するという徹底した個人主義を掲げていたフランスにおいても、1901年アソシアシオン法（Association Law 1901）の制定によって結社の自由が認められ、非営利社団・組合等について、集団的利益が極めて柔軟に認められている[13]。

このようにフランスでは、司法裁判所における団体訴訟とともに、行政裁判所

（9）大久保規子「混迷するドイツの環境団体訴訟：環境・法的救済法2013年改正をめぐって」新世代法政策学研究 Vol.20（2013）251頁。

（10）山本和彦「環境団体訴訟の可能性――フランス法の議論を手がかりとして――」『企業紛争と民事手続法理論　福永有利先生古稀記念』（商事法務、2005）185頁。

（11）フランスの環境団体訴権は、民事訴訟の場合のみ差止請求が認められるが、それ以外は損害賠償請求訴訟である。伊藤浩「フランスの環境団体訴権」愛媛法学会雑誌32巻3・4合併号（2006）131頁。

（12）橋本政樹・本田達郎「フランスの環境団体訴権について」ちょうせい63号（2010）4頁以下は、「フランスの団体訴訟の実質的役割は、法令違反行為について検察官の起訴を促すために用いられている」との見解を、訪仏調査に基づき、報告している。

（13）橋本博之「行政訴訟に関する外国法制調査――フランス（上）」ジュリスト No.1236（2002）91頁以下は、わが国の原告適格に対する従来の判例である「主婦連ジュース事件」（最判1989年3月14日）、「もんじゅ訴訟」（最判1992年9月22日）における原告適格は、フランスでは共に認められると推察し、「原告側の非営利社団の結成により、原告適格が認められる可能性が拡大する」との見解を示している。

においても、いかなる団体についても集団的利益の認定を行ってきた。すなわち、個人利益（私益）と一般利益（公益）という二元的構造から、その中間的存在としての集団的利益を含めた三層構造へと転換している[14]。

したがって、団体は、司法裁判所においては損害を受けた個人とともに、集団的利益の侵害を主張して民事訴訟または私訴を提起できる。また、行政裁判所においても個別的行政行為に対して、集団的利益の侵害に基づき「越権訴訟」[15]を提起できる。そこで審理される法問題は、当事者の権利義務の存否ではなく、むしろ、行政作用の客観的な違法性であるという共通性が重視され、その結果、当該訴訟を客観訴訟として把握する考え方が通説的な地位を占めてきた[16]。そのうえで、行政作用の客観的適法性の審査という越権訴訟の特質に抵触しない範囲で、訴訟提起をなしうる者の範囲を柔軟に運用するという伝統が形成された。

(3) イギリスにおける原告適格と司法へのアクセス権

オーフス条約三原則にイギリス法は適合しているとの判断のもと、批准（2005年）による新たな法改正の必要はないというのが政府の立場であった。

イギリスにおける「司法審査」(judicial review) は、行政庁や各種審判所 (tribunals)、下位の裁判所 (inferior courts) の決定や行為に対して行うものであり[17]、その原告は、高等法院法 (Supreme Court Act) 31条3項により、「十分な利益」(sufficient interest) を有する者と定められている（オーフス条約9条2項も同じ文言）。行政訴訟である司法審査は、高等法院の行政部門 (the Administrative Division of the High Court) に提訴される。控訴審は控訴裁判所 (the Court of Appeal) で行われる（イングランドおよびウェールズでは、両者とも、ロンドン・オールドウィッチにある王立裁判所 (The Royal Courts of Justice) 内に置かれている（【写真2-1】、【写真2-2】参照）。その

---

(14) 杉原丈史「フランスにおける集団利益擁護のための団体訴訟」早稲田法学72巻2号 (1997) 174頁、大塚直「公害・環境分野での民事差止訴訟と団体訴訟」『加藤一郎先生追悼論文集　変動する日本社会と法』（有斐閣、2011）645頁。

(15) 取消訴訟は、実際上はそのほとんどが越権訴訟である。越権訴訟は、行政行為の適法性の原則に従って、あらゆる一方的行為ないし行政決定について認められる一般法上の訴訟である。伊藤・前掲注 (11) 120頁。

(16) 亘理格「法律上の争訟と司法権の範囲」『行政法の新構想Ⅲ』（有斐閣、2008）16〜17頁。

(17) イギリス法とは、一般に、スコットランド以外のイングランド、ウェールズ、北アイルランドの法体系を指す。スコットランドは、ローマ法の影響を色濃く残す独自のスコット法 (Scots Law) をもつ。なお、最高裁判所は、それまでの貴族院 (the House of Lords) 内の上告委員会に代わって、2009年に設けられた。

第 2 章　英国司法審査における環境公益訴訟　33

【写真 2 - 1 】
ロンドン・オールドウィッチにある王立裁判所

（2013年 5 月21日・筆者撮影）

【写真 2 - 2 】
王立裁判所内の第 4 法廷

（2013年 5 月21日・筆者撮影）

ほか、全国133ヶ所に地方支庁（District Registries）をもつ）。

　現在では、公的機関の環境政策決定の合法性を争う場合、個人にも NGO にも原告適格を広く認める立場を採っているが、NGO に原告適格を認める制定法があるわけではない。あくまで判例の積み重ねにより、広く認められるようになったものである。

　オーフス条約三原則のうち、環境情報へのアクセス、環境に関する政策決定への参加権についての指令に関しては、対応する国内法（2004年環境情報規則、環境影響アセス規則の修正等）が整備されているが、司法へのアクセス権については、EU 法同様、イギリス法も空白状態のままである。

　イギリスの司法審査請求制度自体に問題があるわけではない。むしろ、EU オーフス規則の示す NGO の定義よりも更に広い原告適格を認めている。実際の訴訟提起の障害となっているのは、オーフス条約 9 条 4 項に規定されている「過度の費用負担」（prohibitively expensive）要件である。9 条 4 項において、司法へのアクセス手続は、「公正かつ公平で、時宜に適った、不当に高額でない」ことが要求されている。しかし、イギリスでは敗訴側が勝訴側の訴訟費用をすべて負担するという伝統的な費用負担原則（'cost follow the event'、'costs in the cause' と呼ばれる原則）が採られている。

34 第一部 英国司法審査と EU 法

　この点につき、EU 司法裁判所先決裁定［Case C-530/11］（2014年 2 月13日）*Euro-pean Commission v United Kingdom of Great Britain and Northern Ireland* に
おいて、エドワード判事は、英国裁判所における訴訟手続が安価ではないことに
つき、「遵守委員会は、すでに過度の費用負担問題に関して、実際に英国との関
連において、見解を明らかにしてきた。各事案において、委員会は個々の状況お
よび国内制度を包括的に評価している。オーフス条約 9 条 4 項が——指令の規定
のように——具体的な基準を何も含まないので、このアプローチは必要である」
との法務官意見を表明している[18]。

　司法審査請求手続は申請書（Judicial Review Claim Form）がマニュアル化さ
れ[19]、裁判所費用（courts fee）自体も高くない。しかし実際に訴訟を継続するう
えでは、弁護士費用等の負担は大きい（弁護士に善意の無料奉仕（pro bono）を求める
場合も多い）。最高裁まで争ったうえで敗訴となった場合の費用負担は、伝統的な
費用負担原則に従うと、その二倍になる[20]。この点が司法アクセスへの最大の
障害となっており、これまでも批判されてきた。公的機関に対する公益追求訴訟
は勝訴が難しいうえに、敗訴の場合のすべての訴訟費用負担リスクは、訴訟提起
を躊躇させる主要な要因となりうる。しかし政府は、「 9 条 4 項に規定するコス
トは裁判費用のみであって、訴訟全体の費用ではなく、 9 条 4 項について問題は
ない」との立場を採っている[21]。

　一方、オーフス条約に関する控訴審を扱った Carnwath 卿判事が、高等法院の
サリバン上席判事を中心とする WG に依頼して作成した報告書（*the Sullivan Report*：*Ensuring Access to Environmental Justice in England and Wales, 2008 May*）[22]で

---

(18) Brakeland・前掲注（ 4 ）参照。
(19) 実務家向けのマニュアルとしても有用である Jonathan Manning, *Judicial Review Proceedings Third Edition*, Legal Action Group, 2013, at 615以下の Appendix A には Judicial Review Claim Form の様式と記載例が掲載されている。このような訴訟手続のマニュアル化は、司法アクセス
　　 への敷居を低くするためにも重要である。
(20) 裁判所への提訴費用は 1 件につき£230であるが、代理人等を含めた訴訟費用は2005年における
　　 典型的な司法審査で約£9,600であった。したがって、敗訴の場合には、この倍を負担することに
　　 なる。Richard Macrory & Ned Westaway, *Access to Environmental Justice A United Kingdom Perspective*, supra note 2 , at 320-322.
(21) *Id.*, at 327-329.
(22) http://www.wwf.org.uk/filelibrary/pdf/justice_report_08.pdf. サリバン報告についての論説と
　　 して、David Wolfe, *Accessing justice: Implications of the Sullivan Report* www.ukela.org/con-tent/page/2248/ELM-20- 5 -Wolfe-final.pdf なお、Carnwath 卿判事は、後述する EU 大気質指令
　　 に関する最判（2013年 5 月 1 日）の主判事である。

は、「イギリスの訴訟では、オーフス条約9条4項の『過度の費用負担』要件が、環境団体の一番の懸念事項となっている」と結論づけ、「9条4項のコストは、訴訟提起に関する全ての費用を含む」として、政府のコストに関する狭い解釈に不同意の立場を示している[23]。

原告適格につき、リベラルな解釈を採っているが、形式上、開かれているだけでは、司法へのアクセス権が満たされているとは言い難い。

Ⅲ　イギリス法における司法審査請求の拡充と EU 司法裁判所

(1)　司法審査請求──市民訴訟をどこまで認めるか

イギリス法では、私人や団体が環境のような集団的利益の侵害について争う場合でも、原告自身の利益について争う場合と同様に、司法審査請求（claims for judicial review）が用いられる。イギリスの司法審査は、公的な機関を相手にした行政訴訟制度として捉えられる。機関訴訟のような客観訴訟が設けられていないイギリスでは、公的機関が原告となる場合も司法審査が利用されている。

司法審査のうち、集団的な利益の侵害について争うための訴訟が「公益訴訟」（public-interest litigation）であり、「大衆全般、あるいは大衆の広範囲に対して影響を与えるだろう深刻な問題を提起した訴訟」とか、「訴訟当事者個人の権利利益以上のものについて争う訴訟」と定義されている。しかし、「何が公益であり、何が公益でないかということについてはコンセンサスが存在しない」「公益の中には『部分的な利益』や『私的な利益』を含む余地もある」と指摘されており、「公益」についての明確な定義付けができないのが現状のようである[24]。

イギリスの司法審査で争える範囲は広い。法規命令のような一般的な適用があ

---

(23)　環境訴訟ではないが、サリバン報告書に対して、既に対応を示した判例もある。3〜5万人の地区に健康保険条項を引き下げる決定を求める司法審査において、控訴裁判所は公益および公益重要度テストにつき、比較的緩やかな見解をとり、PCO（Protective Costs Orders：保護費用命令）の正当性を認めた。PCO は例外的な事例に対してのみ与えられるべきではないとして、サリバン報告書が引用された（Compton 事件）R. (On the Application of Compton) v Wilshire Primacy Care Trust [2008] EWCA Civ749. Supra note 20, at 333.

(24)　林晃大「イギリスにおける公益訴訟」法と政治58巻2号（2007）348頁。ほか、イギリス行政訴訟に関する先行研究として、岡村周一「イギリス行政訴訟法における原告適格の法理（一）（二）（三）（四・完）」法学論叢101巻3号（1977）64頁、101巻5号（1977）64頁、103巻2号（1978）35頁、103巻6号（1978）1頁、岡本博志『イギリス行政訴訟法の研究』（九州大学出版会、1992）、深澤龍一郎『裁量統制の法理と展開──イギリス裁量統制論──』（信山社、2013）。

36 第一部 英国司法審査と EU 法

る行為も対象となる。対象は特定の者に対する決定に限定されず、また、内部的
な行為・非権力的な行為であっても対象性が否定されず、当事者・公衆に対する
実際的効果を有する場合や違法な行為へと通じることになる場合に限定されるこ
ともなく、対象となっている[25]。司法審査請求制度自体の歴史は古いものでは
なく、1980年前後の一連の改革を通して設けられたものである（1981年に、
Supreme Court Act（のちに Senior Courts Act へと名称変更）31条によって一部が法律化され
た)[26]。現行制度（高等法院の行政部門における司法審査）は2000年施行の民事訴訟規
則54部（Civil Procedure Rules, Part54)[27]によって整備されたものである。

　このような、政府等の公的機関の決定に対して異議を唱えることができる力
は、裁判所自身が認めてきたものである。すなわち、コモンロー上のものであ
り、高等法院法（Senior Courts Act）が創り出したものではない。司法審査請求は
裁判所の内在的管轄に基づくものであり、高等法院法は単に基本的な手続用語を
規定しているにすぎない[28]。

　司法審査請求では、個人にも団体にも原告適格が認められているが、団体的原
告適格と公益的原告適格が明確に分離されているわけではない。

　教科書的な分類方法として、代表的原告適格は、①代理的原告適格（surrogate
standing)、②団体的原告適格（associational standing)、③公益的原告適格（citizen
(or public-interest) standing）に分類される[29]。

　①は、請求に個人的利益をもつ者が司法審査を利用できない理由がある場合
に、その者に代理して訴訟を提起する場合である。②は、請求に個人的利益をも
つ個人のグループを代表して訴訟を提起する場合である。③は、特定の個人に具
体的不利益が存在しているわけではないにもかかわらず、より広範囲の公益を代

---

(25) 榊原秀訓「行政訴訟に関する外国法制調査——イギリス（上)」ジュリスト No.1244（2003）
　　251頁。
(26) 1981年に法律化された Supreme Court Act は2005年の Constitutional Reform Act によって
　　Senior Courts Act へと名称が変更された。これは貴族院上告委員会に代わって、最高裁判所を
　　設置することが決定し、その混乱を避けるための名称変更である。
(27) 1996年から2000年まで記録長官（Master of Rolls）を勤めたウルフ卿による民事訴訟改革
　　（1996年7月にウルフ・レポートを提出）に従って、民事訴訟規則が1998年に制定された（2000
　　年施行)。ウルフ・レポートは、すべての国民が必要なときに、司法の救済を得られることを目
　　的とする。同規則はその後も改正され、改革は不断に進行している。幡新大実『イギリスの司法
　　制度』（東信堂、2009）120頁。
(28) *Supra* note 19, at 2.
(29) Peter Cane, *Administrative Law Fifth Edition*, Oxford University Press, 2011, at 285-288.

表して訴訟を提起する場合である。このタイプでは、判決は一般的な市民に影響を与えることになるが、特定の個人に直接的な利益があるわけではない[30]。

③の公益的原告適格を認めることは、団体による原告適格を認めることになり、ひいては、市民訴訟を認めることになる。このように、公益訴訟類型を考慮すると、それは、権利利益の救済のみではなく、司法の行政統制機能を重視していることが窺える。後述する IRC 事件において Diplock 判事は、「圧力団体や個人納税者が時代遅れの原告適格の考えに基づき、『法の支配』を実証し、違法行為をやめさせるための訴訟を提起できないとしたら、それは我々の公法システムの重大な欠陥である」と述べている[31]。

すなわち、市民訴訟は、「公法の主目的は行政権力の統制にある」との前提に基づく。「権利利益の救済」という元来から有していた目的に加え、近年では「法の支配」を擁護するために、公的な機関による「公権力の濫用」を是正し、行政の適法性をコントロールするという目的が強調されてきている。

この前提に従うと、まず、①市民は一般コミュニティにおいて個人的損害がなくても、公益を立証することができるはずということになる。さらには、②特定個人の利益には影響を与えないが、重要事項に関して一般市民への影響が大きい違法行為がありうるし、③特定個人の利益が政府の決定によって影響を受けるとしても、そのような個人が争点を指摘し、そのように行動すると期待できない場合もありうる。

といっても、行政行為によって影響を受ける当事者が訴訟を起こさない決意をしたからといって、他の誰もが訴訟を起こせるわけではない[32]。いかなる市民も政府の間違いに興味を持っており、ゆえに、誰にも原告適格があるという考えは急進的すぎる。市民訴訟は無制限に認められるわけではない。市民訴訟には限界があるが、その限界は「ultra vires（権限踰越）原則」の相対性によるので、曖昧とならざるをえない。市民訴訟は、「多くの人が同様に影響を受け、争点と

---

(30) Paul Craig, *Administrative Law Seventh Edition*, Sweet & Maxwell, 2012, at 793.
(31) Cane や Crag による学説も、公益訴訟を積極的に認める裁判所の傾向を支持している。*Supra* note 29, at 288, *id.*, at 793.
(32) 決定によって影響を受ける本人が訴訟を起こさない場合、第三者の訴訟を許さない理由はないとの判決（*Durayappah v Fernando*［1967］2 AC 337, HL）がある一方で、*R (Hammerton) v London Underground Ltd*［2002］EWHC2307（Admin）においては、本人が訴訟を起こさないことは、基本的には必須の原告適格の要件ではないと判示している。*Supra* note 19, at 101.

38　第一部　英国司法審査とEU法

なっている主題につき、提訴しなければ、司法的解決ができないとしても、誰に
も原告適格を認めるべきことを意味しているわけではない」という健全な論法を
前提とする[33]。

(2)　公益訴訟における原告適格の拡大と限界

実際の司法審査請求は、申請書を高等法院に提出することによって始まる。審
理は、「許可段階」(the permission application) と「聴聞段階」(the hearing) の二段
階に分かれるが、その両方の段階で、原告適格を判断する。

前者の段階は「一見明白に認容の可能性のない」「おせっかいな訴訟好き」
ケースを却下するフィルターにすぎない。後者の段階では、本案と原告適格とを
関連させて、原告の利益の度合い、制定法上の権力の性質、主張される違法性の
タイプ等により、本案提起ができるかどうかを判断している[34]。

高等法院法31条3項および民事訴訟規則54部において、原告適格は「十分な利
益を有するもの」とされている[35]。「直接の利益」ではなく、「十分な利益」が
求められるのは、公的機関は、いかなる特定の個人の権利を侵害することなく、
「法の支配」を破ることもありうるからである。実務家向けの*Judicial Review
Handbook*[36]においては、司法審査における原告適格の特徴を6点抽出している
が、第一の特徴として、判例上、裁判所の姿勢がリベラルである点が挙げられて
いる。

①　判例の積み重ねによる団体原告適格の拡大

原告適格要件であるところの「十分な利益要件」(the sufficiency of interest test)
につき、判例法において最初に重要な判決を下したのは「*IRC*事件」(1982年)[37]

---

(33)　*Supra* note 30, at 797-798.

(34)　*Supra* note 19, at 98.

(35)　……the court shall not grant leave to make such an application unless it considers that the
applicant has a <u>sufficient interest</u> in the matter to which the application relates.

(36)　最新版は Michael Fordham, *Judicial Review Handbook Sixth Edition*, Hart Publishing, 2012.
Judicial Review Handbook は数年ごとに改訂版が出版されている。Maurice Sheridan, United
Kingdom, Nicolas de Sadeleer, Gerhard Roller & Miriam Dross, *Access to Justice in Environ-
mental Matters and the Role of NGOs*, Europa Law Publishing, 2005, at 144.

(37)　*R v Inland Revenue Commissioners, ex p National Federation of Self-Employed and Small
Businesses Ltd* [1982] A. C. 617.

である。フリート街（かつて新聞社が多かった）の新聞社の不定期労働者（約6,000人）
は、偽装名義を使い、税金を払わないのが普通であった。IRC（Inland Revenue
Commissioners：内国歳入庁）は、過去2年間の申告をしたら、それ以前の申告は問
わないとの取引を組合と行った。全国自営業者および小規模事業組合は、IRC の
取引は権限踰越（ultra vires）であるとして、宣言的判決（declaration）および職務
執行命令（mandatory order）を求めた。被告の IRC による「事業組合には原告適
格がない」との主張に対し、判決は、「大権的救済（prerogative order）を行うのに
統一テストが必要か」という点と、「全ての救済に統一テストが必要か」という
二点について、共に肯定的に判断している。原告適格は新たな問題に対応できる
ように発展させるべきであり、「十分な利益」に基づいた統一的な概念が必要だ
と導いた。当該判決において、原告適格と本案は完全に分離される問題ではない
とされた結果、原告適格はかなり緩やかに判断されるようになった[38]。

　団体が原告となった場合の判例の変遷として取り上げられるのは、(i)ローズ劇
場事件、(ii)グリーンピース事件、そして、(iii) *WDM* 事件である。

　(i)の「ローズ劇場事件」（1990年）[39]は、開発業者がエリザベス朝時代の劇場遺
跡を発見しながらも、オフィス建設のための許可を求めたのに対し、著名な考古
学者や俳優、地域住民がトラストを結成し、政府に「古代遺跡および考古学的保
存地区法」（1979年）に基づくリストへの登録を申請したが断られた事例である。
当該判決においては、トラストには原告適格なしと判示された。いかなる個人も
それに関与したからといって、当該決定に対する十分な利益を持っておらず、十
分な利益のない個人の集まりがグループや組織を作ったからといって十分な利益
を持つわけではないと判断した。すなわち、個々人に原告適格がなければ、グ
ループにも原告適格はないという厳格な判断である。

　(ii)の「グリーンピース事件」（1994年）[40]とは、イングランド北西部のカンブリ
ア州セラフィールドの THORP（Thermal Oxide Reprocessing Plant：核燃料再処理工

---

(38) 以後、個人が原告となった判決では、ほぼ原告適格は認められている。ただし、「ほかに適切な
　　訴訟提起者がいない」という要件につき、殺された子供の父親の原告適格を認めなかった事例が
　　ある。刑事裁判所があるからである。*R (Bulger) v Secretary of State for the Home Department*
　　[2001] EWHC 119 (Admin). *Supra* note19, at 101.
(39) *R v Secretary of State for the Environment, ex p Rose Theatre Trust Co* [1990] 1 Q.B.504.
(40) *R v Her Majesty's Inspectorate of Pollution, ex p Greenpeace Ltd (No. 2)* [1994] 4 All E. R.
　　329QBD.

40 第一部 英国司法審査と EU 法

場）建設の是非について、司法を含めた議論が巻き起こった結果、1978年に建設
が許可されたが、処理が開始されたのは1994年になってからという背景の中で、
グリーンピースが原告となって、放射性廃棄物の排出に対する汚染検査官の許可
について争った司法審査請求である。当該判決では、まず、「利益団体ゆえに機
械的に原告適格が認められるわけではない」とする。しかし、世界規模の環境保
護団体グリーンピースのイギリス国内の40万人の支持者のうち、2,500人がセラ
フィールド近隣に居住し、決定によって影響を受ける立場にいる。グリーンピー
スは多くの国際組織で諮問を受ける地位をもち、環境に純粋な関心と十分な情報
量をもって訴訟が提起できる専門性を持つ団体である。グリーンピースに原告適
格を認めないと、他に訴訟を提起することができる効果的な方法はありえないこ
と等を理由として、(i)のローズ劇場事件判決と異なり、原告適格を認めた[41]。

　(iii)の「*WDM* 事件」(1995年)[42]の原告である WDM（World Development Move-
ment：世界開発運動）は、政府から資金援助を受けている反貧困キャンペーン団体
である。WDM は、「マレーシアの Pergau 川に水力発電所を建設するためのプ
ロジェクトは経済的でもないし、健全な発展のためのプロジェクトでもない。海
外援助予算の適切な使用ではなく、制定法上の権限外である」として、司法審査
請求を行ったが、このケースについても原告適格が認められた。マレーシアでの
ダム建設への資金援助に対する大臣決定に対する訴訟であるが、裁判所は、
WDM は、異議申立てをする知識や専門性、能力を持っており、WDM に認め
ないと他に責任をもって争う者がいないであろうとして、十分な利益を有すると
判断した。

　さらには、法人格のない社団（unincorporated association）に対しても認めてい
る。それまでは、自己の名前での訴訟継続を認めない立場（ダーリントン事件）で
あったが、自己の名前での継続、ひいては、原告適格を認めている（*Brake* 事件）
(1996年)[43]。ターナー判事は、「私法では、個人は個人の権利を主張するので、

―――――――――――
(41) グリーンピースは、通商産業大臣の作成した石油採掘計画が、野生生物の保護に関する EU 指
　　令を考慮していないため、大西洋に生息するクジラやサンゴ礁に悪影響を与えているとして司法
　　審査請求を提起した事件においても、原告適格が認められている。*R v Her Majesty's Inspector-*
　　ate of Pollution, ex p Greenpeace Ltd [1994] 4 All E.R.321.
(42) *WR v Secretary of State for Foreign Affairs, ex p World Development Movement* [1995] 1 W.
　　L. R. 386DC.
(43) *R v Traffic Commissioner for the North Western Traffic Area, ex p "Brake"* [1996] C. O.
　　D.248OBD.

そのような権利は法律上の人格にのみ認められる。一方、公法で主要な争点となっているのは公的機関の決定の合法性であり、十分な利益をもつ原告は、司法に、公的機関の過度の権力に対するコントロールを求めているのであり、そのような訴訟は、法人格のない社団にも認められる」と判示している。

以上の判例の積み重ねにより、手続上は、公行政システム内での環境訴訟における司法審査の原告適格には何ら実質的な障害はないと結論付けられている[44]。

② 原告適格が認められる団体の範囲と限界

上記の(i)と(ii)は利益団体 (interest group)、(iii)は圧力団体 (pressure group) と分類できる。しかしながら、公益団体 (環境保護団体) であれば自動的に原告適格が認められるわけではない。それぞれ個々のケースの事実認定に応じて、裁判所の決定権 (discretion) が及び得る。

どのようなケースが「十分な利益」に該当するかにつき、理論的な説明のないまま、判例法により、広く原告適格を認める[45]ことにつき、現実的な反対論として最もよく主張されるのは、「訴訟好きの原告に裁判所のドアを開けることになってしまう」点である。二番目に主張されるのは、個人的な利益のない原告は、最適な利益主張者となれない点であり、さらに、訴訟数が多くなると、政府は訴訟への防御のために時間を費やしてしまい、本来の仕事ができなくなってしまう点も反対論の根拠となっている。

公益団体による提訴にかかる原告適格に対し、裁判所はリベラルな態度を採り、裁判官の決定により、原告適格は拡大されているが、NGO に対し、原告適格が認められなかった事例もある[46]。当該事例の原告 Al-Haq は、ヨルダン川西岸にベースを置く NGO であり、レバノンにおけるイスラエルの軍事活動に対

---

(44) *Supra* note 36, at 160.

(45) リベラルな事例としては、納税者としての資格で、政府の EC への 1 億2,100万ポンドの金銭支出を認める国会での承認に服する枢密院令 (法規命令) について、承認前に争うことを認めた判例もある。*R v HM's Treasury, ex p Smedley* [1985] Q.B.657CA.

オリーブとアーモンド栽培で生計をたてていたベツレヘム近郊の村に住むパレスチナ人の原告は、2005年にイスラエル軍が木を切り倒し、フェンスで囲ってしまったため、帰還できなくなった。原告は、イスラエル軍がイギリスの会社が販売した機械類を使用した点につき、政府の輸出許可ライセンスの承認決定につき争ったが、原告適格は認められた。*R (Hassan) v Secretary of State for Trade and Industry* [2007] EWHC 2630 (Admin). *Supra* note 19, at 104.

(46) *R (Al-Haq) v Secretary of State for Foreign and Commonwealth Affairs* [2009] EWHC1910 (Admin), [2009] ACD76.

42 第一部 英国司法審査と EU 法

する公式の非難、イスラエルに対する軍需品輸出およびあらゆる援助の停止を政府に命じさせることを求めた。しかし裁判所は、原告の Al-Haq に対し、原告適格を認めなかった。それは NGO が実質的な権利を要求しているわけではなく、イギリス国家に対し、イギリス外交政策に対する異議申立てをしているからである。そうでない場合は、外国の NGO であっても政府の政策に対する訴訟は可能である。

一方で、出訴期間ルールに対しては、厳格な遵守を要求している。*R v Secretary of State for Trade and Industry ex p Greenpeace Ltd (No. 2)* [2000] 2 CMLR 94では、原告に認められている出訴期間に遅れたことにより、他の公益訴訟における場合と同様の事実については考慮されなかった[47]。

(3) 国内裁判所と EU 司法裁判所間の役割分担および緊張関係

今日の司法審査において看過できないのは、欧州人権条約 (European Convention on Human Rights：以下「ECHR」という。) および EU 法も法源となっていることである。

ECHR の国内法として、1998年に人権法が制定された (Human Rights Act 1998)[48]。ECHR 上の人権を国内で実現するものであり、イギリス憲法改革の総合計画において中心的地位を占める。公的機関に対してはこれらを遵守するように、司法に対してはこれらに適合した法解釈をするように求めている。この1998年人権法制定により、ECHR に規定された人権が、イギリス憲法上の権利として保障されるようになった。

人権法 (憲法典) の制定により、イギリスでも一種の違憲審査が行われることになる。ECHR に違反する国内法については、裁判所は「不一致宣言」(不適合の宣言：declaration of incompatibility) を出すことができるようになった (同法4条)。しかし、「国会主権原則」があるため、直ちに法律の効力を失わせて、制定法を無効にすることはできない。ECHR 上の人権に関する論点は、フランスのストラスブールにある欧州人権裁判所 (ECtHR：European Court of Human Rights) で審議さ

---

(47) *Supra note* 19, at 107.

(48) J.Wadham, H.Mountfield QC, E. Prochaska, C.Brown, *The Human Rights Act 1998 Sixth Edition*, Oxford University Press, 2012, at 337-357、田島裕『イギリス法入門［第2版］』(信山社、2009) 230頁、中村民雄「行政訴訟に関する外国法制調査―― EU」ジュリスト No.1247 (2003) 136頁、深澤・前掲注 (24) 251～351頁。

れることになる。

　一方、EU 法も法源となる。EU という超国家組織には、理事会（the European Council）、欧州連合理事会（the Council of the European Union）、欧州委員会（the European Commission）、欧州議会（the European Parliament）、EU 司法裁判所（the Court of Justice of the European Union）の5つの基本機関がある。ルクセンブルクにある27人の裁判官から成る EU 司法裁判所は、EU 法に関する最高裁判所であり、EU 法の解釈と適用の確保を最大の任務とする[49]。

　国内の判決について EU 司法裁判所へ直接上訴（direct appeal）することは、国内裁判所の地位を低下させることになるため、行うことはできない。リスボン条約は、当該問題を加盟国の裁判所からの「先決裁定」の制度を通じて解決しており、国内裁判所と EU 司法裁判所は緊密な協力体制を形成している。

　すなわち、EU 法の効力または解釈に関する問題が国内裁判所の手続において生じた場合、国内裁判所は EU 司法裁判所に問題を付託することができるし、また、一定の場合には付託する義務を負う。EU 司法裁判所の回答は、国内裁判所に対して拘束力をもつ。この中間手続を通じて、EU 法の解釈および効力を裁定する排他的な権利が EU 司法裁判所に付与されているが、一方で、当該訴訟の判決については、依然として国内裁判所にその責任がある。

　上述したように、EC 法（現 EU 法）の法秩序には、「優越性」と「直接効果」がある。イギリスは1973年1月1日の EC への加盟に際し、1972年欧州共同体法（European Communities Act 1972）を制定し、その2条1項において、国内法に対する EC 法の優越性および直接効果を認めている。

　EC 法と国内法に不一致がある場合、EC 法が優越する原則は、「コスタ対エネル事件」（1964年）[50]において明確に述べられている。「期間の定めのない EC を創設することにより、……加盟国は、限られた範囲ではあるが、主権の制限から由来する権力によって、あるいは国家から EC への権力移譲によって、国家も国民

---

(49) EU 司法裁判所につき、ルードルフ・ティーネル、出口雅久・木下雄一（共訳）「欧州司法裁判所（欧州連合司法裁判所）の組織と機能」立命館法学331号（2010）378〜405頁、M. ヘンデーゲン著・中村匡志訳『EU 法』（ミネルヴァ書房、2013）147〜164頁。
(50) EC 法は、これに抵触する国内法に無制限に優先し、国内憲法にすら優先する。[Case C-6/64], *Costa v Ente Nazionale per l'Enegia Elettrica (ENEL)* [1964] E.C.R.585. さらに、Simmenthal 事件 [Case C106/77] において、はっきりと「EC 法の優先」が明示された。*Amministrazione delle Finanze dello Stato v Simmenthal SpA* [1978] E.C.R.629. *Supra* note 30, at 280.

をも拘束する法主体を作った」ことが明示されている。

　また、EU法は、加盟国内で直接効果を持ち、それゆえ、加盟国の市民の権利・義務を直接定める。直接効果原則の展開につき、「ファン・ヘント・エン・ロース事件」(1963年)[51]は、大きな意味を持つ。当該事例は、オランダの輸入業者が、西ドイツから輸入される化学品（尿素ホルムアルデヒド）の関税の税率変更を争ったものである。オランダの新関税協定の税率変更に従って関税が増加しており、これはEC条約12条（輸入品につき、いかなる新たな関税の賦課も、現在の税率の引上げも禁止）（現在削除）に違反する無効な関税引上げだと主張した。当該先決裁定では、「EC条約の規定は、加盟国内に直接に法的効果を及ぼし、国内で保護される権利を個人に発生させる効果をもつ」ことが示された（現在はEU運営条約258条（委員会による提訴）および259条（加盟国相互間の訴訟）に引き継がれている）。すなわち、「EC条約の精神、全体の構成、および文言からして、EC条約12条は、直接効果を発生し、国内裁判所が保護しなければならない個人の権利を創設するものと解するのが相当である」と判示した。

　EU法上の権利が侵害された場合、個々人をどのようにして守るかを決定するのは各国の裁判所である。ところが、EU司法裁判所は、EU法上の権利が国内法に適用されていない場合に、その施行を促すための新たな法的救済を裁判所に要求していない。にもかかわらず、EU法による権利は、国内法による類似の権利に適用される救済より不利であってはならないとされる。

　ゆえに、後述するところの国内裁判所とEU司法裁判所間の緊張関係——加盟各国は、新たな法的救済を設ける必要がないという原則（国家自治権）と、EU法上の権利は効果的に保護されねばならないという原則（効率性）——が生じることになる[52]。この二つの原則の中で「効率性原則が国家自治原則より優先されねばならない」ことは、いくつかのEU司法裁判所判決で示されている。

---

(51) [Case C-26/62], *NV Algemene Transport-en Expeditie Onderneming van Gend en Loos v Nederlandse Administratie der Belastingen* [1963] ECR 1.*Supra* note 19, at 13, *supra* note 30, at 286.

(52) *Supra* note 19, at 11.

IV 環境公益訴訟の実質化

(1) EU 大気質指令の国内法化をめぐるイギリス最高裁判決および EU 司法裁判所先決裁定

① EU 大気質指令の国内法化

具体的な EU 法の内容は、(i)規則 (regulation)、(ii)指令 (directive)、(iii)決定 (decision)、(iv)勧告 (recommendation)、(v)意見 (opinion) に分類される (EU 運営条約288条～292条)。(i)の規則は、全ての加盟国に直接適用され、拘束力を持つ (国内法化を必要としない)。(ii)の指令は、全ての加盟国に対してではなく、それが命じられた加盟国に対して拘束力を持つ。その形式や方法は各国の裁量に委ねられ、加盟国は指令に従うために、通常、何らかの国内法を制定する。(iii)の決定は、加盟国、企業、個人など特定の対象者に対し直接適用され、拘束力を持つ。これらは二次法 (secondary community law) として、一次法 (EU 条約および EU 運営条約) に基づいて EU 諸機関が行った全ての行為として構成される。

EU 司法裁判所は、「規則」も「指令」も、加盟国の国内法に対し、その前後いずれに制定されたかを問わず、各個人が依拠すべき直接的な効力を有すると判示している[53]。したがって、指令が発令された時点で、直接有効でなくても、加盟国は指令を実施できなかったことに伴う損害に対し、責任を負う。この直接効果原則は、「条約の条項」、「規則」、「一定範囲の指令」に対して適用される。特定対象者に対する「決定」にも、直接的な効力がある。

EU は環境政策につき、共通の立法措置 (規則・指令等) を講じてきた。したがって、大気汚染を規制する EU の法規も数多くある。うち、「大気質指令」(Air Quality Directive) は、二酸化硫黄 (SO_2)、窒素酸化物 (NOx)、粒子状物質 (PM_{10})、一酸化炭素 (CO)、対流圏オゾン、ベンゼン、鉛、ヒ素、カドミウム、水銀、ニッケル等の様々な大気汚染物質の濃度限界値・目標値を設定し、モニタリング (観測・監視) を義務付けるものである。モニタリングの結果、定められた限界値を超えていることが検出された場合は、加盟国に削減計画の策定・実施・報告が義務付けられるが、対策手段の選択は加盟国の裁量で決められる。

---

(53) [Case C-41/74], *Van Duyn v Home Office* [1974] ECR 1337は、加盟国間の人の移動の自由に関する判決である。指令が、個人および国家に対して直接的効力をもつことを認めている。

46   第一部　英国司法審査と EU 法

「大気質指令」（Directive 2008/50/EC）は、2007年12月11日、欧州議会によっ
て、修正・採択されたものであるが、遵守期間内に国内法を制定できない加盟国
も多かった。イギリスもその一例である。大気質指令の目標達成のための国内法
化ができなかった場合、加盟国および EU はどのような法的対応をとるべきかが
問題となる。

　以下の EU 大気質指令をめぐる環境公益訴訟は、環境 NGO が原告となり、大
気汚染物質濃度の限界値達成が可能な国内法の策定を求めたものである。イギリ
スの高等法院および控訴審は請求を棄却したが、最高裁は一転して、違法状態に
あるとの「宣言的判決」を下したうえで、「職務執行命令」を行うことができる
か否かにつき、EU 司法裁判所へ先決裁定の付託を行った（2013年 5 月 1 日）。「必
要な措置を下すことができるのは国内裁判所である」と先決裁定（2014年11月19
日）を受けた後の差戻後の最高裁判決は、新たな大気質計画の提出をするように
との「職務執行命令」を下した（2015年 4 月19日）。以下、本件事例を取り上げ
て、環境公益訴訟における国内裁判所と EU 司法裁判所との役割につき検討する。

②　EU 大気質指令をめぐる高等法院判決および控訴院判決

　二酸化窒素（NO_2）は、1996年大気質枠組み指令（96/62/EC）以降の主要規制対
象である。1999年指令（1999/30/EC）においても、2010年 1 月 1 日までに NO_2濃
度が限界値を超えないために必要な方策を採ることが要求され（4 条）、この義務
は2010年に発効予定となっていた。これは、当該訴訟の対象となっている2008年
指令（Directive 2008/50/EC）にも引き継がれている。しかし、22条 1 項において、
最大 5 年間の期間延長が設けられたことから、22条および23条の解釈が問題と
なった。

　2008年指令13条は、加盟国の各地域における汚染物質の限界値遵守を確実にし
なければならないとする（shall）。特に、NO_2については期日を超過してはならな
いとする（may not）。ただし、実施に際して柔軟性をもたせている。加盟国が法
令遵守のためのあらゆる合理的手段を講じたにも関わらず、特定の区域で達成で
きなかった場合を想定し、23条に適合する「大気質計画」を策定するという条件
で、遵守達成のための期限を最大 5 年延長する新たな条文（22条 1 項）を追加し
た。

　当該指令が求める「大気質計画」策定につき、イギリス政府は全体ドラフトと

して、まず、国内を43に区分したが、うち40区域で限界値を超過していた。最終計画は、2011年9月22日に委員会に送付された。その内容は、24区域で2015年までに目標が達成できることが示されたが、残りの16区域（特に「広域ロンドン」）では、22条の求める期限延長につき、何ら対応策を示していなかった（ただし、2015年から2025年の間には遵守可能な大気質計画行動が準備された）。当該計画に対する2012年6月25日の委員会決定は、期限延長申請の24区域のうち12区域につき異議を申し立てているが、2015年までのコンプライアンスが示されなかった16区域については、何らコメントをしていない（うち、広域ロンドン、西ミッドランド都市部（バーミンガム）、西ヨークシャー都市部（リード）の目標達成は2030年になると見込まれていた）[54]。

このような経緯のなか、本件訴訟は、2008年に設立された環境法NGOであるClientEarth[55]が原告となって、2011年7月28日、高等法院女王座部（行政部門）に提訴したものである。一審の高等法院で聴聞が行われたのち、原告の主張を棄却する判決が下された［2011］EWHC3623（Admin）（2011年12月13日）。

その控訴審である控訴院（民事部門）判決においても、Laws卿判事は、高等法院のMitting判事の「22条には裁量がある」との判断に同意し、控訴を棄却した［2012］EWCA Civ897（2012年5月30日）。ともに、司法消極主義の立場を示したことになる。

③　最高裁判決とEU司法裁判所への付託

ところが、2013年5月1日最高裁判決 *R (on the application of ClientEarth) v The secretary of State for the Environment, Food and Rural Affairs*［2013］UKSC25は、一転して原告側主張を認め、宣言的判決を下すとともに、救済方法の可能性につき、EU司法裁判所に先決裁定を求める付託をした。

最高裁のCarnwath卿判事は、以下の2つの判断を示している。

（ⅰ）大気質指令13条に規定された二酸化窒素（NO_2）を限界値以下にする義務に

---

(54) E.Fisher, B.Lange, E.Scotford, *Environmental Law*, Oxford University Press, 2013, at 633-635.

(55) ClientEarthは、ロンドン、ブリュッセル、ワルシャワにオフィスを持つ環境法NGOである。2012年には、NGO of the Year Awardを受賞している。環境法分野に関し、'Justice for the planets' をモットーとし、司法へのアクセス、すなわち環境を守るための擁護活動・訴訟・研究を行っており、科学者、政策専門家、弁護士等が参加している。2010年にはオーフス条約の受入につき、イギリス国内裁判所で勝訴、2011年には欧州オーフス条約センターを開設した。http://www.clientearth.org/

対してイギリスは違法状態にあるとの「宣言的判決」を行った。これは、政府が
EU大気質指令による限界値を遵守するための施策に失敗したことを認めた初の
司法判断である。しかし、(ii)それ以外の法的救済（があるとしたら）その範囲の決
定に関しては、EU司法裁判所の回答を待たねばならない。

　このような状況下では、国内裁判所は争点に関する事実的経緯および法的背景
を抽出する以上のことはできない。したがって、（EU司法裁判所勧告（[C-338/1]
2012年12月6日）を遵守した付託手続の適切な行程に従って）EU法上の問題に対処して
いる段階にあるとの判断を示している。

　最高裁の5人の判事は、大気汚染が改善されることなく、今後も続くことを許
してしまうと重大な健康への懸念が生じることを熟知している。しかし、それは
同時に「法の支配」に関する根本問題を引き起こす。最高裁が、EU環境法に対
する明白な違法状態に対し、効果的な法的救済ができないとしたら、重大な憲法
上の問題を生じさせることになるからである。このような法的背景のもと、最高
裁は、予備的な結論（preliminary conclusion）をまとめたうえで、先決裁定を求め
てEU司法裁判所に付託した（2013年7月19日受理）。

④　EU司法裁判所先決裁定［Case C-404/13］

　EU司法裁判所は、2014年7月10日に聴聞を行い、同年11月19日に原告の請求
を全面的に認める判断を下した。

　結論は以下の3点である。

　　(i)加盟国が期限延長の申請をし、大気質計画を策定しない限り、延長は認め
　　　られない。指令22条1項には、いかなる例外も認められない。

　　(ii)23条1項第2サブパラグラフに適合する大気質計画が策定されていない事
　　　実にもかかわらず、加盟国が13条の義務を果たしているとの見解はとれな
　　　い。

　　(iii)加盟国が13条1項第2サブパラグラフの要件を達成できず、22条の期限の
　　　延長を申請しない場合、裁判管轄権をもち、政府が要件に合致する計画を
　　　策定できるように職務執行命令等の必要な措置を下すことができるのは国
　　　内裁判所である。

⑤　差戻後のイギリス最高裁判決における職務執行命令

上記先決裁定を受け、イギリス最高裁は2015年４月16日に聴聞を行った後、同年４月29日、既に下している「宣言的判決」に加え、「職務執行命令」を行った。それは、政府に対し、23条１項に合致する新たな大気質計画を確定期限に間に合わせるように準備し、2015年12月31日までに委員会への当該改訂計画の提出を終わらせるようにとの命令である（para.35）。

EU司法裁判所への提訴後も、かなりのNO$_2$汚染状況の悪化が見受けられる。2014年７月、イギリス政府は計画を更新し、大気質指令の限界値遵守予想年を公表したが、これらの計画では、以前の予定よりも更に達成が遅れる見込みである。2015年までの達成見込は43区域のうち５区域のみである。広域ロンドン、西ミッドランド都市部、西ヨークシャー都市部の３区域は2030年でも達成できそうにない（para.20）。

ただし、不遵守はイギリスに限ったことではなく、2013年の分析では17加盟国で限界値の超過が報告されている。この不遵守は、厳格な欧州排出基準の導入による削減見込みが実現していないことを意味する。したがって、加盟国一ヶ国のみでEUレベルより厳しい排出基準を設けることができないという問題もある（para.21）。

しかし、このような事実があるからといって、法的拘束力のある指令の限界値達成が緩和されるわけではない。当裁判所が2013年５月１日に判示した（違法状態にあるとの）宣言的判決が引き金になったのか、委員会はイギリスに対する正式な違反手続を開始している（2014年２月）。それでも、指令実施に対する国内裁判所の責任が回避されるものではない（para.22）。

委員会は、2015年末までに、改訂計画を提出し、諮問を受けることを求めている。NO$_2$排出超過の80%は運輸部門由来であり、したがって、効率的な輸送手段の改善が最優先課題となる。国レベルの政策（2011年以降すでに20億ポンド以上支出）に加えて、地域レベルでの政策[56]が必要となる（para.23）。

政府は2015年末までに新たな削減手法や計画を準備することを受容しているが、それでも当該最判においては、「裁判所による法的な補強が必要である」と、司法の積極的役割を強調している。さらに、23条１項の「できるだけ速やか

---

(56) 当時のボリス・ジョンソン・ロンドン市長によって提案された、画期的な案「超低排出ゾーン」（Ultra-Low Emission Zone）（2020年からロンドン中心部で実施予定）を例示している。

に」という不確定概念の許容範囲に関し、「現実的あるいは経済的理由によって不可能とされる範囲はかなり限定される」との見解を付け加えている（para.33）[57]。ただし、大気質計画作成にあたっての法的論点の決定や遵守期限も職務執行命令の対象になるか否かに関しては、争いの余地があることを認めている（para.35）。

このように、差戻後の最高裁判決は、イギリスにおける「司法積極主義」の流れを加速させる判決となった。高等法院および控訴院の「政治的選択の要求は司法の管轄外」との消極的判断と異なり、国内裁判所が政治的選択を要求し、「清浄な空気を吸う権利」（right to breathe clean air）を認めた画期的な判決となっている。

(2) 司法へのアクセス権──日本への示唆を含めて

一方、わが国における環境公益訴訟に関する議論は、判例が原告適格につき「法律上保護された利益説」を採るため、「団体に原告適格を認めるべきか」という入口の議論に終始している。一方、イギリスでは、*IRC* 事件（1982年）において原告適格と本案は完全に分離される問題ではないとされて以降、緩やかに判断されるようになり、グリーンピース事件（1994年）において団体原告適格が認められた。現在では、かなりリベラルな解釈が行われている。

市民訴訟を認めている現状は、司法消極主義から脱却し、「市民は、個人的な被害を受けなくとも、公益を立証すべき」との前提に立ち、「司法には、行政統制機能がある」との積極的な考えに移行している証左であろう。

前述したように、イギリスの司法審査においては、公益的原告適格と団体原告適格の区別は曖昧である。要は、「十分な利益」要件に合致する原告に対し、司法審査請求を提起する「訴えの利益」（*locus standi*）が認められるだけのことである（高等法院法31条）。これはオーフス条約9条2項と適合する。

しかしながら、オーフス条約9条4項のコスト問題はそのままである。司法へのアクセス段階を含めた実務においては、過大な費用負担は大いなる障害になり

---

(57) 当該先決裁定に先立つ委員会の観察報告書（para.17）で引用されたイタリアの事例（13条の前身に関連して）によると、不可能（impossibility）とされる範囲はかなり限定されることになる。
(58) *Supra* note 36, at 60においても、費用負担リスクは、訴訟以前における司法アクセスに対する現実的なリスクとなりうるとの結論が明記されている。

うる[58]。判決文に、双方それぞれに費用を負担させることを明記する場合もあるが[59]、根本的解決は司法へのアクセス権に関する EU 指令を公布し、各加盟国において、国内法化することであろう。

　本件原告である ClientEarth は環境法弁護士活動家等による NGO である。日本において認められる原告適格の範囲外であり、門前払いの対象となる NGO である。しかし、環境法分野に詳しい専門家（＋市民サポーター）によって組織される NGO は、気候変動問題・大気汚染問題のようなボーダーレスの環境公益訴訟——誰もが加害者であり、誰もが被害者であり、したがって、加害者と被害者を特定できない——に関して、十分に原告適格を有するのではないか[60]。

　当該訴訟においては、ClientEarth の原告適格は争点にすらなっていない。それは、既に2008年の設立以来、多くの環境訴訟を提訴してきた実績によるものと思われる。ClientEarth は、今後、さらに顕在化していくと思われる気候変動問題も活動の柱の一つとしている。2009年4月の排出量取引指令（2009/29/EC）（EU 温室効果ガス排出量取引枠を拡大するため、2003年指令を修正したもの）を委員会が、法案として Official Journal に掲載したことに対しても、異議申立てを行っている[61]。

　日本においても、環境法弁護士による NGO は、（大気汚染問題や気候変動問題のような）地球環境公益を守るための、あるいは、（原発訴訟や景観訴訟のような）地域環境公益を守るための「法律上の利益」を有すると解する余地はないのだろうか。これまで、弁護士が NGO を作って環境団体訴訟を提起した事例はない。しかし、2012年6月15日に日弁連が試案を公表した環境団体訴訟法案[62]の実質化のためにも、環境法専門家 NGO を適格団体として認める途を開くべきではないか。日弁連は2017年2月16日にも「環境にかかわる市民参加を保障するために

---

(59) たとえば、前記グリーンピース事件では 'Order: Costs awarded to both Respondents and BNFL.' と、双方それぞれへの費用負担が明記されている。

(60) イギリスと異なり、前例主義にこだわる日本においては、最高裁の判例変更には時間がかかる。したがって、現在議論されている環境団体訴訟法のような立法による解決の方が容易であろうと思われるが、その議論すら10年以上、棚上げ状態にある。

(61) その修正の内容は、加盟国は、高効率かつ炭素貯蔵技術設備を備えた発電所の建設支援による排出枠を、オークション収入に利用できるとするものであった。委員会は、当該 Official Journal への掲載は、法的拘束力のない単なる政治的宣言にすぎないとの見解を示した。Marc Pallemaerts, *Access to Environmental Justice at EU Level, supra* note 2, at 282-283.

(62) 日本弁護士連合会「環境及び文化財保護のための団体による訴訟等に関する法律案」（略称「環境団体訴訟法案」）。http://www.nichibenren.or.jp/library/ja/opinion/report/data/2012/opinion_120615_3.pdf［最終訪問日：2018年10月15日］

52 第一部 英国司法審査と EU 法

オーフス条約の加入と国内法化の拡充を求める意見書」[63]を提出している。

(3) 「国会主権原則」と「法の支配」とのジレンマ

EU を構成する28ヶ国（2018年現在）は、欧州連合という超国家組織への参加に調印したことによって、国家主権の一部を制限することに合意したことになる。EU 司法裁判所を頂点とする EU 法の訴訟システムについても同様である。EU 法の法秩序である「優越性」と「直接効果」に縛られることに合意したわけであり、国家自治原則よりも効率性原則が優先されることになる。

この点につき、イギリスの伝統的な二つの憲法原則である「国会主権原則」（supremacy of parliament）と「法の支配」（rule of law）との抵触問題がしばしば指摘される。前者は「国会が法律によって公的機関に権限を付与しているので、司法審査は慎重でなければならない」との司法消極主義の考えにつながる。「裁判所は、行政府が国会によって与えられた範囲内において活動しているかを審査する。司法審査は、その権威を国会という民主的基礎に由来している」との「ultra vires の法理」に基づく。しかし、現在では、国会の民主的正統性自体が現実に照らして批判されていることもあり、積極的な司法へのアクセスが認められ、司法による行政統制機能が重視されている[64]。

議会制度の歴史は古く、かつては司法も国会（貴族院上告委員会）に含まれていた。EC への加盟（1973年）により、イギリス法も EC（EU）法ヒエラルキーに組み込まれ、「国会主権主義」の縛りは二次的になったと考えられる。1990年6月19日の先決裁定［Case C-213/89］は、国会主権の原則の変容を正面から認めるに至った[65]。すなわち、「国内裁判所は、暫定的救済の付与を妨げる唯一の障害が国内法の法準則であると思料する場合には、その法準則を無効としなければならない」と判示している。

後者の「法の支配」については多くの学者が議論している。近年では、「行政統制」強化の文脈や、「権利保護」の文脈において利用され、裁判所が司法へのアクセスや違法性判断について積極性を示してきたことの正当性を理論的に提供

---

(63) https://www.nichibenren.or.jp/activity/document/opinion/year/2017/170216_9.html ［最終訪問日：2018年10月15日］
(64) 戒能通厚編『現代イギリス法事典』（新世社、2004）187頁。
(65) *Supra* note 30, at 18-20,「EC 法による『国家主権の原則』の変容」英米判例百選［第3版］（1996）95頁。

しようとする。すなわち、裁判所を、国会の意思ではなく、権利利益の擁護者とする。公的機関は合理性や公正性の原則に従って活動していることを示すことによって、市民の利益への介入を正当化することができなければならないとする[66]。ところが、前述したように、「法の支配」原則に従って司法権を行使するにもかかわらず、国内裁判所が「法の支配」に従った判断ができないという難しさに直面している。

(4) EU 法における環境公益訴訟——環境と経済の持続可能な発展

　環境政策につきリスボン条約（2009年発効）まで遡って検討すると、政策アイテムの一つとして環境保護があげられている。EC 法 6 条を引き継ぎ、「環境保護の要請は、連合政策と活動の定義と実施の中に、とくに持続可能な発展の促進のために取り入れられなければならない」（EU 運営条約11条）と明記されている。気候変動やエネルギーに関する新しい規定が設けられた[67]。持続可能な開発および環境保護はこれまでの条約でも優先分野として取り上げられているが、リスボン条約はこれらに対し明確な定義を規定し、環境問題、特に地球温暖化への取組みを国際レベルで促進することを約束している。すなわち、環境という公益保護の推進は、EU の大きな柱の一つとなっている。

　もともと ECSC（European Coal and Steel Community：欧州石炭鉄鋼共同体）（1951年）、EEC（European Economic Community：欧州経済共同体）（1957年）から始まり、2018年現在28ヶ国へと拡大した EU は、貿易の自由の増進を共通の基本目標としてきた。しかし、人権憲章（Charter of Human Rights）を制定した今日では、個人の権利保護とともに、ある種の社会民主主義（経済的・社会的ミニマムを保障する社会）をめざしている[68]。これらは、調和することも、対立することもある。これらの価値が対立する場合、EU 司法裁判所は優先する価値を選択しなければならない。それは環境政策の分野では、「環境と経済の持続可能な発展」であろう。

---

(66) Cristopher Forsyth (ed.), *Judicial Review and the Constitution*, Hart Publishing, 2000に「法の支配」に関する多数の論文がある。榊原・前掲注（25）241頁。

(67) EU のエネルギー政策については2009年発効のリスボン条約で初めて単独条項が盛り込まれた。エネルギーに関する新しい条項がエネルギー政策の全般的な目標として含まれ、さらにエネルギー問題について初めて、「結束の原則」が導入された。『海外の電気事業　第 1 編追補版 1 欧米の気候変動対策（電力編）』（（社）海外電力調査会、2011）31頁。

(68) Stehen Breyer, *Active Liberty*, Oxford University Press, 2008, at 149.

54 第一部 英国司法審査と EU 法

　EU 大気質指令に関して、高等法院は、「大気質指令の期限遵守は、密集地帯（特にロンドン地区）の納税者や個人に重い支出負担を強いることになり、政治的選択を要求し、経済的負担を与えてしまうことになり、裁判所の仕事ではない」と判示した。イギリス以外にも遵守できそうもない加盟国があるという事情もある。EU 指令の趣旨が単なる努力目標であるならば、イギリスのように違法状態であっても、国民の健康を守るための「より強力な施策」（住宅からの汚染物質捕獲が可能な排気コントロール設備、NO_2排出削減のためのディーゼル車規制、都市部への車両の乗入制限等）は必要ないことになる。

　他方、EU 司法裁判所の先決裁定によって、「すべての加盟国に対して、同様に期限遵守を求めることができる」という意味ではフェアであり、効率的である。遵守できない国が複数ある場合、国によって対応が異なることを事実上容認してしまうと公平とは言えないからである。EU 法がこのような手続を要求していることは、イギリス法における「司法積極主義」と矛盾しないのか——という問題が、大陸法諸国とは地理的、歴史的に異なる背景をもつイギリスのジレンマとなっている。今日では、権力に対するチェック＆バランス機能として、裁判所の行政統制機能が重視されてきているにもかかわらず、いちいち先決裁定による回答がなければ国内裁判所は判断できない状況が効率的といえるのか、という疑問である。

　司法審査請求の原理であるところの、イギリス法でいう「自然的正義」（natural justice）は、公正手続ないし適正手続が問題となるあらゆる場面に適用される法原理である[69]。具体的には、①裁判官・決定者に偏見がないこと、②公正な通知・聴聞が行われること、③公開審理を原則とすること、を意味する。自然的正義の原則が、EU 司法裁判所とのヒエラルキーにおいても適用されるべきか——が問われている。

　EU 共通の環境政策を、「現代世代に経済的負担を強いても、将来世代のために持続可能な社会を構築する義務」と厳格に捉えるべきか、それとも、「EU 諸国の厳しい経済社会状況を勘案して、あくまで遵守期限は努力目標」と緩やかに捉えるべきか。

　前者の立場に立脚し、「EU 環境法を遵守できない場合、国内裁判所は法的救

---

(69) *Supra* note 30, at 339-431、岡本・前掲注（24）173頁、田島・前掲注（48）157頁、189頁。

済方法を決定できる」とした EU 司法裁判所先決裁定は、画期的な判決となっている。

V　むすびにかえて

　EU 法には加盟国の国内法に対し、優越性が与えられ、直接効果が認められる。したがって、国内裁判所における司法審査も、EU 司法裁判所の先決裁定の回答がなければ最終判断が出せないという現状につき、EU 大気質指令に関する 2013年 5 月 1 日最高裁判決および2014年11月19日 EU 司法裁判所先決裁定、その後の差戻審である最高裁判決（2015年 4 月29日）を手掛かりとして検討した。

　訴訟の入口の問題である原告適格については、オーフス条約 9 条 4 項の費用負担問題が実務的には大きな障害となるが、公益団体訴訟も市民訴訟も既に認められており、未だに「法律上保護された利益説」にこだわる日本の状況とは異なっている。環境 NGO が提訴する環境公益訴訟という形態は、わが国で長い間、議論の俎上には上がっているところの環境団体訴訟法が制定されるとした場合には、適格団体の一形態として、参考になるのではないか。

　EU 司法裁判所における EU 法の解釈は、イギリス法の文理解釈・趣旨解釈と異なり、目的論的解釈が行われる。目的論的解釈によって、EU 司法裁判所は、明文化されていない新たな原則を法源に付け加える。したがって、目的論的解釈による EU 司法裁判所の先決裁定は、EU における政策優先順位という政治的要因にも左右されることになる。EU 環境法における優先政策は、リスボン条約まで遡って考察すると、「環境と経済の持続可能な発展」であろう。

　一方で、条約や規則と比べてかなり個別・具体的な「指令」の条項自体に、さらなる緻密さや実効性を求める方途もありえよう。特に本件事例のように、1990 年代以降、EU 域内で遵守に向けた地道な取組が長期にわたって進められてきた大気汚染問題に関しては、「罰則を伴った義務を意味するのか、単なる努力目標として裁量を認めるのか」につき、あらかじめ立法趣旨を明記することも可能であろう。

第3章
EU 大気質指令の国内法化をめぐる EU 法とイギリス国内法の関係——イギリス最高裁における司法積極主義への転換——

Ⅰ　はじめに

　イギリスの伝統的な憲法原則の一つである「国会主権原則」(supremacy of parliament, parliamentary sovereignty) は、「国会が法律によって公的機関に権限を付与しているので、司法審査は慎重でなければならない」との司法消極主義の考えにつながる。というのは、「ultra vires（権限踰越）の法理」において、「裁判所は、行政府が国会によって与えられた範囲内において活動しているかを審査する。司法審査は、その権威を国会という民主的基礎に由来している」。したがって、「裁判所は、国会の制定した法律の合憲性・合条約性を審査する権限をもたない」とされてきた。しかし、現在では、前提となる国会の民主的正統性自体が現実に照らして批判されていることもあり、積極的な司法へのアクセスが認められ、行政統制機能が重視されている[1]。本章で取り上げる訴訟の最高裁判決においても、政治的問題にあえて言及し、司法積極主義への転換がみられる。

　当該訴訟の対象となった EU 大気質指令（Directive 2008/50/EC）は、それまでの4つの指令と理事会決定を統合し、2007年12月11日、欧州議会によって、修正・採択されたものである。統合後の新指令では、各指令で規定されていた SO_2、NO_2、NOx、ベンゼン、CO、鉛、PM10、オゾン、アンモニア等に PM2.5を加え、加盟国に対して規制汚染物質の限界値および達成すべき目標値を示している。

　しかし、改訂後の遵守期間内に国内法を制定できない加盟国も多い。イギリスもその一例である。環境 NGO が原告となった当該環境公益訴訟は、大気汚染物

（1）1960年代中頃から司法審査は積極主義に転じたとされる。1990年代後半以降は、控訴院判事となったローズ判事（Justice Laws）を中心に、積極主義的対応が見られる。戒能通厚編『現代イギリス法事典』（新世社、2004）187頁。
　　ローズ卿判事（Lord Justice Laws）は、本章で取り扱う事例の控訴院判決の担当判事である。

58 第一部 英国司法審査と EU 法

【図表3-1】EU 大気指令の国内法化をめぐる裁判所間の状況

	イギリス国内裁判所		EU司法裁判所 先決裁定	差戻後の イギリス最高裁
高等法院	控訴院	最高裁		
棄却	棄却	宣言的判決 &職務執行 命令(付託)	国内裁判所 に管轄権	職務執行 命令
		2013·07·19 受理		
2011·12·13	2012·05·30	2013·05·01	2014·11·19	2015·04·29

質濃度の限界値を達成できるような国内法の策定を求めるものである。イギリス
の高等法院および控訴院では、請求を棄却する消極的な判断を示したが、最高裁
は一転して、違法状態にあるとの「宣言的判決」(declaration) を下したうえで、
「職務執行命令」(mandatory order) を下すことができるかにつき、EU 司法裁判所
へ先決裁定の付託を行った (2013年5月1日)。

　付託を受けた EU 司法裁判所は、「加盟国が EU 指令の要件を達成できない場
合、裁判管轄権を持ち、必要な命令等の措置を下すことができるのは国内裁判所
である」との先決裁定を行った (2014年11月19日)。これを受け、イギリス最高裁
差戻審は、「2015年12月31日までに目標達成ができるような新たな計画を策定す
るように」との職務執行命令を下した (2015年4月29日)(これら EU 大気質指令をめぐ
る国内裁判所と EU 司法裁判所間の裁判状況は【図表3-1】参照)。

　本件事例において、イギリス最高裁は、裁判所の役割に関する、従来の消極主
義を覆し、司法積極主義を示したことになる。本章は、当該国内裁判所判決およ
び EU 司法裁判所先決裁定の検討を通じ、歴史的に大陸諸国と距離を置く独自の
システムをもつイギリス国内裁判所における、EU 加盟国の一員であることに伴
うジレンマおよび国会主権原則の変容につき、考察する。

II　EU 法とイギリス国内法の関係

(1)　EU 司法裁判所と国内裁判所の関係──先決裁定

　イギリスは1973年 1 月 1 日、EC に加盟した。EC 加盟にあたって、イギリス
は加盟条約を批准すると同時に、EC 法を国内受容するために1972年欧州共同体
法（European Communities Act 1972）を制定し、その 2 条 1 項において、国内法に
対する EC 法の優越性および直接効果を認めた[2]。したがって、EC 法（現 EU 法）
も法源となる。さらに、EC 法と国会制定法の内容が不一致の場合、「これまで
のどんな国会制定法であれ、これから制定される国会制定法であれ、本条の諸規
定に従って、解釈され、効力を有する」（同法 2 条 4 項）ことになる。

　EU（European Union：欧州連合）は政府間協力型（intergovernmental）の法秩序で
はなく、超国家型（supranational）の法秩序である。欧州議会（European Parlia-
ment）、欧州連合理事会（Council of European Union）、理事会（European Council）、欧
州委員会（European Commission）（以下「委員会」という。）、欧州連合司法裁判所
（Court of Justice of the European Union）（以下「EU 司法裁判所」という。）の 5 つ基本機
関をもつ（EU 条約13条）。ルクセンブルクにある27人の裁判官から成る EU 司法裁
判所は、EU 法に関する最高裁判所であり、EU 法の統一的な解釈（uniform inter-
pretation）および適切な適用（proper application）の確保を最大の任務とする[3]。

　国内の判決について EU 司法裁判所へ直接上訴（direct appeal）することは、国
内裁判所の地位を低下させることになるため、行うことはできない。リスボン条
約（2009年12月 1 日発効）および EU 運営条約267条は、当該問題を加盟国の裁判所
からの「先決裁定」（preliminary ruling）の制度を通じて解決しており、国内裁判
所と EU 司法裁判所は緊密な協力体制を形成している。

　すなわち、EU 法の効力または解釈に関する問題が国内裁判所の手続において
生じた場合、国内裁判所は EU 司法裁判所に問題を付託することができるし、ま
た、一定の場合には付託する義務を負う。このように先決裁定手続は、法の共同

（ 2 ）戒能・前掲注（ 1 ）135頁。
（ 3 ）EU 司法裁判所につき、ルードルフ・ティーネル、出口雅久＝木下雄一（共訳）「欧州司法裁判
　　所（欧州連合司法裁判所）の組織と機能」立命館法学331号（2010）378～405頁、M. ヘンデーゲ
　　ン著・中村匡志訳『EU 法』（ミネルヴァ書房、2013）147～164頁。

60 第一部 英国司法審査と EU 法

体としての EU になくてはならない重要な手続となっている[4]。

EU 司法裁判所は、①両条約（EU 条約および EU 運営条約）の解釈、② EU の各機関または各組織の行為の効力および解釈につき、先決裁定を行う管轄権を有する（EU 運営条約267条）。先決裁定を求める義務が絶対的なものであるか否かについて示した事例が「シルフィット事件」（1982年）[5]である。1968年のイタリア法に基づき、CILFIT 他の原告は、輸入された羊毛品の衛生検査料を支払った。しかし、当該法律は、共同市場組織に関する1968年 6 月28日理事会規則が採択された結果、適用不可能であると主張して提訴した。下級審判所、上訴裁判所を経て、破棄院が EC 条約177条（現行運営条約267条）の解釈につき、先決裁定を求めた。当該先決裁定において、その付託義務の範囲につき、「国内で終審となる裁判所・審判所には、事案の判決をするうえで EC 法を用いる必要があると考えるときは、欧州司法裁判所に付託する義務が課される（ただし、例外的に付託義務が生じない 3 つの場合がある）」ことを明示した。

EU 司法裁判所の回答は、国内裁判所に対して拘束力をもつ。この中間手続を通じて、EU 法の解釈および効力を裁定する排他的な権利が EU 司法裁判所に付与されている。一方で、当該訴訟の判決については、依然として国内裁判所にその責任がある。このように、国内裁判所は EU 司法裁判所を頂点とするヒエラルキーの一部となったが、同時に協力関係をも形成している。

(2) EU 法の優越性および直接効果の原則
——国内裁判所と EU 司法裁判所間の緊張関係

(1)で述べたように、EC（EU）法の法秩序には、「優越性」（supremacy）と「直接効果」（direct effect）が認められている。イギリスでも、上述の1972年欧州共同体法 2 条 1 項によって、共同体法（Community Law）に、国内法に対する「優越性」および「直接効果」を認めている。

EC（EU）法の優越性とは、加盟国法秩序内において、EC（EU）法の規定と加

（4） EU 司法裁判所が受け入れた事件（先決裁定手続、直接訴訟、上訴など）は、2012年は632件あるが、うち404件が先決裁定手続であった。中西優美子「EU 法の有効性及び解釈と国内裁判所の先決裁定付託義務（Ⅰ（1））」自治研究89巻 1 号（2013）94頁。

（5）［Case C-281/81］, *Srl CILFIT and Lanificio di Gavardo SpA v Ministry of Health*［1982］E.C.R.3415. 中西・前掲注（4）97〜98頁、中村民雄＝須網隆夫『EU 法基本判例集［第 2 版］』（日本評論社、2010）94〜103頁。

盟国法の規定の抵触を解決するという国内的序列の次元の問題である[6]。裁判所は、EU法の制定が国内法の前であれ、後であれ、国内法をEU法に適合するように解釈することが求められている。

EC（EU）法と国内法に不一致がある場合、EC（EU）法が優先する原則は、「コスタ対エネル事件」(1964年)[7]において明確に述べられている。イタリアが1962年に電気事業を国有化したことにつき、民間の電力会社の株主であったコスタ氏が、治安判事裁判所に対し、「電力国有化法はEC条約の諸規定に反する違法な立法であり、EC条約の関連諸規定が直接に提供可能であって、国有化法はこれらに違反する」と主張して提訴した。判決では、「期間の定めのないECを創設することにより、……加盟諸国は、限られた範囲ではあるが、その主権的権利を制限し、加盟国の国民および加盟諸国自らを拘束する法体系を創り出した」「EC条約により生ずる法は、独立の法源であり、その特別かつ独自の性質ゆえに、いかなる形の国内法規定も、これに対抗できないと解するのが相当である」ことが確認された。これによって、「イタリア裁判所には国内法を遵守する義務があるので、先決裁定の付託の必要はない」との議論に対する回答、すなわち、「EC法はこれに抵触するあらゆる国内法に優先する」ことを示した[8]。

さらに、「シンメンタール事件」(1978年)[9]において、EC法は、憲法を含むあらゆる加盟国法に対して、制定の前後を問わず、常に優先することが確認された。シンメンタール社は、フランスからイタリアに食肉を輸入したが、イタリア政府は1970年のイタリア法に基づいて輸入時に食肉の衛生検査費用を賦課した。原告は、EC法が個人に直接発生させる権利は加盟国の法に優位するので、国内の違憲判決がなくても、その権利侵害への実効的な救済として、違法に賦課された費用の返還を求め得るはずだと主張した。対してイタリア政府は、1970年法が

（6）したがって、EU法の優越性は、EU法は国内で法としての効力をもつか（国内的効力）という問題に解答を提供できない。「国内的効力」と「国内的序列」の問題は分けて考察されなければならない。柳生一成「加盟国法に対するEU指令の排除的効果に関する一考察」一橋法学13巻2号（2014）457頁。

（7）[Case C-6/64], *Costa v Ente Nazionale per l'Enegia Elettrica (ENEL)* [1964] E.C.R.585. 中村＝須網・前掲注（5）14〜23頁、庄司克宏『新EU法 基礎篇』（岩波書店、2013）221〜223頁。

（8）Paul Craig, *Administrative Law Seventh Edition*, Sweet & Maxwell, 2012, at 280-283.

（9）[Case C-106/77], *Amministrazione delle Finanze dello Stato v Simmenthal SpA* [1978] E.C.R.629. 中村＝須網・前掲注（5）24〜31頁。*Supra* note 8, at 280.

憲法裁判所において違憲無効とされない限りは、その賦課処分が EC 条約違反であったとしても、イタリア法下では返還できないと主張した事例である。

また、EC（EU）法は、加盟国内で直接効果を持ち、それゆえ、加盟国の市民の権利・義務を直接定める。直接効果原則は、EU 司法裁判所が確立し、発展させてきた原則であり、その展開につき、「ファン・ヘント・エン・ロース事件」(1963年)[10] は、大きな意味を持つ。当該事例は、オランダの輸入業者が、ドイツから輸入される化学品（尿素ホルムアルデヒト）の関税の税率変更を争ったものである。オランダの新関税協定の税率表に従って関税が増加しており、EC 条約12条（輸入品につき、いかなる新たな関税の賦課も、現在の税率の引上げも禁止）に違反する無効な関税引上げだと主張した。当該先決裁定では、「EC 条約の規定は加盟国内に直接に法的効果を及ぼし、国内裁判所で保護される権利を個人に発生させる効果をもつ」ことが示された（現在は EU 運営条約258条（委員会による提訴）および259条（加盟国相互間の訴訟）に引き継がれている）。

このような判例法全体から、直接効果の定義が判断されている。「直接効果とは、共同体法が加盟国の領域において法源となり、共同体諸機関および加盟国だけでなく共同体市民にも権利を付与しおよび義務を課し、並びに、特に国内裁判官の前において共同体法から権利を引き出しかつ同法に適合しない全ての国内法規定を排除させるために共同体市民により援用されることができる能力をいう」[11] とされ、したがって、直接効果の概念には、個人の権利の創設、すなわち、個人が国内裁判所において EC（EU）法規定を援用して自己の権利の遵守を確保できることが内包されている。その結果、EC（EU）域内の個人は、国内訴訟を通じて、直接効果がある EC（EU）法規の実施を各国で強制できるようになり、EC（EU）法規の実効性は飛躍的に高まった。

一方で、EU 法上の権利が侵害された場合、個々人をどのようにして守るかを決定するのは各国の裁判所である。EU 司法裁判所は、EU 法上の権利が国内法に適用されていない場合に、その施行を促すための新たな法的救済を裁判所に要求していない。にもかかわらず、EU 法による権利は、国内法による類似の権利

---

(10) ［Case C-26/62］, *Van Gend en Loos v Nederlandse Administratie der Belastingen*［1963］E.C.R. 1. 中村 = 須網・前掲注（5）3 〜13頁、*Supra* note 8, at 286-287.

(11) 庄司克宏「欧州司法裁判所と EC 法の直接効果——理論的再検討」法律時報74巻 4 号（2002）15頁。

に適用される救済より不利であってはならないとされる。

以上より、後述するところの国内裁判所と EU 司法裁判所間の緊張関係——加盟国は、新たな法的救済を設ける必要がないという原則（国家自治：national autonomy）と、EU 法上の権利は効果的に保護されねばならないという原則（効率性：effectiveness）間の緊張関係——が生じることになる。この二つの原則の中で、「効率性原則が国家自治原則より優先されねばならない」ことがいくつかの EU 司法裁判所判決で示されている[12]。

(3)　国会主権原則と法の支配—— EU 法による変容

EU を構成する28ヶ国（2018年現在）は、EU という超国家組織への参加に調印したことによって、国家主権の一部を制限することに合意したことになる。EU 司法裁判所を頂点とする EU 法の裁判システムについても同様である。EU 法の法秩序である「優越性」と「直接効果」に縛られることに合意したわけであり、国家自治原則よりも効率性原則が優先されることになる。

この点につき、イギリスの伝統的な二つの憲法原則である「国会主権原則」と「法の支配」（rule of law）との抵触問題がしばしば指摘される。

1689年の権利の章典により、国会を中心とする統治構造への方向づけが確定された。これを表現するのが「国会主権原則」である。この国会主権原則に定義を与えたのは、19世紀の憲法学者ダイシー（A. V. Dicey）『憲法研究序説』（初版：1885年）である。「国会が、イギリス憲法のもとで、いかなる法も作り、または廃止する権利をもつこと、さらに、いかなる人も機関も、イギリスの法によって、国会の立法をくつがえしたり、排除する権利をもつことは認められないこと。これ以上のことを意味しないし、これ以下のことを意味するものでもない」と述べている[13]。

このように、国会主権の歴史は古く、かつては最高裁も国会（貴族院上告委員会）に含まれていた。しかし、EC（EU）への加盟により、EC（EU）法のヒエラルキーに組み込まれ、国会主権原則の縛りは二次的になったと考えられる。1972年欧州共同体法は、EC（EU）法に国内法に優越する効力を認めたからである。

---

(12) Jonathan Manning, *Judicial Review Proceedings Third Edition*, Legal Action Group, 2013, at 10-11.
(13) 戒能・前掲注（1）128頁、134頁。

64 第一部 英国司法審査と EU 法

それを示した欧州司法裁判所（ECJ：European Court of Justice）先決裁定が、「ファクタテイム事件」（1991年）[14]である。ファクタテイム社（Factortame）は、スペイン人が、イギリスに設立した会社で、イギリス船籍の登録資格を持ち、EC 海域でイギリス割当の漁獲をしていたが、イギリス国会は1988年商業商船規則を設け、イギリス国民が75% 以上の株式を有する会社に限定した。原告のファクタテイム社は、1988年商業商船規則は EC 条約の会社設立の自由の規定等に抵触するとして、訴えを提起した。高等法院は本案につき、さらに貴族院は仮差止め義務の存否につき、欧州司法裁判所（ECJ）に先決裁定を請求した。

「国際法の一般的準則に従って、船舶を登録簿に登録し、条件を決定することは、加盟国に委ねられている。ただし、その権限を行使する場合、加盟国としては、EC 法の法準則（rules）に従わなければならない。国内裁判所が、仮の救済を付与する妨害となるものが国内法上の準則だけであると考えるときは、当該準則を排除する EC 法上の義務があると解するのが相当である」ことを示した。本案についても、後に、1988年商業商船規則の EC 法違反が認められた。このように、EC 法の優越は、国会主権原則の変容を正面から認めるに至った。

後者の「法の支配」は、もともとは、1701年制定の「王位継承法」で裁判官の身分保障が確立され、王権も法の支配による制約を加えられる基礎が作られたことから始まった。法の支配の内容は、ダイシー（A. V. Dicey）によると、以下の3つである。①国王や行政府が恣意的に権力を行使することは認められず、正式の法が優位すること、②法の下にすべて人は平等であり、誰でも通常法に服さなければならず、公務員も同様であること、③市民の人権は裁判所によって保障された実質的な権利であり、イギリス憲法の一般原則は裁判所によって形成されたコモンローの結果である[15]。

この法の支配を重視する考えでは、司法審査の原則は、現実には裁判所が発達させてきたのであって、それらはコモンローの創造物であり、法律が制定されるとき、裁判所は「正義」や「法の支配」に基づいて、司法審査に統制を課すこと

---

(14) *Regina v Secretary of State for Transport, ex parte Factortame Ltd*, ［1990］2 A.C. 85（H.L.1989），［1990］E.C.R.I-2433（ECJ），［1991］1 A.C.603（H.L.1990），［1991］E.C.R.I-3905（ECJ［Case C-221/89］［1991］）. *Supra* note 8, at 280-283, *supra* note 12, at 11-12,「EC 法による『国家主権の原則』の変容」英米判例百選［第3版］（1996）94～95頁、中村＝須網・前掲注（5）70～76頁。

(15) 戒能・前掲注（1）53～54頁。

ができると理解する。さらに、裁判所を国会の意思ではなく権利利益の擁護者と
し、公的機関は合理性や公正性の原則に従って活動していることを示すことに
よって、市民の利益への介入を正当化することができなければならないとする考
えも示されている。後者の主張は、法の支配が「行政統制」強化の文脈や、「権
利保護」強化の文脈においても利用され、裁判所が司法へのアクセスや違法性判
断について積極性を示してきたことの正統性を理論的に提供しようとするもので
ある[16]。

(4) 欧州人権条約と不一致宣言

EU 司法裁判所は、「法の支配」原則を、加盟国共通の憲法的伝統の一原則と
して尊重している。EU 加盟国、市民、企業との関係で、EU 法上の権利の「実
効的保障」(effective protection) という準則として、あるいは、「裁判を受ける権
利」の保障という準則として、強調してきた[17]。イギリスにおいても、EC 加盟
後、「法の支配」原則に従って積極的に司法権を行使している。にもかかわら
ず、国内裁判所が「法の支配」に従った判断ができないという難しさに直面して
いる。

すなわち、EU 加盟国の一員としてのイギリスは、コモンローのみならず、欧
州人権条約 (European Convention on Human Rights: 以下「ECHR」という。) および
EU 法も法源となっているゆえに、国内的な司法審査の難しさに直面している。

ECHR の国内法として、1998年に制定された「人権法」(Human Rights Act
1998) は、ECHR 上の人権を国内で実現するものであり、憲法改革の総合計画に
おいて中心的地位を占める[18]。公的機関に対してはこれらを遵守するように、
司法に対してはこれらに適合した法解釈をするように求めている。1998年人権法
により、ECHR に規定された人権が、イギリス憲法上の権利として保障される
ようになった。

---

(16) 榊原秀訓「行政訴訟に関する外国法制調査——イギリス（上）」ジュリスト No.1244（2003）
    240〜241頁。
(17) 中村民雄「行政訴訟に関する外国法制調査—— EU」ジュリスト No.1247（2003）136頁。
(18) J. Wadham, H. Mountfield QC, E. Prochaska, C. Brown, *The Human Rights Act 1998 Sixth
    Edition*, Oxford University Press, 2012, at 337-357, 田島裕『イギリス法入門［第 2 版］』（信山
    社、2009）230頁、深澤龍一郎『裁量統制の法理と展開——イギリス裁量統制論——』（信山社、
    2013）251〜351頁。

66　第一部　英国司法審査と EU 法

　人権法（憲法典）制定により、ECHR に違反する国内法については、裁判所は
「不一致宣言」（不適合の宣言：declaration of incompatibility）を出すことができるよう
になった（同法4条）。不一致宣言は、当該立法の規定の効力等に影響を与えず、
当該訴訟当事者を拘束しない（同法6条6項）。当該立法は、国会が救済命令を制
定するまでは有効である。

　このようにイギリスでは、1998年人権法のもと、裁判所はその解釈・適用を委
ねられ、一方で ECHR を考慮することを義務付けられながら、コモンローを修
正し、また国会制定法に対応していくことになった。しかし、国会主権原則があ
るため、直ちに法律の効力を失わせて、制定法を無効にすることはできない。い
わゆる違憲審査権を与えられたわけではなく、ECHR 上の人権に関する論点
は、フランスのストラスブールにある欧州人権裁判所（ECtHR：European Court of
Human Rights）で審議されることになる。

　以上のように、1972年欧州共同体法2条1項によって、国内法に対し、EC
（EU）法の優越性および直接効果が認められ、同時に国内裁判所は EU 司法裁判
所のヒエラルキーに組み込まれた。また、1998年人権法制定により、欧州人権裁
判所（ECtHR）システムに組み入れられた。「何でもできる国会」という国会主権
原則の理解は変容させられてきたことになる。

(5)　EU 指令に対する直接適用可能性

　具体的な EU 法の内容は、①規則（regulation）、②指令（directive）、③決定（deci-
sion）、④勧告（recommendation）、⑤意見（opinion）に分類される（EU 運営条約288条
～292条）。①の規則は、全ての加盟国に直接適用され、拘束力を持つ（国内法化を
必要としない）。②の指令は、全ての加盟国に対してではなく、それが命じられた
加盟国に対して拘束力を持つ。その形式や方法は各国の裁量に委ねられ、加盟国
は指令に従うために、通常、何らかの国内法を制定する。③の決定は、加盟国、
企業、個人など特定の対象者に対し直接適用され、拘束力を持つ。これらは二次
法（secondary community law）として、一次法（EU 条約および EU 運営条約）に基づい
て EU 諸機関が行った全ての行為として構成される。

　「指令」の規定の優越性を確立したのは、前述したところの「シンメンタール
事件」（1978年）［Case C-106/77］である。欧州司法裁判所（ECJ）は、「規則」や
「指令」等の二次法も、EC 法に含まれること、さらには、加盟国法のあらゆる

段階の法に優先して適用されることを確認した。

　したがって、加盟国法と EC 法との制定の前後を問わず、常に EC 法が加盟国法よりも優先して適用される。指令が発令された時点で、直接有効でなくても、加盟国は指令を実施できなかったことに伴う損害に対し、責任を負う。直接効果を有するか否かは、指令の条項が「十分に明白、明確かつ無条件（sufficiently clear, precise, and unconditional）」要件を充足しているかどうかによる[19]。

　「規則」が運営条約288条において直接適用可能と明記されているのと異なり、「指令」については、運営条約上、対応する規定がない。指令は、実施期間内に加盟国が履行措置を採ることが前提である。したがって、指令自体には「直接適用可能性（国内的効力）」[20]を認めず、指令の規定が「十分に明白、明確かつ無条件」であるという直接効果の要件を満たす場合のみ、当該規定が加盟国法秩序へ入るという見解が多数説であった。しかし、指令の規定が直接効果の要件を満たさない場合においても、国内法の司法審査の尺度となるなど、加盟国法秩序内において一定の法的効果——指令に従って国内法を解釈する国内裁判所の義務（適合解釈義務）、および、EU 法違反による損害賠償責任——が認められてきた。「*Francovich* 事件」（1991年）[21]は、加盟国が指令を期限内に国内実施しなかった事案である。イタリア政府が賃金労働者への未払賃金債権の支払を保障する措置をとっていなかった *Francovich* 事件において、欧州司法裁判所（ECJ）は、「加盟国は EU 法違反（特に重大な違反の場合）に対して、指令を国内実施しなかったことに基づく義務違反から生じる損害に対する補償を求めることを許容する条項を設けなければならない」と判示した。

　このように、指令の直接効果が否定される場合においても、指令に対する直接適用可能性（国内的効力）が認められる以上、指令は国内法秩序において効力を有し、ゆえに、加盟国機関によって適用されなければならない。結果、国内法が指

---

(19) したがって、ある条項につき、加盟国に裁量が認められている場合は、「十分に明確」でも「無条件」でもありえないことになる。*Supra* note 12, at 15.

(20) 国際法の場合、条約等が国内法で法として認められることを「国内的効力」と呼ぶが、これに対応して、EU 法においては「直接適用可能性」の語が使われる。EU 司法裁判所は、一般に、直接適用可能性と直接効果の概念を区別している。ただし、両概念を区別する学説と異なり、裁判所の用語法は両者を区別するほど厳格ではないとの考えもある。柳生・前掲注（6）467頁、470頁。

(21) ［Case C-6 /90］, *Francovich v Italy* ［1991］. *Supra* note 12, at 11-12, 庄司・前掲注（7）277～279頁。

68 第一部 英国司法審査と EU 法

令と抵触する可能性が生じることになる。

Ⅲ EU 大気質指令の国内法化をめぐる高等法院判決（2011年12月13日）および控訴院判決（2012年 5 月30日）の検討
—— *The QUEEN on the application of ClientEarth v The Secretary of State for the Environment, Food and Rural Affairs* ——

(1) EU 法とイギリス国内法の解釈アプローチ——目的論的解釈と文理解釈

EU 法とイギリス国内法では、条文解釈のアプローチの仕方が異なる。

EU 法の分野では、条約の目的を考慮して、条項の文言よりも目的を重視する「目的論的（目的的）解釈」（purposive or teleological interpretation）をする[22]。目的論的解釈は、（実現しようとする）状態の確立および EU 政策の目的の追求のために用いられ、動態的な条文解釈を可能にする。EU 条約および EU 運営条約ならびに EU 法行為の正文は一言語ではなく、複数の言語であることが、EU 法の文理解釈では問題となるからである[23]。このような解釈方法に依拠して EU 司法裁判所は、明文化されていない新たな原則を明らかにし、そうすることで、EU 法の多くの不文原則を明文化された法源に付け加えてきた。

このように、EU 司法裁判所は、実効性（effectiveness）を確保するために、目的論的解釈を用いて EU 法の発展に寄与してきた。EU 法の解釈にあたり、裁判所は目的や意図からスタートし、次いで、文言をあてはめる。

一方、イギリスの国内裁判所は、「文理解釈」「趣旨解釈」（statutory interpretation）を基本とする。イギリス法においても目的論的解釈が進展し、徐々に両者の区別が薄れているが、それでも現在のところ、出発点は異なる。国内裁判所では、まず、文言（wording）からスタートする。次に、別の解釈をするのに必要な（国会議事録を含めることも含めないこともある）追加資料を参考にする[24]。

このような異なるアプローチの中で、EU 指令の国内法への適用につき、①明白な違反があった場合に、その判断を示すのは、国内裁判所か、EU 司法裁判所か、②国内裁判所には法的救済ができないのか、という論点につき、環境 NGO

---

[22] EU 法の諸規定は共同体の目的を尊重して、目的論的に解釈されなければならない。すなわち、解釈を行うことによって、EU 法に完全な効果が付与されなければならない。ティーネル・前掲注（ 3 ）389頁。

[23] 中西優美子『EU 法』（新世社、2010）344〜346頁。

[24] *Supra* note 12, at 9 -10.

第3章　EU大気質指令の国内法化をめぐるEU法とイギリス国内法の関係　69

である ClientEarth が原告となった訴訟において、初めてイギリス国内裁判所が判断を示し、EU 司法裁判所に付託したのが、以下の大気質指令に関する訴訟である。

(2) 2008年 EU 大気質指令（Directive 2008/50/EC）の国内法化

EU は環境政策につき、共通の立法措置（規則・指令等）を講じてきた。したがって、大気汚染を規制する EU の法律も数多くある。うち、「大気質指令」（Air Quality Directive）は、二酸化硫黄（SO_2）、窒素酸化物（NOx）、粒子状物質（PM10, PM2.5）、一酸化炭素（CO）、対流圏オゾン、ベンゼン、鉛、ヒ素、カドミウム、水銀、ニッケル等の様々な大気汚染物質の濃度限界値・目標値を設定し、モニタリング（観測・監視）を義務付けるものである。モニタリングの結果、定められた限界値を超えていることが検出された場合は、加盟国に削減計画の策定・実施・報告が義務付けられるが、対策手段の選択は加盟国の裁量で決められる。

1996年大気質枠組み指令（Air Quality Framework Directive of 27 September 1996 (96/62/EC)）の採択以来、規制内容は、新たな研究や科学的知見に応じて、何度も整備し直されてきた。WHO（World Health Organization：世界保健機関）が人の健康への悪影響を及ぼさない上限値として定めている指針値の達成を目標として、1999年には First Daughter Directive 1999/30/EC に改訂された。一連の汚染物質に対して具体的に規制するための指令を作成するためのタイムテーブルも設けられ、2008年には、4つの指令と理事会決定が Directive 2008/50/EC に統合された。

二酸化窒素（NO_2）は、高温での燃焼によって生成される気体であり、イギリスの都市部においては車両（特にディーゼル車）からの排気および家庭の暖房が主要排出源となっている。大気質指令では、外気での NO_2濃度の限界値・目標値・許容限界値を設定しているが、それは、健康への科学的なリスク評価に基づく。濃度が高くなると、目・鼻・喉・肺に悪影響をもたらす。長期の影響として、心臓病や喘息を含む呼吸器関連の病気につながる。PM10やPM2.5といった微小粒子状物質の生成にも寄与し、イギリスで毎年29,000人の死亡に影響を与えている[25]。

---

(25) [2012] EWCA Civ 897, para. 2.

70 第一部 英国司法審査と EU 法

NO$_2$は、1996年の大気質枠組み指令（96/62/EC）以降の主要規制対象である。1999年指令（1999/30/EC）においても、2010年 1 月 1 日までに NO$_2$濃度が限界値を超えないために必要な方策を採ることが要求され（4 条）、この義務は2010年に発効予定となっていた。これは、当該訴訟の対象となっている2008年指令（Directive 2008/50/EC）にも引き継がれている[26]。

2008年指令（Directive 2008/50/EC）は、実施に際して柔軟性をもたせている。加盟国が法令遵守のためにあらゆる合理的手段を講じたにもかかわらず、特定の地域で達成できなかった場合を想定し、23条に適合する大気質計画を策定するという条件で、遵守達成のための期限を最大 5 年延長する新たな条文（指令22条 1 項）が追加された。すなわち、22条 1 項において、最大 5 年間の期間延長条項が設けられたことから、22条および23条の解釈が問題となる。

(3) 2008年指令における「大気質計画」

2008年指令において「大気質計画」という用語が新設された事実の経過を概観する。PM10削減が義務になったのは2005年 1 月 1 日であるが、当時、加盟国の大部分は PM10限界値の削減達成ができなかった。同様の状況が NO$_2$削減義務に関しても生じると懸念されていた。このような背景に基づき、委員会は、22条に基づく通知に関する文書（2008年 6 月26日）を公表した。「NO$_2$の限界値遵守は、遅くとも2010年 1 月 1 日を超えてはいけない。条件が合致する場合、遵守達成のために必要な最終期限の延長は認められるが、最長でも2015年 1 月 1 日までである。当該目的は、延長期間を可能な限り、短くすることである。限界値の超過が2011年以降にのみ初めて生じた場合、期限の延長はもはや認められない」と明記している[27]。

これら2008年指令の求める「大気質計画」策定につき、イギリス政府は全体のドラフトとして、まず、国内を43に区分したが、うち40区域で限界値を超過していた（2010年）。

最終計画は、2011年 9 月22日に委員会に送付された。その内容は、16区域では延長を求める申請をしなかったが、残りの24区域では、2015年 1 月 1 日までの限界値達成方法を示して、期限延長の申請を行うものであった。

---

(26) [2011] EWHC3623（Admin）, para. 3 .
(27) [2013] UKSC25, para.16.

第3章　EU大気質指令の国内法化をめぐるEU法とイギリス国内法の関係　71

　当該計画に対する2012年6月25日の委員会決定は、期限延長申請の24区域のうち12区域につき異議申立て、9区域につき無条件に承認、3区域につき条件付き承認を行うものであった。2015年までの遵守が示されなかった16区域（2015～2025年の間も限界値の遵守が難しいことが見込まれるが、政府は22条に基づく期限の延長をしていない。広域ロンドン、バーミンガム、リードの目標達成は2030年後になると見込まれている）について、委員会は何らコメントしていない（［2013］UKSC25, paras.17-22）。

　委員会は、イギリス政府に対し、NO₂限界値が超過している16区域につき期限延長申請ができていないことを含め、PM10およびNO₂限界値の遵守ができないことに関して、多くの不満を述べる書簡を送付している（2012年6月19日付）。

　一方、委員会から原告のClientEarthに対する書簡では、「イギリス最高裁判所の判決結果を待っている。……委員会は、加盟国が23条を22条の要求の抜け道として利用することを懸念している。……22条は、加盟国が、23条に基づいた大気質計画を策定し、委員会にアセスのための申請がある場合のみ、最大5年の遵守期限の延長を認める趣旨で設けられたものである。加盟国が遵守のための期限延長ができるのは、23条の条件に適合する場合のみであり、23条自体はこれ以上の期限延長の手段として利用できない」とコメントしている（2012年6月29日付）（［2013］UKSC25, paras. 23-24）。

⑷　**高等法院判決（2011年12月13日）**
　――宣言的判決および職務執行命令を求める司法審査請求

　このようなEU大気質指令の国内法化をめぐる経緯のなか、当該訴訟は、2008年に設立された環境法NGOであるClientEarth[28]が原告となって、2011年7月28日、高等法院女王座部（行政部門）に提訴されたものである。

　イギリスでは国内法として、「大気質基準規則」（The Air Quality Standards Regulations 2010）を策定しているが、指令22条に相当する条項がないため、当該訴訟では指令の文言が直接、争点となっている。

---

(28) ClientEarthは、ロンドン、ブリュッセル、ワルシャワにオフィスを持つ環境法NGOである。2012年には、NGO of the Year Awardを受賞している。環境法分野に関し、'Justice for the planet'をモットーとし、司法へのアクセス、すなわち環境を守るための擁護活動・訴訟・研究を行っており、科学者、政策専門家、弁護士等が参加している。2010年には、オーフス条約（国連欧州経済委員会の枠組のなかで1998年に制定）の受入につき、イギリス国内裁判所で勝訴した。2011年には欧州オーフス条約センターを開設した。http://www.clientearth.org/

72 第一部 英国司法審査とEU法

　原告のClientEarthは、当該司法審査請求において、①指令13条が求めるNO$_2$削減義務につき、イギリスは違法状態であるとの「宣言的判決」、さらに、②政府に対し、遅くとも2015年1月1日までにNO$_2$限界値削減が可能な大気質計画ドラフトを改訂させ、かつ、公的文書として合理的な時間枠を示した改訂大気質計画ドラフトを作成する「職務執行命令」を求めた。これら二つの請求のうち、①の「宣言的判決」は権限の範囲を決定する判決であり、②の「職務執行命令」は特定の決定や義務の施行を要求する命令である[29]。

　当該訴訟の直接の争点である指令13条に規定するNO$_2$濃度削減義務違反という点については、被告の政府側も、イギリスの策定する大気質計画では延長後の最終期限（2015年1月1日）までに目標値を達成できない地域があるため、違法状態にあることを認めている（しかし、2008年時点の知見とコントロール不足の状況により、現実的には達成可能ではないと主張している）。

　一審の高等法院女王座部（行政部門）で聴聞が行われた後、原告の主張を棄却する判決が下された [2011] EWHC3623 (Admin)（2011年12月13日）。

　前述したように、イギリス政府は13条違反であることを認めているため、争点は22条および23条の解釈に移行する。Mitting判事は、これら指令の文言に対し、「英語の文脈で 'may'、仏語の文脈で 'peut' の用法は明白であり、『裁量』(discretion) を意味する。加盟国が13条違反状態にあり、義務遵守の期限を延長したい場合は、22条1項の仕組みが利用できる。しかし、その仕組みを使うのは義務ではない。イギリス政府が行ったように、違法状態を認め、EU運営条約258条（委員会による提訴）[30]に基づいて、その後の行動については委員会に任せるこ

---

(29) 司法審査請求においては、市民は行政府に対して、「大権的救済」(prerogative orders) に加えて、「私法的救済」(private law remedies) を求めることができる。前者の大権的救済には「取消命令」(quashing order)、「禁止命令」(prohibiting order)、「職務執行命令」(mandatory order) がある（1978年民事訴訟規則54部3号の改正によって名称が変更され、それまでのラテン語の表記が英語に改められた。2004年高等法院法 (Supreme Courts Act) 改正により、現在の表記に改めた）。後者の私法的救済には、宣言的判決 (declaration) および差止命令 (injunction) がある。当該改正によって、司法審査請求において、大権の救済に追加して、または、大権の救済に代えて、宣言的判決、差止命令を求めることが可能となった。*Supra* note 8, at 803-823.

(30) EU運営条約258条［委員会による提訴］
　委員会は、加盟国が両条約に基づく義務を履行していないと考える場合には、その加盟国に意見を提出する機会を与えた後に、当該事案につき理由を付した意見を発表する。
　加盟国が委員会が定める期間内に理由を付した意見に従わない場合には、委員会は、その事案を欧州連合司法裁判所に付託することができる。

第 3 章　EU 大気質指令の国内法化をめぐる EU 法とイギリス国内法の関係　　73

とができる（can）」と解釈する（para.12）[31]。すなわち、Mitting 判事は、22条には裁量があると解釈し、宣言的判決も職務執行命令も認めなかった。さらには、「このような命令は重大な政治的・経済的問題を生じさせることになる。司法は伝統的に、管轄外であるところの政治的問題に慎重に対処してきた」と付け加えた（para.15）。

(5)　控訴院判決（2012年 5 月30日）──文理解釈と司法消極主義

　その控訴審である控訴院（民事部門）判決［2012］EWCA Civ897（2012年 5 月30日）において、Laws 卿判事は、高等法院の Mitting 判事の22条には裁量があるとの判断に同意し、現実的な判断を行った。一審同様に、宣言的判決も職務執行命令も行わず、控訴を棄却した。

　争点となっているのは、①22条（到達最終期限の延期と限界値達成義務の免除）および23条（大気質計画）の解釈と、それに関連して、②13条（限界値および健康保全のためのアラート閾値）の義務違反に対する「法的救済を国内裁判所に求めることができるか」という「効果的な司法による保護原則」（principle of effective judicial protection）の問題である。

　まず、①22条の解釈を見ていく。一審同様に控訴審も、22条の条文に助動詞 may が使われていることを根拠に、各国の裁量を認めたものと解釈している（Mitting 判事へのコメントも含めて paras. 7 -21）。

　22条 1 項は、「NO_2 あるいはベンゼンにつき、付属書 XI で特定された遵守期限までに達成できそうもない区域がある場合、23条に適合する大気質計画策定を条件に、最大 5 年の延長をすることができる」（助動詞は may）と規定する[32]。同条 4 項では「そのような『大気質計画』を加盟国は委員会に通知し、委員会がアセスを行い、 9 ヶ月以内に反対表明をしない場合は、条件は満たされたものとする。反対表明がされた場合は、加盟国は新たな大気質計画の策定が要求される」と明記している。

---

(31) ただし、EU 運営条約258条後段の規定の原文は、「委員会は EU 司法裁判所に付託できる（may refer）」とするだけであって、あくまで、裁量である。
(32) 原文では、以下のように may という助動詞が使われている。
　　…… a Member State <u>may</u> postpone those deadlines by a maximum of five years for that particular zone or agglomeration, on condition that an air quality plan is established in accordance with Article 23 ……

74　第一部　英国司法審査と EU 法

23条1項においては、「特定区域における汚染レベルが限界値を上回る区域に
つき、加盟国は限界値を達成できるような大気質計画の作成を確実に行わねばな
らない」(助動詞は shall) と規定している[33]。さらに同項第2パラグラフで、「達
成すべき遵守期限が既に到来している場合、超過期間をできるだけ短くするよう
に、大気質計画は適切な手段を講じなければならない」(助動詞は shall) としてい
る。

22条の条文および「大気質計画」という用語は、上述したように、2008年指令
において新しく設けられたものであるが、その意図は前文のパラグラフ (16) に
明記されている。その大意は、「適切な汚染削減手段の実施にもかかわらず、遵
守が厳しい区域は、限界値遵守の最終期限を延長することができるが、いかなる
延期の場合でも、委員会によってアセスされるべき総括的な計画が作成されねば
ならない」というものである。

Laws 卿判事も、Mitting 判事と同じ考えを示し、「法文は、22条の条文の意味
を、強制的かつ絶対的な義務としない。2015年1月1日を限界値遵守の絶対的な
最終期限としていない」と判示した。

次に②の法的救済の論点についても、「原告の22条および23条の解釈が正しい
としても、政府に対し、5年の期限延長の適用が可能な大気質計画策定を要求す
る職務執行命令は争訟性を失っており、司法権の範囲外であるところの重大な政
治的・経済的問題を引き起こす。したがって、イギリスが違法状態にあるという
宣言的判決は必要ない。それらは、『効果的な司法による保護原則』に抵触する
問題を含んでいる」と判示する (paras.22-23)。

「政府は、すでに違法状態であることを認容しており、そのような場合には
『宣言的判決』には既に認容されたことを明白にする以外の目的はない。本件判
決自体が宣言的判決になる。22条の通知に法的判断を下す付随的意見 (*obiter
dicta*) は意味がない」と結論付け、「EU 運営条約258条に基づき、条約違反手続
を行うのは委員会である」として棄却したが、最高裁への上告は認めた。

しかしながら、政策執行機関である委員会の主要任務は、理事会で決議する法

---

(33) 原文では、以下のように shall という助動詞が使われている。
　　…… Member States shall ensure that air quality plans are established for those zones and
　　agglomerations in order to achieve the related limit value or target value specified in Annexes
　　XI and XIV.

案の作成、EUの全体的な政策戦略の作成、および行政機関として加盟国の立法の執行を監視・監督する役割である。前述したEU運営条約258条（条約違反手続）に基づき、委員会自身がEU司法裁判所に付託するか否かを決定する前に、当該義務違反につき、司法手続が行われるかどうか国内裁判所の判断を待つのが、委員会の通常の方針である。

　そもそも、EU法の解釈および施行についての一次的な権限を持つのは、まず、加盟国の国内裁判所である。国内裁判所は、EU法の解釈および適用につき、責任を負う主要機関である。EU運営条約258条の規定により委員会が加盟国に対し、EU司法裁判所への付託という手続に持ち込む権限があるからといって、私人がこれらの権限を国内裁判所において行使できないと解すべきではないとされている（前述した「ファン・ヘント・エン・ロース事件」に示されている）[34]。

IV　イギリス最高裁判決（2013年5月1日）の検討
—— R (on the application of ClientEarth) v The secretary of State for the Environment, Food and Rural Affairs ——

⑴　最高裁判決（2013年5月1日）——予備的結論と先決裁定の付託

　最高裁判決［2013］UKSC25（2013年5月1日）においては、一転して原告側主張を認め、「イギリスは義務違反状態にある」との宣言的判決を下すとともに、訴訟手続を中断し、救済方法の可能性につき、EU司法裁判所に先決裁定を求める付託を行った。

　最高裁Carnwath卿判事の2つの判断は、以下の通りである。

　まず、①大気質指令13条に規定されたNO$_2$を限界値以下にする義務に対して、イギリスは違法状態にあるとの「宣言的判決」を行った。これは、イギリス政府が、EU大気質指令による限界値を遵守するための施策に失敗したことを認めた初の司法判断である。

　しかし、②それ以外の法的救済（があるとしたら）その範囲の決定に関しては、当該論点につき付託をしたEU司法裁判所の回答を待たねばならない。このよう

---

[34] 前述の *Van Gend en Loos* 事件［Case C-26/62］では「加盟国の（現行）EU運営条約258条による手続違反に対する保障の制限は、国内における私人の法的保護を奪うことになる。権利保護に関する私人の努力は、（現行）EU運営条約258条によって委員会に委ねられた監督権と相まって、効果的な監督方法となっている」と判示している。

76   第一部　英国司法審査と EU 法

な状況下では、「国内裁判所は争点に関する事実的経緯および法的背景を抽出する以上のことはできず、(EU 司法裁判所勧告（2012年11月 6 日 C338/ 1)[35]を遵守した付託手続の適切な行程に従って) EU 法上の論点に対処している段階にある」としている。

　最高裁の 5 人の判事は、大気汚染が改善されることなく、今後も続くことを許してしまうと重大な健康への懸念が生じることを熟知している。それは同時に「法の支配」に関する根本問題を引き起こす。最高裁が、EU 環境法に対する明白な違法状態に対し、効果的な法的救済ができないとしたら、重大な憲法上の問題を生じさせることになるからである。このような法的背景のもと、最高裁は、以下の予備的結論（preliminary conclusion）をまとめたうえで、先決裁定を求めて EU 司法裁判所に付託した。

　「当裁判所は、13条に対し、明白な違法状態にあるとの宣言的判決を行うべきとの結論に達した。政府が既に違法状態を容認していることは、『宣言的判決』を行わない十分な理由となりえない。宣言的判決は、救済を認める裁量上の障害にはならない。このような決定は、法律上の地位についての公式宣言としても、また、(22条および23条の効果に関する議論を離れても) 国内および EU レベルでの迅速な法律施行行動が可能となる手段を明確にするためにも、適切なものである」(para.37)。

　「EU 法に関する困難な問題に関しては、EU 司法裁判所の回答が必要であり、最終国内裁判所として、付託する義務があるとの決定に至った」とし、以下の 4 点について問題提起を行っている (paras.38-39)。

　　(i)特定区域において NO_2の限界値削減義務が、2010年 1 月 1 日の最終期限までに達成できない場合、加盟国は指令および / または EU 条約 4 条に従って、指令22条に適合する最終期限の延長を求める義務があるのか？

　　(ii)そうであるならば、(あるとしたら) どのような場合に、加盟国は当該義務が免除されるのか？

　　(iii)(i)の回答が No である場合、13条を遵守できず、かつ、22条の申請ができなかった加盟国は、(あるとしたら) どの程度、23条（特に第 2 パラグラフ）の影響を受けるのか？

---

(35) RECOMMENDATIONAS to national courts and tribunals in relation to the initiation of pre-liminary ruling proceedings, Official Journal of the European Union 6.11.2012 C 338/ 1 .

(iv)13条を遵守できず、かつ、22条の申請ができなかった場合、指令30条[36]
および／または EU 条約 4 条または19条を遵守するために、国内裁判所
は、EU 法の論点に関して、（あるとしたら）どのような救済をしなければな
らないのか？

(2) 国内裁判所において可能な救済方法

以上の先決裁定への付託で示された EU 法との関連で最大の問題は、政府に指
令を遵守させるための国内裁判所の救済方法に関する点である(iv)。

司法審査請求に対する判決（大権的救済）は、「取消命令」「禁止命令」「職務執
行命令」のいずれかである。しかし、高等法院判決も、控訴院判決も、すでに政
府が13条違反を認めているので、効果的な法的救済を与えるのは国内裁判所の責
任ではないとして、「職務執行命令」を下すことなく、委員会の EU 運営条約258
条に基づく対応に任せている。一方、最高裁は、違法状態であるとの「宣言的判
決」（私法的救済）を下したうえで、国内裁判所が EU 法に関し、「大権的救済」を
与える権限があるかどうかの判断を EU 司法裁判所に付託している。

被告である政府側は申述書において、「国内裁判所が裁量的な救済決定を行わ
ないことが、（EU 法の権利保護に関する訴訟に対しては、国内システムに手続的条件を付す
という）『効果的な司法による保護原則』からも、（EU 法によって課された義務履行が
絶対的に不可能な『予期しえない困難な』事例における）『誠実な信頼関係』原則から
も、EU 原則に合致する」と主張する（paras. 33-36）。

一方、原告側の ClientEarth は、「22条は、2010年 1 月 1 日現在、限界値遵守
につき違法状態にある全ての加盟国に対する義務的条項であり、それは22条 4 項
によって確認できる。23条は、以前の指令で設けられたシステムの領域にすぎ
ず、限界値遵守につき違法状態にある国の代替手続でも、より厳しいコントロー
ルを避ける手段でもない。下級審は、13条違反に対する効果的な救済を与えると
いう国内裁判所の責任をなおざりにする間違いを犯している」と主張する
（paras.29-32）。

---

(36) 大気質指令（Directive 2008/50/EC）30条［罰則］
　　加盟国は、当該指令を遵守するために制定された国内法の条項違反に対する罰則規定に従わ
ねばならない。また、実施を確実にするために必要なあらゆる手段を講じなければならない。罰則
は効率的、比例的、かつ制限的でなければならない。

78　第一部　英国司法審査と EU 法

　EU 指令によって生じる加盟国の法的責任に対し、「違法状態であっても、現実的に履行できない。他の加盟国も同様の状況にある。22条は義務ではなく、期限遵守は努力目標にすぎない」との政府側の主張が認められると、指令の実効性は失われてしまう。

　大気質指令 2 条 5 号に定義される「限界値」は、人間の健康と環境への被害を防止・抑止・削減する目的で、科学的知見に基づいて定められたレベルであり、遵守期限までの達成が求められている。大気質——清浄な空気——という環境公益（保護法益）に対する加盟国の遵守に拘束力を認め、義務違反に対応できるのは、EU 司法裁判所だけであろうか。本件は、「国内裁判所も EU 司法裁判所とともに環境公益を守る裁判管轄権があるのではないか」という点につき、根本的な問題を提起している。

(3)　EU 司法裁判所への付託

　大気質指令に関する判決（2013年 5 月 1 日）の後、イギリス最高裁は EU 運営条約267条に基づき、先決裁定を求める付託手続を行った（2013年 7 月16日決定、7 月19日 EU 司法裁判所受理）。

　イギリス最高裁判所が EU 司法裁判所に回答を求めている 4 点は、①指令22条による期限遵守は義務か否か。義務でないとしたら、22条の適用は23条（特に第 2 パラグラフ）によって影響を受けるのか(i)(ii)、②指令13条の NO$_2$削減を期限までに遵守できない違法状態が認められる場合、EU 法上の問題に関して、国内裁判所は、大権的救済を与えることができるのか(iii)(iv)、という二点に集約できよう。

　①につき、高等法院および控訴院の22条および23条の解釈は、まさしく、文理解釈である。助動詞の may と shall の使い分けによって裁量が生ずると解する。文言の言い回し（wording）として理解する文理解釈では、どちらにも解しうる。文理解釈では、限界があるのではないか[37]。

　一方、EU 司法裁判所においては、EU という超国家組織の意思決定システムの制度的複雑さと EU 法自体の曖昧さゆえに、目的論的解釈をせざるを得ない。

　EU には多くの共通の環境政策指令がある。大気質指令の趣旨については、前文に明記されている。前文(2)には、「健康と環境を守るために、汚染源の削減に

---

(37) Statutory interpretation の曖昧さと限界につき、Stephen Breyer, *Active Liberty*, Oxford University Press, 2008, at 81-97.

第 3 章　EU 大気質指令の国内法化をめぐる EU 法とイギリス国内法の関係　　79

取り組み、地方・国・EU レベルで効果的な排出削減を実施することが特に重要
である。ゆえに、有害な大気汚染物質を防止・抑止・削減すべきであり、WHO
基準・ガイドライン・プログラムを考慮したレベルの大気質を目標とすべきであ
る」と「should」が使われており、あくまで目標にすぎないとも読める。

V　EU 司法裁判所先決裁定（2014年11月19日）および差戻後の
イギリス最高裁判決（2015年 4 月29日）
—— *ClientEarth v The Secretary of State for the Environment,*
Food and Rural Affairs ——

(1)　**EU 司法裁判所優先処理手続（2013年11月28日）**

　イギリス最高裁は、EU 裁判所手続規則105条 1 項に規定する「優先処理手続」
(expedited procedure)[38]を要請した[39]。先決付託から先決裁定が出るまでの時間
は、平均16.4ヶ月（2011年）であり、この時間が国内裁判所の判決に要する時間に
付け加わることになる[40]。イギリス最高裁は、「EU 大気質指令による NO_2 限界
値遵守のための通常の期限は既に失効し、さらに、延長後の期限も2015年 1 月 1
日に失効するので、裁判所が早急に決定するのが正当である」として優先処理手
続を要求した。

　これに対し、EU 司法裁判所は、以下の理由により棄却した（paras.14-16）。「ま
ず、2010年 1 月 1 日に失効する NO_2 限界値遵守のための通常の期間制限が設け
られている環境のもと、既にその期日から経過した期間があるとすれば、加盟国
に義務を課す EU 法の条項を解釈する請求に対し、早急に行わねばならない必要
があるとは限らない。

---

(38) 105条 1 項によると、裁判所または審判所からの請求により、または例外的に職権により、事例
　　の性質上、短期間で取り扱われるべき場合には、裁判所長は、審査判事および法務官の意見を聴
　　いたのち、優先処理手続により先決裁定がなされることを決定することができる。[Case
　　C-404/13], para.13.
(39) 優先処理手続は、緊急手続（107条 1 項）とともに、迅速に事件を処理するための制度の一つで
　　ある。なお、2011年統計によると、優先処理手続が認められたのは13件の要請のうち 2 件にとど
　　まり、手続に要した時間は平均4.5ヶ月であった。庄司・前掲注（7）147～148頁。
(40) EU 司法裁判所に先決裁定が求められると、まず、付託事項が EU の全公用語（24語）に翻訳
　　され、当事者、全加盟国、EU の諸機関に送達される。第一段階は書面審査、第二段階で口頭審
　　理、最後に法務官意見が提出される。それを受けて、裁判所で討議がなされ、その討議結果が、
　　当該事件の言語へと翻訳され、先決裁定が言い渡されるという手続がとられる。中西康「EU 法
　　の最前線（106）緊急先決裁定手続の創設」貿易と関税57巻 2 号（2009）75頁。

80 第一部　英国司法審査と EU 法

第二に、2015年1月1日に失効する新たな期限が、主要な手続が影響を受ける区域における限界値の遵守のために設けられたとしても、イギリス政府が、その期日までに、義務を果たさないだろうと推定する理由はない。あるいは、いかにせよ、当裁判所は、判断日前の適切なタイミングで先決裁定を求める当該請求に対し、通常の審査手続を踏まないことには、判示することはできない」。

以上の理由に基づき、裁判所手続規則105条1項に基づく優先手続を当該事件に適用すべきとのイギリス最高裁の要請を拒否した。

(2)　**EU 司法裁判所先決裁定〔Case C-404/13〕（2014年11月19日）**

EU 司法裁判所は、2014年7月10日に聴聞を行い、同年11月19日に原告の請求を全面的に認める判断を示した。

結論は以下の3点である。

　①加盟国が期限延長の申請をし、大気質計画を策定しない限り、延長は認められない。指令22条1項には、いかなる例外も認められない。

　②23条1項第2サブパラグラフに適合する大気質計画が策定されていない事実にもかかわらず、加盟国が13条の義務を果たしているとの見解はとれない。

　③加盟国が13条1項第2サブパラグラフの要求を達成できず、22条の期限の延長を申請しない場合、裁判管轄権をもち、政府が要件に合致する計画を策定できるように職務執行命令等の必要な措置を下すことができるのは国内裁判所である。

上記結論に至る過程において、EU 条約4条、19条および EU 大気質指令13条、22条、23条、30条を解釈し、イギリス国内裁判所における訴訟経過を概観した。そのうえで、イギリス最高裁から先決裁定を求められた上記の論点につき、(i)および(ii)、(iii)、(iv)の3つに分けて EU 司法裁判所の見解を示している。

まず、(i)2010年1月1日までに NO_2 の限界値の達成ができなかった場合、22条1項に適合するような延長の申請を義務付けていると解釈しなければならないか、そして、(ii)その場合でも義務が免除される場合がありうるか、という点である（para.24）。

この点につき、22条1項の文言が明確でない場合、当該条項の文脈および EU

法の求める目的の両方からの解釈が必要となる（para.27）。

　22条4項は、22条1項が適用される区域を委員会へ通知し、大気質計画を送付することを義務付けている。次に、EU法が目的とする良好な大気質の確保が達成されるのに最も適した解釈が求められることになる。13条1項第2サブパラグラフは第1サブパラグラフと異なり[41]、「NO$_2$およびベンゼンに関しては、限界値は特定の期限を超過してはならない」（…may not be exceeded…）としている。それは、加盟国は当該義務を遵守するために必要なあらゆる手段をとらなければならないことを意味する。したがって、22条1項によって期限を延長することができると解釈することはできない（前文（16）にも明示されている）（paras.28-32）。

　以上より、22条1項は、最大5年の延長をするためには、加盟国は汚染削減手段を実施したにもかかわらず、達成できなかったことを示すデータにより客観的に明らかな場合に限り、延長の申請をすることができると解釈すべきであり、いかなる例外も含まれない（para.35）。

　次に、(iii)限界値の達成ができないことが明らかであり、かつ、延長の申請をしていない場合、23条1項第2サブパラグラフに適合する大気質計画が作成されていると、13条の義務に適合しているとみなされるのか、という点である（para.36）。

　23条1項第2サブパラグラフは、2010年1月1日までに限界値の達成ができず、22条1項の延長を申請しなかった場合に適用される。ゆえに、当該条項の要件に適合する大気質計画策定が要求され、超過期間はできるだけ短くしなければならない等の諸要件を満たさなければならない。計画が策定されているので13条1項第2サブパラグラフの義務を満たしているとの見解は受け入れられない（paras.37-42）。

　したがって(iii)に対する回答は、「NO$_2$限界値の達成が2010年1月1日までにできない区域があり、22条1項の期限の延長申請をしていない場合、23条1項第2サブパラグラフの大気質計画を策定している事実があろうと、加盟国が、それでも、13条の義務を果たしているとの見解を許すものではない」ということになる（para.49）。

---

(41) 13条1項第2サブパラグラフの原文は以下の通りである。……the limit values specified in Annex XI 'may not be exceeded' from the dates specified therein. 一方、第1サブパラグラフの原文は以下の通りである。……Member States shall 'ensure' that……levels of sulphur dioxide, PM10, lead, and carbon monoxide in ambient air……. すなわち、両パラグラフで規定する汚染物質に対する規制の義務付けの程度が異なると解している。

82 第一部 英国司法審査と EU 法

最後は、(iv) EU 条約 4 条、19条および指令30条によると、加盟国が指令13条1項第2サブパラグラフの要求を満たせず、22条の延長を申請しなかった場合、政府が指令に要求される計画を作成できるように、職務執行命令のような必要な措置（大権的救済）を下す裁判管轄権が国内裁判所にあると解釈できるか、という点である（para.50）。

EU 条約 4 条 3 項「誠実な信頼関係原則」のもと、確定した判例法においては、EU 法における個人の権利の法的保護の確定は加盟国にあることになる（「*Unibet* 事件」（2007年）para.38参照[42]）。本事例は、イギリスのブックメーカーUnibet 社が、インターネットでゲームサービスを提供するための広告をスウェーデンのメディアに出そうとしたが、スウェーデン政府は宝くじ法に従い、メディアに対し、禁止命令・刑事手続開始措置をとった。同社は、EU 法のサービス提供の自由に違反するとの宣言および禁止措置により被った損害の賠償を求めて争った。暫定的保護を与える基準が国内法によるのか、EU 法によるのかにつき、「当該裁判所が適用する国内法の定める条件によって規律される」と判示した事例である[43]。さらに EU 条約19条 1 項は加盟国に、EU 法がカバーする分野における「効果的な司法による保護原則」を確実にする救済方法の提供を要求している（para.52）。

22条 1 項の期限の延長を申請していない加盟国が2010年 1 月 1 日以後も、限界値を超過している場合、23条 1 項第 2 サブパラグラフは加盟国に大気質計画を策定する明確な義務を課していることになる（「*Janecek* 事件」（2008年）[44] paras.35, 36, 37, 39参照）[45]（para.53）。

---

(42) Para.38の大意は以下の通りである。「EC 条約10条に制定された『協力原則』のもと、EC 法による個人の権利の法的保護を保障するのは加盟国の役割である」［Case C-432/05］（2007年 3 月13日）、*Unibet (London) Ltd, Unibet (International) Ltd v Justitiekanslern.*

(43) 評釈として、須網隆夫「EU 法の最前線（103）司法的保護の原則と加盟国の権利救済制度［Case C-237/05］」貿易と関税56巻11号（2008）69～75頁。

(44) ［Case C-237/07］（2008年 7 月25日）、*Dieter Janecek v Freistaat Bayern.*
当該事例は大気質指令（Directive 96/62）7 条 3 項の解釈に関するものである。ミュンヘン中心部に居住する Janecek 氏が、PM10の排出が限界値の35倍を超えていたことに関して、ミュンヘン行政裁判所において、大気質行動計画を策定するように Freistaat Bayern に求めたが棄却された。高等行政裁判所判決を経て、連邦行政裁判所において先決裁定が求められた。
評釈として、松村弓彦「環境関連リスク配慮に対する国・自治体の責任」『環境ビジネスリスク』（(社) 産業環境管理協会、2009）215～231頁。

(45) Paras 35, 36, 37, 39の大意は以下の通りである。指令（Directive 96/62）7 条 3 項および前文(12) は、加盟国に行動計画策定を義務付けている。指令の目的に適合するように国内法を解釈

ゆえに、2010年1月1日以後における限界値の超過により直接影響をうける自然人も法人も、23条1項第2サブパラグラフに適合する大気質計画の策定を求めるような行動を政府に対して行い、必要な場合には、管轄権のある裁判所に提訴することができる地位にあることになる。なお、計画の内容に関し、どのような方法を選択するか等については裁量の余地がある（paras.56-57）。

以上より導かれる結論として、「13条1項第2サブパラグラフの要件を満たすことができず、22条が求める最終期限の延長を申請していない加盟国においては、政府が指令において要求される条件に適合する計画を策定するように、適正な職務執行命令のような必要な措置を下す裁判管轄権は国内裁判所にある」ことになる（para.58）。

EU司法裁判所は、EU大気質指令の国内適用および裁判管轄権に関して初の先決裁定を下した。イギリスはEU法違反状態にあり、遅くとも2015年1月1日までに16区域において達成できるような汚染防止計画を策定すべきであったと判示した。

(3) イギリス最高裁差戻後判決における職務執行命令（2015年4月29日）

上記先決裁定を受け、イギリス最高裁は2015年4月16日に聴聞を行った後、同年4月29日、既に行っている「宣言的判決」に加え、「職務執行命令」を下した（[2015] UKSC28）。それは、政府に対し、23条1項に合致する新たな大気質計画を確定期限に間に合うように準備し、2015年12月31日までに委員会への当該改訂計画の提出を終わらせるようにとの命令である（para.35）。

EU司法裁判所への付託後も、かなりの悪化が見受けられる。2014年7月、イギリス政府は計画を更新し、大気質指令の限界値遵守予想年を公表したが、これらの計画では、以前の予定よりも、達成が遅れる見込みである。2015年までの達成見込は43区域のうち5区域のみである。広域ロンドン、西ミッドランド都市部、西ヨークシャー都市部の3区域は2030年でも達成できそうもない（para.20）。

ただし、不遵守はイギリスに限ったことではなく、2013年の分析では17加盟国で限界値の超過が報告されている。この不遵守は、厳格な欧州排出基準の導入に

するのは国内政府および国内裁判所である。限界値またはアラート閾値の超過により直接リスクにさらされる自然人および法人は、当局に対し、それらのリスクの存する場合、行動計画を作成するよう要求できる地位にある。

84　　第一部　英国司法審査と EU 法

よる削減見込みが実現していないことを意味する。したがって、加盟国一ヶ国の
みで EU レベルより厳しい排出基準を設けることができないという問題もある
（para.21）。

　しかし、このような事実があるからといって、法的拘束力のある指令の限界値
達成が緩和されるわけではない。当裁判所が2013年5月1日に判示した（違法状
態にあるとの）宣言的判決が引き金になったのか、委員会はイギリスに対する正式
な違反手続を開始している（2014年2月）[46]。それでも、指令実施に向けた国内裁
判所の責任が逃れられるものではない（para.22）。

　委員会は、2015年末までに、改訂計画を提出し、諮問を受けることを求めてい
る。NO_2排出超過の80% は、運輸部門由来であり、したがって、効率的な輸送手
段の改善が最優先課題となる。国レベルの政策（2011年以降すでに20億ポンド以上支
出）に加えて、地域レベルでの政策[47]が必要となる（para.23）。

　政府は2015年末までに新たな削減手法や計画を準備することを受容している
が、それでも当該最高裁判決においては、「裁判所による法的な補強が必要であ
る」と、司法の積極的役割を強調している。さらに、23条1項の「できるだけ速
やかに」という不確定概念の許容範囲に関し、「現実的あるいは経済的理由に
よって不可能とされる範囲はかなり限定される」との見解を付け加えている
（para.33）[48]。ただし、大気質計画作成にあたっての法的論点の決定や遵守期限に
関しても、職務執行命令の対象になるか否かに関しては、争いの余地があること
を認めている（para.35）。

　このように、差戻後の最高裁判決は、イギリスにおける「司法積極主義」の流
れを加速させる判決となった。高等法院および控訴院の「政治的選択の要求は司
法の管轄外」との消極的判示と異なり、国内裁判所が政治的選択を要求し、「清
浄な空気を吸う権利」（right to breathe clean air）を認めた画期的な判決である。

---

(46) 委員会は過去15年間、違法状態であるイギリスに対し、3億ポンドの罰金を課す可能性がある
　　（他の違反国に対しては、予定していない）。http://www.theguardian.com/environment/2014/
　　feb/20/air-pollution-european-commission-legal-action-uk-nitrogen-dioxide（2014年2月20日付
　　Guardian）

(47) 当時のボリス・ジョンソン・ロンドン市長によって提案された、画期的な提案「超低排出ゾー
　　ン」（'Ultra-Low Emission Zone'）（2020年からロンドン中心部で実施予定）を例示している。

(48) 当該先決裁定に先立つ委員会の観察報告書（para.17）で引用されたイタリアの事例（13条の前
　　身に関連して）によると、不可能（impossibility）とされる範囲はかなり限定されることになる。

第 3 章　EU 大気質指令の国内法化をめぐる EU 法とイギリス国内法の関係　　85

⑷　国内裁判所および EU 司法裁判所の役割
── EU 法の枠内での司法積極主義と政策的選択

　環境政策につきリスボン条約（2009年12月１日発効）まで遡って検討すると、政策アイテムの一つとして環境保護があげられている。EC 法６条を引き継ぎ、「環境保護という要求が、特に持続可能な発展を促進するために EU の政策および活動の策定と実施に組み込まれなければならない」（EU 運営条約11条）と明記されている。気候変動やエネルギーに関する新しい規定が設けられた[49]。持続可能な開発および環境保護はこれまでの条約でも優先分野として取り上げられているが、リスボン条約はこれらに対し明確な定義を規定し、環境問題、特に地球温暖化への取組みを国際レベルで促進することを約束している。すなわち、環境という公益保護の推進は、EU の大きな柱の一つとなっている。

　もともと ECSC（European Coal and Steel Community：欧州石炭鉄鋼共同体）（1951年）、EEC（European Economic Community：欧州経済共同体）（1957年）から始まり、2018年現在の28加盟国へと拡大した EU は、貿易の自由の増進を共通の基本目標としてきた。しかし、人権憲章（Charter of Human Rights）を制定した今日では、個人の権利保護とともに、ある種の社会民主主義（経済的・社会的ミニマムを保障する社会）をめざしている[50]。これらは、調和することも、対立することもある。これらの価値が対立する場合、EU 司法裁判所は優先する価値を選択しなければならない。それは環境政策の分野では、「環境と経済の持続可能な発展」であろう。

　EU 司法裁判所は、大気質指令13条、22条、23条および30条の解釈につき、条項の文理解釈および欧州議会の求める目的の両方からのアプローチにより、イギリスは EU 指令義務違反であるとした。さらには、EU 法の国内適用に関する先決裁決を参照し、職務執行命令等を出す裁判管轄権は国内裁判所にあると判断した。同じ大気質指令に関する「*Janecek* 事件」や大法廷判決である「*Unibet* 事件」を引用して積極に解した。

　今後、最高裁判決を受け、イギリス政府は、国民の健康を守るための「より強

---

(49) EU のエネルギー政策については、2009年発効のリスボン条約で初めて単独条項が盛り込まれた。エネルギーに関する新しい条項がエネルギー政策の全般的な目標として含まれ、さらにエネルギー問題について初めて、「結束の原則」が導入された。『海外の電気事業　第１編追補版１ 欧米の気候変動対策（電力編）』（（社）海外電力調査会、2011）31頁。

(50) *Supra* note 37, at 149.

力な施策」（住宅からの汚染物質捕獲が可能な排気コントロール設備、NO_2排出削減のための
ディーゼル車規制、都市部への車両の乗入制限等）[51]が求められる。

　大気質指令の遵守が難しいのは、他の EU 諸国でも同様である[52]。NO_2や粒子
状物質（PM2.5）といった有害物質の排出量は、特に交通分野において排気ガスの
基準が厳格化されたにもかかわらず、さほど減少していない。当該先決裁定は、
パイオニア的な先例判決であり、EU 諸国における他の訴訟にも道を拓くものと
なろう。

　本件先決裁定は、イギリス法における「司法積極主義」の流れと整合的であっ
た。ただし、権力に対するチェックス＆バランス機能として、裁判所の行政統制
機能が重視されてきている今日、いちいち先決裁定による回答がなければ、国内
事例の判断ができない状況を効率的といえるのか、という根本的な疑問は残る。
歴史的に大陸諸国と距離を置く独自の法システムをもつイギリスにおいて、国内
法の解釈につき、EU 司法裁判所または欧州人権裁判所（ECtHR）の回答を仰ぐ
必要があることは、移民問題とともに、EU 加盟国の一員であることに伴う大き
なジレンマとなっている[53]。

　本件先決裁定は、EU 共通の環境政策を、「現代世代に経済的負担を強いて
も、将来世代のために持続可能な社会を構築する義務」と厳格にとらえた。さら
に、各加盟国が「EU 環境法を遵守できない場合、国内裁判所に裁判管轄権があ
り、法的救済ができる」ことを示した。高等法院および控訴院判決が「政治的選
択の要求は司法の管轄外」と消極的に判示したのと異なり、国内裁判所が政治的
選択を要求できることを認めた点でも、画期的な先決裁定であるといえよう。

---

(51) 主要汚染源である道路交通に対する何らかの規制は不可欠であり、ディーゼル代替車の開発、
　　安価で効率的な公共輸送、自転車通行の安全性の確保等が必要となる。ロンドンにおける「超低
　　排出ゾーン」（ultra low emission zone）プランを全国的に実施する提案も出されている。
(52) たとえばドイツでは、EU 大気質指令を国内法に転換するものとして、大気質基準と排出上限
　　値を定めた改正連邦イミッシオン規制法39政令（39.BlmSchV）を施行した（2010年）。政令の実
　　行は、各連邦州の責務であり、その代表的な取組みとして、有害物質排出量の多い自動車の通行
　　を禁止する環境ゾーンの導入が挙げられている。ドイツでは既に、40以上の環境ゾーンが導入さ
　　れている。
(53) たとえば、2013年7月9日、ECtHR 大法廷は、賛成16——反対1で、「ECHR 3条で禁止され
　　ている非人道的または品位を傷つける取扱に抵触することになるので、どのような場合であれ、
　　イギリス裁判所が終身刑（減刑なし）を下すことは違法である」と判断した。国内裁判所が独自
　　の判断を下せないことに対し、キャメロン首相や法務大臣らは失望の声明を出した（July 10
　　2013, THE TIMES：Britain could quit human rights court after its attack on whole-life jail
　　terms).

VI　むすびにかえて

　本章では、EU 大気質指令の遵守が各加盟国にとって、どの程度の法的義務と言えるのかにつき、イギリスの環境 NGO である ClientEarth が提訴した事例を取り上げて、イギリス国内裁判所システムと EU 司法裁判所システムの関係をたどりながら考察した。本件は、先決裁定の後、イギリスに差し戻され、最高裁は職務執行命令を出した。したがって、「EU 環境法分野における国内裁判所の役割重視と司法積極主義を示した事例」であるといえよう。

　EU 法体系における訴訟手続システムは日本と全く異なるため、単純な比較はできない。それでも日本への示唆となりうると考えられるのは、一つは環境 NGO に原告適格を認める点であり、もう一つは目に見えない大気質という環境公益を保全するための裁判所の積極的役割を示した点であろう。

　本件訴訟の原告である ClientEarth は環境法弁護士等による NGO であり、日本において認められる原告適格の範囲外である。しかし、環境法分野の専門家によって組織される NGO は、気候変動問題や大気汚染問題のようなボーダーレス、かつ、加害者と被害者が特定されにくい環境公益訴訟につき、十分に原告適格を有するのではないか。当該訴訟においては、ClientEarth の原告適格は争点にすらなっていない。それは、既に2008年の設立以来、多くの環境訴訟を提訴してきた実績によるものと思われる。

　わが国における環境公益訴訟に関する議論は、判例が原告適格につき「法律上保護された利益説」を採るため、「団体に原告適格を認めるべきか」という入口の議論に終始している。一方、イギリスでは、「*IRC 事件*」（1983年）以降、緩やかに判断されるようになり、「グリーンピース事件」（1994年）において団体原告適格が認められて以降は、かなりリベラルな解釈が行われている。イギリスの司法審査請求においては、「十分な利益要件」に合致する原告に対し、高等法院に司法審査を提起する「訴えの利益」が認められるからである（高等法院法31条）。

　環境 NGO に原告適格を認めている現状は、司法消極主義から脱却し、「市民は、個人的な被害を受けなくとも、公益を立証すべき」との前提に立ち、「司法には、行政統制機能がある」との積極的な姿勢に移行している証左であろう[54]。

　本件最高裁判決は、1990年代からみられる「司法積極主義」の流れと整合的で

あった。差戻後の最高裁判決は、いわゆる「経済的手法」に関して具体策の例示まで行っている。今後、イギリス政府は、国民の健康を守るための「より強力な施策」が求められることになる。

---

(54) もっとも、環境団体訴訟が認められるか否かは EU でも加盟国によって異なる。EU 司法裁判所は、環境 NGO の訴権を肯定している。「トリアネル判決」[Case C-115/09] [2011] において、ドイツの適格環境団体は、直接アクセス指令に基づいて、関連法規違反を主張できるとの先決裁定を下した。

第二部

英国、EU およびわが国における原子力発電

第4章
電力システム改革と原子力廃止措置の事業体
――英国NDA（原子力廃止措置機関）と日本の電気事業者――

I　はじめに

　2011年3月に起きた東京電力福島第一原子力発電所事故から7年を経過した2018年段階においても、1号機から4号機の廃炉プロジェクトは未知数の部分が多い。政府と東京電力が作成した中長期のロードマップでは、原子力廃止措置（decommissioning）には30〜40年はかかるとされている[1]。

　原子力工学的には、日本においては起こりえないとの割切りがされていた「シビア・アクシデント」が実際に起こってしまった[2]。現行法上、廃炉は電気事業者の責任であり、したがって、その後処理を東京電力が行っている。しかし、政府の原子力損害賠償支援機構（現在は、原子力損害賠償・廃炉等支援機構。以下「機構」という。）が一兆円出資（2012年7月31日）したことにより、機構が議決権の50.11％を握ることになり、東京電力は実質国有化されている。しかも、汚染水処理に苦慮し、結局は、政府が直接介入せざるを得なくなった（2013年8月7日）。現在、東京電力は持株会社である東京電力ホールディングス㈱に移行し（2016年4月1日）、福島第一原子力発電所の廃炉推進カンパニー（2014年4月設立）、福島復興本社（2013年1月1日設置）などの社内カンパニー制を採っている。

　一方、福島事故後、電力システム改革議論が再燃した。1990年代後半から始まった電力自由化は、2005年4月の大口需要家に対する部分自由化のレベル（電力量の62％まで自由化）で留まり、進捗しないまま、原子力を基幹とするエネルギー政策がすすめられてきた。福島事故は、これまでのエネルギー政策の見通しを迫ることになった。

（1）JEPIC, *The Electric Power Industry in Japan 2013*, at 18.
（2）「理論上のリスク・ゼロはありえないが、非常に低い事故の発生確率になるよう設計条件が整えられているので、事実上のリスク・ゼロを達成できる」との割切りがされてきた。加藤尚武『災害論　安全性工学への疑問』ii頁（世界思想社、2011）。

92　第二部　英国、EU およびわが国における原子力発電

　エネルギー環境会議「革新的エネルギー・環境戦略」（2012年9月14日）では、「原発に依存しない社会の一日も早い実現」「グリーンエネルギー革命の実現」「エネルギーの安定供給」の三本柱を実現するために、「電力システム改革」を断行するとしながらも、「核燃料サイクル」を堅持という矛盾する方針を採っている。

　その後、民主党から自公へと政権が替わり、電力システム改革専門委員会が、「発送電分離」「小売全面自由化」「卸電力市場の活性化」という基本方針を決定し（2013年2月）、同年11月に電気事業法が改正された。さらに2015年の改正電気事業法により、2020年には法的分離（持株会社制による送配電部門の別会社化）が予定されている。

　2020年に発送電分離が行われると、安全対策費の高騰により建設費用が膨らんでいる原子力発電所の新規立地は更に困難になろう。すなわち、電力自由化の行き着く姿であるところの発送電分離と、巨額の建設費用とリードタイムを必要とする原子力発電とは両立しえない。発送電分離後は、「原発維持か、脱原発か」という選択ではなく、「現存する原発の運転（2018年現在、再稼働した原発は9基程度にとどまっている）をいつまで続けることができるか」に論点が移行することになろう。

　エネルギー資源に乏しい日本は、1955年の原子力基本法制定以来、バックエンド問題（使用済み核燃料の再処理、あるいは、ワンススルーの場合の最終処分）を先送りしまま、原子力推進策を採ってきた。しかしながら、初期に建設された原発が廃炉の時期を迎え（2018年10月現在22基が廃炉予定）、さらには核燃料サイクルの実質的破綻により、六ヶ所村再処理工場の核燃料貯蔵プールは満杯になっている。原子炉の廃炉作業やバックエンド問題につき、これ以上の先送りはできない状況にある。

　本章では、矛盾点が露呈しながらも、有効な方策を見つけることができない原子力廃止措置問題につき、日本より進んでいるとされる英国のNDA（原子力廃止措置機関：Nuclear Decommissioning Authority）[3]と比較・参照しつつ、「原子力廃止措置の実施主体となる事業体をどのような形態にすべきか」という論点につき検討する[4]。

────────────

（3）Energy Act 2004, §3（1）に明記されるNDAの目的範囲は、原子力施設の廃止、サイトのクリーンアップ、指定施設の運用、危険物の処理のほか、高レベル放射性廃棄物の処分も含む。

II 電力システム改革——発送電分離に関する議論

⑴ 2005年までの部分自由化の限界

欧米諸国における電気事業体制は、各国で事情が異なるものの、一般的には、発送電一貫体制の垂直統合型事業者が管轄地域内の電力供給を行ってきた。電気事業は典型的な設備産業であり、「自然独占」を有する産業とされてきた。ところが、大規模電源の経済性に対抗しうる技術革新により、発電部門の「規模の経済性」が薄れ、「範囲の経済性」(垂直統合の経済性)の根拠が乏しくなってきた。自然独占とされるのは送配電部門のみである。技術の進歩や、レーガノミックスやサッチャリズムといった規制緩和の流れを背景に、電力自由化が始まった。

電力自由化が最初に行われたのは、英国においてである (1990年)。欧米諸国では1980年代に公的部門と民間部門の境界を是正する改革が始まった。英国では民営化 (privatization) により政府保有資産の売却という形態がとられた。他方、米国では政府の規制を緩和する (deregulation) という形態がとられた[5]。英国 (イングランド・ウェールズ) では、国有企業である「中央電力公社」(CEGB：Central Electricity Generation Board) の分割・民営化とともに、電力自由化に踏み切った。送電部門の全面自由化、卸電力市場 (プール制) の導入、発電の全面自由化、小売の段階的自由化を行い、2001年には卸電力市場の全面改革 (相対取引制への移行)、2002年には配電部門の法的分離や料金規制の撤廃を実施している[6]。

一方、わが国において、電力自由化に関する議論が始まったのは1990年代後半のことである。現行の 9 (沖縄電力の加入により10) 電力会社体制は、戦時中の「日本発送電 (株)」(国家総動員法による特殊法人：1939年〜1951年) を経て、戦後の1951年

---

(4) 3・11東日本大震災以降の地震と原子力をめぐる法律論文として、以下を参照。「緊急特集 東日本大震災への緊急提言」法律時報83巻 5 号 (2011)、「特集 大規模災害と市民生活の復興」法律時報84巻 6 号 (2012)、「シンポジウム 大規模災害をめぐる法制度の課題」法律時報85巻 3 号 (2013)、「3・11大震災の公法学 Part. 1 」法学セミナーNo.682 (2011)、「3・11大震災の公法学 Part. 2 」法学セミナーNo.683 (2011)、「特集 法律学にできること 東日本大震災を契機に考える」法学教室 No.372 (2011)、「特集 東日本大震災」ジュリスト No.1427 (2011)、「原子力損害賠償法制の現状と課題」ジュリスト No.1433 (2011)、斉藤浩編『原発の安全と行政・司法・学界の責任』(法律文化社、2013)。

(5) Peter Cane, *Administrative Law Fifth Edition*, Oxford University Press, 2011, at 8 .

(6) 奈良長寿「発送電分離の考察 英国事例にみるフェアの追求とその帰結」海外電力 Vol.54 (1) (2012) 20頁、塩見英治編『現代公益事業』(有斐閣ブックス、2011) 105頁。

94 第二部 英国、EU およびわが国における原子力発電

に再編されたものである[7]。電力会社（＝一般電気事業者）は、「地域独占」「総括原価方式」による事業体制と引き換えに、「供給責任」を負わされてきた。欧米における電気事業が、国営や地方公共団体による経営が多かったのと異なり、日本では、戦時中の国家管理時代を除き、ほぼ民間電力会社による電気事業体制であったという特色を持つ[8]。

　このように、地域独占と総括原価方式に守られてきた10電力会社体制では競争が起こらず、高水準のままの電気料金体制が続いた。しかしながら、わが国でも、欧米における規制緩和の流れを受け、電力自由化に関する議論が始まり（1997年5月16日閣議決定に基づく通産大臣からの諮問の付託による）、電気事業分科会で議論を重ねた結果、2000年3月21日から部分自由化がスタートした。2000年5月の独占禁止法改正により、電気事業やガス事業等に対する同法21条（その性質上当然に独占となる事業に固有な行為に対する独占禁止法適用除外の規定）が削除された。その後、自由化の範囲は順次広げられ、2005年4月には契約電力が50kW（高圧A）以上の需要家（電力量の62％）の料金が自由設定になった。

　このようにした始まった小売市場の部分自由化から11年後の2016年4月、電力の小売完全自由化が行われた。家庭や商店を含む全ての需要家が電力会社や料金メニューを選択できるようになった。2017年3月時点での「新電力（特定規模電気事業者）」[9]のシェアは295.4万件、4.7％となっている（資源エネルギー庁「電力小売全面自由化の進捗状況　2017年7月7日」）。そして、2020年には発送電分離――すなわち、送配電部門の中立性を確保する方法としての「法的分離」――が予定されている。

　電力システム改革として、小売市場の完全自由化のみならず、既存の電力会社の発送電分離まで求められるのは、自然独占部門であるところの送配電部門を電

（7）GHQ（General Headquarters：連合国最高司令官総司令部）は、日本発送電㈱の分離再編を政府に命じたが、分割民営化案が廃案寸前となったため、1950年11月、超法規的な「ポツダム政令」を出し、日本発送電㈱を解体した。翌1951年に9電力会社体制が発足した。山岡淳一郎「歴史的転換軸としての『電力自由化』」日本原子力学会誌54巻10号（2012）2頁。
（8）日本最初の電力会社である東京電灯会社（現在の東京電力の前身）が発足した1883年から、電力自由化時代までの電気事業史として、中瀬哲史『日本電気事業経営史』（日本経済評論社、2005）、橘川武郎『日本電力業の発展と松永安左ヱ門』（名古屋大学出版会、1995）、同『日本電力業発展のダイナミズム［第2版］』（名古屋大学出版会、2011）。
（9）「新電力」とは、自由化対象である「特定規模需要」の顧客に対して電気を供給する事業を営むことについて届出を出した者をいう。2012年3月以前はPPS（Power Producer and Supplier）と呼ばれていた。

力会社が保有し、新電力が託送料金を払う体制では、真に有効な競争が起きにくいためである。送配電部門の中立性確保のためには、系統運用を電力会社から切り離し、誰もが同じ条件で送電線を使えるように送配電部門の運営を透明にする必要がある。

ここで翻って考えるに、そもそも、現代の我々の生活や経済活動は、エネルギーという基盤の下に初めて成り立つものであり、エネルギー政策は国の最重要政策の一つである。したがって、政府の関与をなくし、「市場原理の活用」のみによるエネルギー政策はありえない。特に原子力に関する安全規制は厳格さが求められるが、経産省の原子力安全保安院による規制も、内閣府の原子力安全委員会によるダブルチェックも、福島事故が示すように、有効に機能しなかった（ともに2012年9月19日廃止された）[10]。その反省のもと、環境省の外局として、「原子力規制委員会」（国家行政組織法3条2項に基づく三条委員会であるところの行政委員会）および同委員会の事務局として「原子力規制庁」が設置された。

改正電気事業法による改革スケジュール第三段階としての発送電分離（法的分離）は、福島事故を契機とした東電の事業体問題（福島第一原発廃止措置部門の分離問題）解決を急務とするものである。同時に、原子力問題とは切り離して、規制緩和（競争法）の側面からも議論されている論点である。

(2) 福島事故後の議論

福島事故後、棚上げ状態となっていた電力システム改革が再燃したのは、競争回避的な電力会社の企業体質では、将来、低廉で安定的な電力供給を確保できなくなる可能性が露見したことによる。事故後の東電の対応が批判の的となったことをあげるまでもなく、既存の10電力会社は、任意団体であるところの「電気事業連合会」の構成員としての仲間意識が強く、互いに競争することを好まない。

沖縄電力以外の9電力会社は1955年の原子力基本法制定以降、国策としての原発推進を民営の立場で実行してきた。再生可能エネルギーのような分散型電源の拡充に力を入れず、大規模集中型電源中心の供給システムを採用してきた。これでは価格による需給調整は柔軟に働かない。東西で周波数が異なり（東日本は

---

(10) 福島事故前の原子力規制部門の機能不全、事故後の再編成につき、愛敬浩二「原子力行政の課題」法学セミナー56巻12号（2011）30頁、城山英明「原子力安全規制政策」森田朗＝金井利之編著『政策変容と制度設計』（ミネルヴァ書房、2012）276頁。

50Hz、西日本では60Hz)、電力会社間の連携線の容量には制約があり、送電網ネットワークは脆弱なままである。

　2012年９月、公正取引委員会は、意見書「電力市場における競争の在り方について」を公表した。同意見書に示された問題意識を要約すると、①競争政策としての観点からは、事業者の創意工夫を需要家が市場メカニズムの中で享受できることが望ましい。一方、政策的要請からの規制については、規制の目的が合理的であるか、また、規制の内容はその目的に照らして必要最小限のものかの検討が必要。②規制の内容や方法が適正でないために、さらなる市場の歪みや弊害をもたらすことがある。事業者のインセンティブに照らして、合理的に目的を達成し得るものかの検討が必要。③自由化の推進によって市場参加者が自由に事業活動を行うことができる分野が拡大するが、電力市場の特性によって自由かつ活発な競争が妨げられるのであれば、これらへの対応が必要、という内容である。

　2013年２月には「電力システム改革専門委員会報告書」が公表され、同年４月２日に閣議決定された。担当大臣は、閣議決定後、「電力事業への新規参入が進み、家庭部門などにかかる料金の規制が撤廃される中で、消費者にとっても多様な事業者からの電気の購入や、料金メニューの多様化など選択の幅が広がる。最終的には電気料金の低下にもつながる」との見解を述べている。しかし、同報告書は「原発の長期にわたる不稼働、化石燃料の高騰、再生可能エネルギーの推進等を考慮すると、電気料金のコストは今後さらに上昇する」と想定したうえで、「価格シグナルを通じた需要抑制を図ることのできる電力システムに転換することで、電力選択や節電意識といった国民の考え方の変化を最大限、活かせる仕組みを作り上げていくことが有効」とする内容である。

　発送電分離（法的分離）によって「電気料金の低下」がもたらされるかどうかについては、肯定的にはとらえ難い面もあり、「小売電気料金水準の低下」を発送電分離の目的に挙げることに関して、消極的な意見も多い[11]。野村も、「原発再稼働が厳しい状況下において、料金低下は起こらない」「再生可能エネルギー

---

(11) 発送電分離に対して消極的な見解として、丸山真弘「発送電分離論について考える」ENECO.
　　 Vol.45（１）（2012）34頁、大西健一「欧米諸国における発送電分離の動向と評価」海外電力
　　 Vol.54（１）（2012）４頁、同「欧米諸国における電気事業の現状」季報エネルギー総合工学35巻
　　 ２号（2012）19頁、同「わが国における発送電分離」エネルギー・レビュー32巻５号（2012）24
　　 頁、澤昭裕「見落とされがちな発送電分離の問題点」電気評論97巻12号（2012）49頁、橘川武郎
　　「発送電分離をめぐる議論の検証」都市問題 Vol.102（2012）30頁。

事業者に参入機会を広げることになるが、料金が下がることはない」。したがって、「発送電分離が小売全面自由化や料金規制の撤廃と同時に実施されると、料金格差拡大や料金高止まりが問題となることは容易に予測できる」との消極意見を表明している[12]。

(3) 発送電分離（アンバンドリング）の法的問題

　電力市場自由化のさきがけとなった EU（European Union：欧州連合）では、他の財やサービスと同様に、エネルギーについても域内で単一の市場を形成するとの考えに立ち、電力取引の障害の除去を進めてきた。

　1996年12月の第一次電力自由化指令（Directive 96/92/EC）から始まり、2003年6月に第二次指令（Directive 2003/54/EC）、2009年6月には第三次指令（Directive 2009/72/EC）が出されているが、一貫した方針は「アンバンドリング」（unbundling）である。電気事業における「アンバンドリング」とは、垂直統合型事業者において、競争が導入される部門（発電・供給）と、規制に委ねられる部門（送配電のネットワーク事業）を、何らかの基準に従って分離することを指す。

　まず、第一次電力自由化指令（1996年）においては、送配電部門の機能分離と会計分離が求められ、第二次指令（2003年）においては、送電系統運用組織を垂直統合型事業者とは別法人とする法的分離が要求された。小売市場の全面自由化を2007年7月までに実施するとのスケジュールも定められた。しかし、法的分離をもってしても、アンバンドリングは依然として不十分との見解が示され、第三次指令（2009年）においては、①垂直統合型事業者と送配電部門の間の資本関係を断絶する所有権分離か、それができない場合には、②独立系統運用者（ISO：Independent System Operator）の設立、という選択に加えて、③独立送電運用者（ITO：Independent Transmission Operator）[13]を用いた機能分離が認められた。これら EU 加盟国の自由化の初期段階では料金の低減が認められたが、その後は、M&A の進展等により、むしろ、価格は上昇している[14]。

---

(12) 野村宗訓「発送電分離の意義を問う〜予備力不足下では料金引き下げは起こらず〜」ENECO. Vol.45（9）（2012）37頁。
(13) ITO は、垂直統合型電気事業者の送電子会社の資本関係を維持したまま、厳しい規制・監視を適用することで、送電部門の独立性を確保するものである。海外電力調査会『海外諸国の電気事業　第1編　追補版1　欧米主要国の気候変動対策（電力編）』（（社）海外電力調査会、2011）34〜36頁。

98　第二部　英国、EU およびわが国における原子力発電

　EU 加盟国は、マーストリヒト条約（1993年発効）、リスボン条約（2009年発効）に基づき、各国の国内法を EU 法（二次法を含む）に適用するように制定しなければならない[15]。エネルギー政策に関しては、リスボン条約において、EU 基本条約として初めて独立した条項が盛り込まれた。ただし、「EU の措置は、加盟国のエネルギー源の選択、エネルギー供給構造を決定する各国の権限に影響を与えない」という条件が付与されている。エネルギー源の構成は加盟国によって異なるためである。

　翻ってわが国の状況をみるに、10電力会社は民間の上場株式会社であり、憲法上、財産権に抵触するような強制的な発送電分離は断行できない。「民間上場株式会社であるところの一般電気事業者に対し、送電資産の所有権を強制的に売却させることは法的に原則不可能である。公共の利益に合致している、または目的を達成するために他の手段がないといった厳しい要件の下でしか適用できない」と、強制的な発送電分離は違憲になるとの見解が通説となっている。

　憲法29条 1 項は、「財産権は、これを侵してはならない」と規定する。憲法が資本主義体制を予定していることから、同項は、私有財産制の制度的保障の根拠とされる。しかし第 2 項による制約、すなわち、「財産権の内容は、公共の福祉に適合するやうに、法律でこれを定める」場合がありうる。

　つまり、財産権は、それ自体に内在する制約があるほか、立法府が社会全体の利益を図るために加える規制により、制約を受ける。財産権に対して加えられる制約が、政策的考慮に基づく制約として、公共の福祉に適合しているものとして是認されるかどうかは、「規制の目的、必要性、内容、その規制によって制限される財産権の種類、性質および制限の程度等を比較衡量して決するべき」とされている（「森林法共有林分割制限事件」最大判1987年 4 月22日民集41巻 3 号408頁）。

　すなわち、「『公共の福祉』による制約が私企業の財産権の保障を上回り、結果として、政策的な規制が認められるのはどのような場合かという問題として把握すべきことになる。したがって、財産権への規制が、立法目的を達成するための規制手段として、必要性と合理性があるか否かにつき、審査すべきということに

---

(14) 後藤美香＝丸山真弘＝服部徹「発送電分離の課題に関する計量分析」Den-chu-ken topics, Vol.13（ 0 ）（2012） 4 頁。
(15) EU 二次法であるところの「指令」（directive）は、それが命じられた加盟国に対して法的拘束力を持つが、その形式や方法は各国の裁量に委ねられる（EU 運営条約288条）。加盟国は、指令に従うため、通常は、何らかの国内法を制定することになる。

なる。私企業に対する発送電分離（法的分離）は、このような憲法上の制約に合致するように——従前の財産権の不利益変更が、公共の福祉によってその制限が正当化され、財産権を侵害するものと評価されることがないように——電気事業法改正を行う必要がある」とされている[16]。

　実際のところは、2020年の発送電分離を前にして、10電力会社は持株会社制による分社化をすすめている（純粋持株会社と事業持株会社の2方式に分かれている）。

Ⅲ　原子力廃止措置の問題点

(1)　原子力発電の事業リスク

　電力システム改革として、発送電分離（アンバンドリング）を行った場合、原子力発電と市場との整合性をどうするかという問題がある。もともと、原子力は、①高い投資コスト、②将来コスト（原子力廃止措置の費用）の不確実性、③長期の投資・運転管理、④収入と支出の時間的ズレ、⑤国の関与、という固有な特徴点をもつ[17]。①〜④のリスクは、発送電分離後の民間電力会社が担うには重すぎる負担である。

　この点につき、吉岡も、「日本の大方の論者は、自由化のもたらす原発へのインパクトにつき、政府介入による従来の手厚い支援の仕組みが、さらに格段に強化されない限り、原発の新増設を発電会社は忌避するだろうという共通認識を持っている」との見方を示している[18]。

　2004年に総合資源エネルギー調査会が示した電源別の発電単価では、原発は発電コストが低い（石油火力10.7円、LNG火力6.2円に対し、原子力5.3円）とされてきた。実際は、一定の仮定[19]を置いた場合のモデル計算であって、経済性が高いわけ

---

(16)　松本和彦「原発事故と憲法上の権利」斎藤編・前掲注（4）132頁は、国有農地売払い判決（最判1978年7月12日民集32巻5号946頁）を引用し、廃炉と憲法上の財産権の制限につき論じている。

(17)　拙著『低炭素社会の法政策理論』（信山社、2010）67頁。

(18)　吉岡斉「原子力発電に対する政策」八田達夫＝田中誠編著『電力自由化の経済学』（東洋経済新報社、2004）249頁。

(19)　原子力の発電単価は、運転年数40年・設備稼働率80％の仮定に基づく数字である。そのうえ、放射性廃棄物の処理などバックエンド費用については、最終的に誰が負担するのか明確になっていない。高橋洋「ドイツから学ぶ、3・11後の日本の電力政策」富士通総研経済研究所・研究レポート No.394（2012）4頁。

ではない[20]。福島事故後には、廃炉費用や巨額の賠償額を加算した見直しが、コスト等検証小委員会において行われた（2011年12月19日）。今後、賠償費用や除染費用、廃炉技術開発等の費用は数十兆円以上に膨らむと言われている。2017年10月に資源エネルギー庁が公表したところの原発の発電コストは10.1円/kWhとなっている（【図表4-1】参照）[21]。

これまでも、発送電分離による原子力発電リスクとして「回収不能コスト」（stranded cost）の問題が指摘されていた。新規参入者が需要家を奪っていくと、需要増を見越して開発した電源が不要となり、開発コストが回収できなくなるという、自由化の移行期に問題となるコストである[22]。

このようなコストは需要家全員が負担すべき費用であり、米国では、電気料金を通じた回収を認めている。米国の公益事業の規制緩和の結果、回収不能コストは、1994年には2,000億ドルに達したといわれる。これらの回収費用が、憲法上

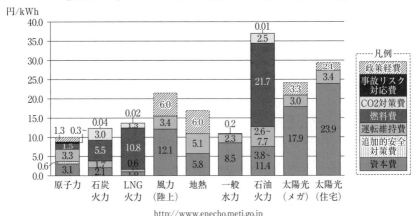

【図表4-1】 1kWhあたりの発電コスト（資源エネルギー庁）

http://www.enecho.meti.go.jp

---

[20] 大島は、有価証券報告書を基に実績値を計算し、原発は10.7円、火力は全体で9.8円、水力は4.0円であり、原発は決して安くないことを指摘した。大島賢一『再生可能エネルギーの政治経済学』（東洋経済新報社、2010）、同『原発のコスト』（岩波新書、2011）。

[21] 資源エネルギー庁「原発のコストを考える」は、1kWhあたりの発電コストは石炭12.3円、天然ガス13.7円、石油30.6～43.4円、風力21.6円、太陽光（メガソーラー）24.2円であり、あいかわらず、原発は燃料費がかからないという大きなメリットがあるとしている。
http://www.enecho.meti.go.jp/about/special/tokushu/nuclear/nuclearcost.html

[22] 服部徹＝後藤美香＝矢島正之＝筒井美樹「欧州における電力自由化の動向」八田＝田中編著・前掲注（18）293頁。

第4章　電力システム改革と原子力廃止措置の事業体　　101

の財産権の保護の対象に含まれるかどうかが注目され、その回収を認めた判例も
ある（「デュケーン電灯（株）事件」最高裁1989年1月11日判決：*Duquesne Light Company v.*
Barasch 488 U.S.299 (1989)）[23]。

　一方、英国では国営企業の民営化（1990年）を行ったが、原子力発電の民営化
は難しく、国有のままであった[24]。原子力債務のための積立として、1990年か
ら「化石燃料課徴金」（Fossil Fuel Levy）が導入された（当初は電気料金の10～11％、
新規原発建設への不透明な運用も指摘された）。1993年の国家監査局（National Audit
Office）報告では、原子力発電の廃止措置費用は180億ポンドと見積もられなが
ら、十分な財政的準備がされていない点が指摘された。

　今後、原子力発電の事業リスクが大きくなることは間違いない。福島事故の場
合も、原発の廃炉や使用済み核燃料といった廃止措置にかかる費用の見積もりに
は、技術面の不確実さとともに、不確定要因が多い。損害賠償については、「原
子力損害賠償法」（1961年）では対応しきれず、「原子力損害賠償支援機構法」が
制定された（2011年8月10日）。一義的には、原子力事業者（東電）が無限賠償責任
を負うが（無過失責任・責任集中・無限責任）（第3条）、原発政策を推進してきた国の
責務も明記されている（第2条）。2018年10月12日現在、損害賠償の支払額は既に
8兆5,000億円を超えている（東京電力ホールディングスHP賠償金のお支払い状況参
照）。廃炉費用を含めた総額は20兆円を超えると予想されている。10電力会社の
うち突出した事業規模で、世界最大級の民間電力会社であった東京電力ですら負
担しきれない巨額の損害賠償債務である[25]。

(2)　核燃料サイクルの破綻

　全国の原発サイトの「使用済み核燃料貯蔵プール」は、原発を再稼働した場
合、遠くない将来に満杯になる状況になる。六ヶ所村の再処理工場の核燃料貯蔵
プールも、すでに満杯状態にある。ウラン3,000トンの貯蔵容量に対して、プー

---

(23)　7基の原発建設予定のうち4基の原発建設キャンセルに伴う費用につき、原告のデュケーン電
　　灯㈱は、ペンシルベニア公益委員会に対し、10年で償却することの承認と料金値上げを求め、認
　　められた。森田章「電力会社のコーポレート・ガバナンス再論——福島原発事故を契機として」
　　NBL, No.953（2011）30頁。
(24)　Stephen Tromans QC, *Nuclear Law*, Hart Publishing, 2010, at 18-21.
(25)　原子力損害賠償法制の現状と課題につき、ジュリスト No.1433（2011）の特集2掲載の諸論文
　　のほか、卯辰昇『現代原子力法の展開と法理論［第2版］』（日本評論社、2012）、遠藤典子『原
　　子力損害賠償制度の研究：東京電力福島原発事故からの考察』（岩波書店、2013）参照。

ルは満杯状態となっている。乾式方法（ドライキャスク）によるプール外での保管
を決定する必要に迫られていたが、原子炉等規制法改正により、原発敷地内外に
使用済み核燃料の貯蔵が可能になった。しかし、乾式方法による永久貯蔵は不可
能であり、あくまで一時的な保管方法にすぎない。

　「核廃棄物」（Nuclear Waste）には、「使用済み核燃料」（Spent Nuclear Fuel）と
「高レベル放射性廃棄物」（High-Level Radioactive Waste）がある。核燃料サイクル
政策を採る日本では、使用済み核燃料を再処理して、ウランとプルトニウムを取
り出し、ウランとプルトニウムの混合酸化物（MOX：Mixed Oxide）燃料に加工、
軽水炉で燃料として使う方針を採っている。後に残る極めて危険性の高い高レベ
ル放射性廃棄物は「地層処分」（geological disposal）を行うことにしている。地層
処分とは、原発の使用済核燃料の再処理によって生ずる高レベル放射性廃棄物を
ガラス固化体にして、30年ないし50年間貯蔵冷却したのち、地下300メートルな
いし1,000メートルの一定深度に埋め捨て、超長期にわたって管理する方法をい
う[26]。

　再処理したプルトニウムの核燃料としての使用法はMOX燃料として軽水炉で
燃やす方法と、高速増殖炉を使ってプルトニウムを燃焼させる方法の二つであ
る。核燃料サイクルの前提は、高速増殖炉でプルトニウムを燃料として利用し、
燃やした以上のプルトニウムを生むことによる、もともとの燃料であるウランの
利用効率性や経済性の向上にあった。しかし、もんじゅ事故（1995年）により、
研究・開発は頓挫し、再稼働もできないまま、１兆円以上の税金がつぎ込まれて
きた。

　その後2018年３月になって原子力規制委員会は「もんじゅ」廃炉（廃炉措置）
計画を認可した。2018年７月から使用済み核燃料の取出し作業を開始した。廃炉
にかかる期間は30年とされている。一方で、MOX燃料を軽水炉で使うプルサー
マル発電も限定されるため（玄海３号機、伊方３号機、高浜３号機、福島第一発電所３号
機（廃炉決定）のみ）、プルトニウムは溜まっていくばかりである（2018年現在、47ト
ン：原爆6,000発分）。「余剰プルトニウムは持たない」という国際公約（IAEA総会で
の政府代表演説）を遵守できない状況にある。そこで政府は2018年６月、余剰プル

---

(26)　保木本一郎「放射性廃棄物の最終処分と将来の世代に対する責任」『塩野宏先生古稀記念　行政
　　法の発展と変革　下巻』（有斐閣、2001）832頁、資源エネルギー庁「最終処分の実現に向けた取
　　組について」（2012年10月）。

第4章 電力システム改革と原子力廃止措置の事業体　　103

トニウム保有量に「上限」を設け、余剰分が増えないよう対策を強化する方針を示した。

このように、核燃料サイクル自体が実質的には破綻しているが、政府はなかなか見直すことができない。第4次エネルギー基本計画（2014年）は、「核燃料サイクルについては、引き続き着実に推進する」方針としている。第5次エネルギー基本計画（2018年）も、核燃料サイクル政策を推進すると明記している。

核燃料サイクル政策を見直すと、原子力政策全体が破綻してしまう。というのは、再処理施設を運営する日本原燃㈱と青森県・六ヶ所村とは、再処理事業の確実な実施が困難となった場合には、使用済み核燃料を施設外へ搬出する覚書（1998年7月29日）を締結しているが、搬出元の原発サイトに返還されても、貯蔵プールは満杯状態で、受入場所がないからである。

使用済み核燃料から高レベル放射性廃棄物を取り出す六ヶ所村の再処理工場は、1993年当初の建設費用は7,600億円であったが、結局、2兆9,500億円まで膨らんだ（2017年7月段階）。当初は1997年の完成予定であったが、アクティブ試験がうまくいかず、延期は23回に及んだ。2018年段階でも完成目標を達成できていない。

これまでわが国における再処理は、フランスのラ・アーグ再処理工場と英国のセラフィールド再処理工場（THORP：Thermal Oxide Reprocessing Plant）に委託してきた。契約量のすべては既に搬送し、現在はガラス固化体等が返還され、六ヶ所村に一時貯蔵・管理されている（2018年9月末現在、仏や英からの返還分累計1,830本）。

この再処理事業を「中長期的にぶれずに着実に推進する」ことが政府のエネルギー基本計画である。しかし、世界的にみると、ワンス・スルーと呼ばれる直接処分（米国やドイツ・フィンランド・スウェーデン等）が主流であり、核燃料サイクル路線を維持する国はフランスと日本に限られる。世界第2位の原発大国であるフランスでは、原子力発電所から発生する使用済み核燃料・年間約1,150トンのうち年間1,050トンがラ・アーグ再処理施設で再処理され、そこで発生した高レベル放射性廃棄物がガラス固化体として貯蔵されている。

日本からの再処理引受先の一つであったセラフィールド再処理工場（THORP）【写真4-1】、【写真4-2】参照）は、2011年の福島事故後に最終的に閉鎖（2018年予定）を決定しており、英国は、事実上、再処理から撤退している[27]。THORPは、1977年に、①英国は再処理を行うべきか、②行うならどこで行うべきか、

【写真4-1】
Shellafieild 再処理工場（海を挟んだ対岸からの遠景）

【写真4-2】
Shellafieild 駅（従業員以外は降車禁止）

（2013年6月18日筆者撮影）

（2013年6月18日筆者撮影）

Windcale（Sellafield の元の地名）か、③海外の再処理も行うべきか、の3点についての議論（The Windscale Inquiry）[28]を経たうえで、1978年に建設が始まったものである（稼働は1994年）。しかし、2005年の放射性廃棄物リーク事件や1996年以降のデータ改ざん事件もあり、結局、経済的な面も含めて、失敗に終わったことになる[29]。

「革新的エネルギー・環境戦略」（2012年9月）には、「①直接処分の研究に着手し、②バックエンドに関する事業については、民間任せにせず、国も責任を持つ」方針が明記されている。これまでの政府の原子力推進は、フロントエンドのみであった。発送電分離後の分社化された民間事業者にとっては重すぎる負担となる原子力廃止措置に対し、「国の（直接的な）関与」を考慮すべき時期に来てい

---

(27) セラフィールドは、もともと王立軍需工場として始まり、核兵器用のプルトニウムを製造していた。再処理工場（THORP）は、1994年に完成したが、再処理事業は、当初の目論見の5億ポンドの利益どころか、結局、10億ポンドの損失となった（2003年まで）。Jesse Russell, Ronald Cohn, *Sellafield*, 2012, at 6-18.

なお、筆者は2013年6月18日に当地を訪問し、担当者に電話インタビューを申し込んだが、受け入れられなかった。ビジターズハウスも既に閉鎖されており、厳重な警備下に置かれていた（【写真4-1】、【写真4-2】参照）。

(28) 'The Windscale Inquiry' は、高等裁判所のパーカー判事（Sir Roger Parker）によって主催されたもので、政策事項の安全性に関し、国民的関心を呼び起こしたが、結局、反対論を退け、THORP 建設を支持した。*Supra* note 24, at 15.

(29) 秋元健治『核燃料サイクルの闇　イギリス・セラフィールドからの報告』（現代館、2006）215頁、222頁。

第4章　電力システム改革と原子力廃止措置の事業体　105

るのではないか。

(3)　高レベル放射性廃棄物——地層処分の難しさ

　高レベル放射性廃棄物は、「特定放射性廃棄物の最終処分に関する法律」（2000年）により、「特定放射性廃棄物」として定義され、原子力発電環境整備機構（Nuclear Waste Management Organization of Japan：以下「NUMO」という。）（経産大臣の許可を受けて設立される民間の認可法人。国の出資はない）が処分実施主体となって「地層処分」が行われる。発電用原子炉設置者は、経産大臣が決定した拠出金額（当初は3兆円。電気料金に上乗せられ消費者の負担となる）をNUMOに拠出する（第11条）。

　NUMOの行う地層処分事業は、数百年を超える極めて長期にわたるため、事業の終了時期は明確ではない。NUMOによる処分実施が困難となった場合には、国の関与が規定されている（第73条）。つまり、一次的に国が最終処分を行うのではなく、あくまで原発を保持する発電用原子炉設置者が責任を負うシステムとなっている。

　多くの原発保有国は、核廃棄物の最終処分については地層処分を採る方針を示している。アメリカのネバダ州ユッカマウンテンに計画されていた地層処分施設は百万年の管理期間に変更している（2011年4月、オバマ大統領は施設開発予算を凍結した）。2022年までに17基の原子炉を全面停止することにより、脱原発を表明しているドイツも、既に発生している核廃棄物の最終処分が必要であり（最終処分施設の設置義務は連邦にある）、ゴアレーベンの岩塩層とコンラッドの鉄鉱床が埋設地層として考えられていたが、最終的には断念している。原子力大国フランスは、改正バタイユ法（放射性廃棄物管理計画法：2006年）に基づいて原子力廃棄物政策が策定される。地層処分は選択肢の一つであり、ムーズ・オートニマルス地層研究所の地下試験施設でトンネルを掘削中である[30]。イギリスの最終処分場は、セラフィールドのあるカンブリア州での建設が検討されていたが、州議会の同意を得ることができなかった（2013年3月）ため、未定である。

　実際に処分地が決定しているのはフィンランド・オルキルオト原子力発電所から数マイルにあるオンカロ処分場のみである（2022年から100年間、操業予定。10年後には施設は埋設処理され、閉鎖される予定となっている。フィンランドは直接処分方式を採

---

(30)　松田美夜子「ドイツ、フランスにおける原子力廃棄物最終処分地の選定状況」日本原子力学会誌50巻4号（2008）28頁。

る）[31]。どの国においても、核廃棄物の最終処分地の選定には苦渋している。わが国でも、2002年から最終処分地の公募を開始したが、第一段階の「文献調査」（その実施に対し、年間2億1,000万円が交付される）さえ行われていない。政府は2017年7月、最終処分に向けた取組みを進める一環として、科学的特性マップを公表し、国民との対話活動を活発化させる方針に変更した。

　このような状況下において1970年代から今日まで、全国の原発の運転によって排出された使用済み核燃料の最終処分は一切行われていない。溜まっていくばかりの核廃棄物を、国内のどこかで、現代世代が責任をもって、地層処分をすることは可能であろうか。

　ここで、原子力問題をバックエンド問題から逆にバック・キャスティングにより考察してみる。今後の原子力発電は、「後どのくらいの核廃棄物を保管することができるのか」という総量管理から決定するしかないと思われる。迷惑施設（NIMBY：Not In My Back Yard）の建設に対する住民同意を得ることが難しいという手続上の問題のみではなく、地震国日本において、今後10万年単位で安全に放射性廃棄物を保管できる場所を探すことは、ほぼ不可能に近い。となると、地層処分ができないことを前提に、バックエンド問題を再考する必要がある。

　日本学術会議は、2012年9月11日、原子力委員会からの審査依頼に対し、6つの提言を行った（「高レベル放射性廃棄物の処分について」）[32]。「地層処分の10万年の安全は、現在の科学では証明できないため、わが国において、地層処分は実施すべきではない」との回答である。

　「全量再処理」という従来の政策方針をいったん白紙に戻し、見直しをすべきとの科学者からの提言である。「地層処分がいっこうに進捗しない政策枠組の行き詰まりは、超長期にわたる安全性と危険性の問題に対処するにあたっての、現時点での科学的知見の限界である」との見解を示している。さらに同提言においては、「『高レベル放射性廃棄物』とは、使用済み核燃料を再処理した後に排出される高レベル放射性廃棄物のみならず、使用済み核燃料の全量再処理が中止され、直接処分が併せて実施されることになった場合における使用済み核燃料を含

---

(31)「世界初の核燃料最終処分場」2013年1月16日付愛媛新聞一面、マイケル・マドセン『10万年後の安全』（かんき出版、2011）。
(32)「高レベル放射性廃棄物の処分について」（2012年9月11日）日本学術会議　http://www.scj.go.jp/ja/info/kohyo/pdf/kohyo-22-k159-1.pdf

む用語として使用する」旨の記載がある。すなわち、核燃料サイクルの見直しを
も提言している。プルトニウムはその後も増え続け、わが国のプルトニウム量は
2011年現在の44.3トンから2018年6月には47トンまで増えている[33]。

　地震国であるという日本固有の条件をも勘案すると、日本学術会議の回答「当
面、実現の見込みのない『地層処分』政策を凍結し、『長期貯蔵』政策に切り替
え、使用済み核燃料の発生量の『総量規制』を行うべき」であろう。

　「発生総量の上限」が定まると、原発の稼働年数が決まってくる。後どのくら
い原発を稼働することができるか、自ずと決まってくる。

Ⅳ　英国の原子力政策と NDA（原子力廃止措置機関）

⑴　原子力政策と NDA

　英国では、民営化後の新規立地はなかったが、2008年に原子力の再導入策
（White Paper on Nuclear Power）を発表し、エネルギー法を改正した（Energy Act
2008）。規制上のリスクを軽減する内容となっており、この方針は、福島事故以
降も変更はないとされる[34]。2013年10月には、25年ぶりとなる新規原発を南西
部のヒンクリーポイントに建設することを決定した。ヒンクリーポイント原子力
発電所は、もともとブリテッシュ・エナジー（BE：British Energy）社等が運営し
ていたが、現在は、仏電力（EDF：Électricité de France）傘下の英国最大の発電事
業者であり、最大の送配電網運営企業である EDF エナジー（EDF Energy）社の
保有となっている。

　実用規模の原発建設に早くから取り組んできた英国の原子力の歴史は長い。旧
式のマグノックス炉（黒鉛減速ガス冷却炉）の開発をしてきたため、既に廃炉と
なった古い原発を多く抱えている（2015年までに26基すべて閉鎖した）。

　サッチャリズムによる民営化により、世界の先駆けとして電力自由化を行う

---

(33)　原子力委員会「日本のプルトニウム利用の現状と課題」www.aec.go.jp/jicst/NC/about/kettei/
　　　kettei180116.pdf 総量47トンのうち、英国に20.8トン、フランスに16.2トン、国内に約10トンある。
(34)　原子力の民事利用を規制・監督する原子力規制庁（ONR：Office for Nuclear Regulation）は、
　　　2011年10月、福島第一原発での事故が英国の原子力産業に与えた影響についての調査報告書を発
　　　表。同報告書は、「英国の原子力施設に基本的な安全上の問題があるとは思えない」とした上
　　　で、「福島事故によって、英国の原子力産業がこれまでの方針や今後の計画を変更する必要はな
　　　い」と結論付けている。海外電力調査会・前掲注（13）182頁。

108 第二部 英国、EU およびわが国における原子力発電

（1990年）以前は、発電から送電・配電・小売に至るまで、中央電力公社（CEGB）が一貫して担っていたが、1989年電気法（Electricity Act 1989）のもと、電気事業が再編され、発電会社 3 社、送電会社（National Grid）1 社、12の地域電力会社に分割民営化された[35]。

中央電力公社（CEGB）の所有する原発は、当初は民営化の方針であったが、ロンドンの金融街であるところのシティ（the City）が（誰も株式を購入しないのではないかとの）拒絶反応を示したため、結局、国有にして競争から切り離した。まず、イングランド・ウェールズとスコットランドにそれぞれ国営会社を設けた。1996年の統合民営化にあたり、原子力専門のブリテッシュ・エナジー（BE）社が設立されたが、原発に対する市場の評価は厳しく（マグノックス炉の債務は80億ポンドとの見積もり）、マグノックス炉20基すべてを英国核燃料公社（BNFL：British Nuclear Fuels Limited）に引き取ってもらい、BE 社は相対的に経済性の優れている15基のみを引き継いでようやく株式を売却することができた。

にもかかわらず、民営の BE 社はわずか 6 年で経営破綻した。原因は、発電原価の高さに加え、電力市場の制度設計の見直しや、英国核燃料公社（BNFL）に支払う核燃料サイクル・バックエンドコストの高さによる。その救済措置として、2003年に BE を準国営化した（公的資金を投入）。その後、EDF エナジー社が BE 社の株式を政府から購入し、経営権を得た。

一方で BNFL は、他に引き受け手のない核関連事業分野を引き継ぎ、多額の債務を抱え、回収の見込みのない状態であった。このような状況の原子力発電につき、BNFL の債務を引き継いで設立されたのが NDA（Nuclear Decommissioning Authority：原子力廃止措置機関）である[36]。その設立理由として、①国有時代の費用部分（税金処理）とそれ以降に発生する費用部分（事業者負担）を明確に区別する必要性があった、②リスクの高い事業を民間発電会社に委ねることが適切ではなかった、③国有時代に発生した原子力債務への積立てがされてなかった、④廃炉を専門に調査研究する機関が必要である、⑤長期（100年以上）に亘って責任を果

---

(35) 民間の新規参入を促す1983年エネルギー法（Energy Act 1983）が機能しなかったため、1989年電気法によって分割民営化が行われた。藤原淳一郎「英国エネルギー法（1983年）に関する一考察——英国電力民営化論序説——」成田頼明ほか編集『雄川一郎先生献呈論集 行政法の諸問題 下』（有斐閣、1990）731頁。

(36) 第38回原子力委員会資料 1 - 1 号「NDA 設立の経緯とその役割」海外電力調査会および議事録（2012年 9 月 4 日）参照。

たす機関が必要である、等が挙げられている。

以上の経緯により、2005年4月1日に設立されたNDAは、（軍事用以外の）民間の原子力債務につき責任を負う独立行政法人（Non-Departmental Public Body）という位置付けである[37]。Energy Act 2004, ref 2 に基づき、少なくとも5年ごとに、戦略の見直しと、国会への提出という透明性が要求されている。毎年の報告書も公表されている（最新版は2016-17年）[38]。

2011年度末現在の債務総額は約530億ポンド（約7兆円）（マグノックス炉は2015年12月のウィルファ発電所1号機の運転終了をもって全てが閉鎖された。当該金額は100年後に解体・撤去することを前提に割り引いた数字である）[39]。530億ポンドの原子力債務（Nuclear Liability）のうち、373億ポンドはセラフィールド諸施設の廃止措置費用である。NDAの方針として、事業最適性（Business Optimization）も柱の一つとして掲げられているが（土地や資産、商業活動からの収入があるため）、廃炉対象のマグノックス炉による発電や燃料サービスの事業収入にすぎず、予算の8割以上（2011年で57億ポンド）は政府ファンドの投入である（ただし支出に関しては、NDAが直接支出するのではなく、Site License Companiesとの契約による運用であり、効率性を追求できる）。廃炉対象となったマグノックス炉26基、ほか、濃縮工場、再処理工場（THORP）、MOX工場、高速増殖炉等の閉鎖を使命とする。燃料を取り出した後、解体・撤去が始まるのは2090年から2110年にかけてという超長期のスキームである[40]。

(2) 原子力廃止措置の事業体

福島事故後、NDAが注目を浴びた。原子力委員会でも取り上げられ（第38回議事録参照）、現地サイトへの東電社員らの視察も行われている。福島事故により廃

---

(37) *Supra* note 24, at 348-350.

(38) *NDL Annual Report & Accounts 2016/17.*
　　https://www.gov.uk/government/publications/nuclear-decommissioning-authority-annual-report-and-accounts-2016-to-2017

(39) マグノックス炉は燃料を取り出した後、管理期間をおいた後、2090年～2110年にかけて、解体・撤去・クリーン化を行う。長期の管理期間の間に放射能レベルが低下する、廃炉費用は現在価値に割引ができる、というメリットがある。さらに、100年間の存続を前提とするため、その間の事業体の存続が保障され、人材確保も容易になる。

(40) *Nuclear Decommissioning Authority Business Plan 2013-2016.*
　　http://www.nda.gov.uk/documents/upload/NDA-Business-Plan-2013-2016.pdf
　　ほか、NDAのサイトを参照。http://www.nda.gov.uk/

炉が決定した4基の廃止措置に向けた作業を行っている段階であるが、軽水炉の
メルトダウンによる廃炉は世界初の経験である。前記ロードマップに従うと、30
〜40年後に廃止措置が完了予定となっている。事故から既に8年が経過している
が、燃料デブリの取出し方法すら未定である。東電では、社内カンパニーとして
「廃炉推進カンパニー」が2014年4月に分離されている。政府による1兆円の出
資のもと、実質破綻状態にある民間電力会社の社内カンパニーが超長期の廃炉事
業の継続ができるのか、という疑問がある。

　他の原発サイトにおいても、今後、次々と使用年数を超過する原子炉の廃止措
置を、発送電分離（法的分離）後の民間企業が担うことができるのか、あるい
は、NDA のように長期の存続が保障された独立行政法人が担うべきか、という
問題がある。

　原子力の廃止措置事業は、①原子炉の廃炉作業、②核廃棄物の処理、③核燃料
サイクル、に大別される。

　うち、①の原子炉の廃炉のための費用は、1989年以降、電気料金の中から各電
力会社が積み立てているが、半分は不足すると見込まれている[41]。福島第一原
発4基の廃炉費用は、現段階では算定不能なレベルの金額である[42]。

　廃炉作業を含めた原子力廃止措置は超長期にわたる。現在は垂直統合された電
力会社の責任となっているが、発送電分離が行われた場合、分社化された事業体
の一部門が数十年間にわたり、責任をもって遂行できるのか。EU の電力自由化
が、結局は、国境を越えた電力会社の M&A を引き起こした事例からみて、発
送電分離後は、供給地域を超えた既存の電力会社間の M&A が予想される。あ
るいは、原発部門や廃炉部門のみを切り離しての M&A もありうる。自由化の
なかで、責任の所在が曖昧になる懸念がある。

　②③の核廃棄物の処理は、さらに難しい。まず、核燃料サイクルでは、再処理
の過程で、人体にとって危険な高レベル放射性廃棄物が出るため（「ガラス固化

---

(41) 資源エネルギー庁によると、廃炉には1基あたり約300億〜700億円かかり、50基で総額2兆
　　7,900億円が必要となる見込みである。しかし、2011年度末時点であらかじめ資金を積み立てる引
　　当て処理をしたのは、計約1兆5,600億円。不足額は、東京電力約4,000億円（福島第一原発の廃炉
　　費用は除く）、東北電力約1,500億円、関西電力約1,460億円にのぼる。
(42) 東京電力に関する経営・財務調査委員会報告によれば、4基の廃炉費用として、最低1兆1,510
　　億円かかるとされていた。高橋・前掲注（19）4頁。
　　　その後2016年12月、経産省は廃炉費用と賠償費用の総額が21兆5,000億円に上りそうとする推計
　　結果を公表した。廃炉費用と汚染水対策費用の合計額が8兆円とされている。

体』)、地層処分場所の確保を前提としたシステムとなっている。しかし、前述したように、地層処分地の決定は、ほぼ不可能に近いと言わざるを得ない状況にある。

かつて2004年の段階で、再処理路線の見直しが議論された。六ヶ所村の再処理工場を稼働させると、今後40年の運転で18.8兆円かかると試算された（電気事業連合会の試算）。高速増殖炉の目途がたたない以上、再処理には経済性がなく、直接処分に比べて1.5倍から1.8倍の費用がかかり、今後青天井に増える可能性についても言及されたが、それでも結局、見直されることはなかった。超長期の時間と巨額の費用がかかる原子力政策には、路線を変更させない「制度の慣性力」が働くことの証左といえよう[43]。

MOX燃料の用途はほとんどなく、ウランやプルトニウムが溜まるばかりである。日本は既にプルトニウム47トンを保有している。六ヶ所村再処理工場は2018年段階でも操業していないが、本格操業すると、最大で年間8トン取り出すことになっている。既にプルトニウムの資産価値は「ゼロ」となっており、「資産」ではなく、使い道のない「ゴミ」である。六ヶ所村に溜まり続けているこれら核廃棄物の処理責任は、燃料として使用した電力会社側にあるのか。使用済み核燃料やガラス固化体を受け入れた日本原燃㈱側にあるのか。あるいは、国策として推進した国にあるのか。

核燃料サイクルを担う日本原燃㈱にしても、地層処分の実施主体であるNUMOにしても、電力会社がメインの出資者であるところの特殊法人である。国とは資本関係がないため、国の関与は二次的なものにとどまっている。

V 発送電分離と原子力廃止措置

(1) 原子力フェイズ・アウトの後始末

核燃料サイクルが実質、破綻しているため、六ヶ所村に溜まり続けている核廃棄物は、行き場のない状況にある。

このような出口が詰まっている状況から逆算して、「国内において最終処分可

---

(43) 英セントアンドルーズ大のウィリアム・ウォーカー教授は、「技術的選択肢を複数持ち、特定の業界が都合のいい解決策を強要しないよう、見識をもった政治による監視が必要だ」と述べている。「とじぬ『環』止まらぬ計画」2013年11月29日付朝日新聞。

能な総量は後、どのくらいか」という総量規制の観点から原発問題を考える必要
がある。となると、結局は、「核廃棄物の管理ができる量はどのくらいか。その
総量以内におさめるためには、後どのくらい原発を稼働させることができるの
か」という問題設定にならざるを得ない。使用済み核燃料貯蔵プールは既に満杯
となっている。今後の新規立地がかなり難しいことと併せて、結局、遅かれ早か
れ、原発はフェイズ・アウト（段階的廃止：phase-out）するしか方策はないと思わ
れる。

　発送電分離は、原子力フェイズ・アウトの後始末が可能な形（＝核廃棄物の最終
処分が可能な範囲内で原発を稼働させる）で行われなければならない。したがって、超
長期にわたる原子力債務の後始末が可能な形での電力システム改革が望ましい。

　2015年の改正電気事業法に示された改革案によると、最終段階（2020年）にお
いては、発送電分離（法的分離）により送配電部門を別会社化し、送配電部門の
一層の中立化、および、料金規制の撤廃（総括原価方式の廃止）による市場環境の
実現が示されている。自然独占部門であり、中立性が要求される送配電部門は、
持株会社の子会社として、切り離されることになる。しかし、法的分離といって
も持株会社方式であり、資本関係は残ることになる。前述したEU第二次指令
（2003年）と同様の改革案となっている。

　小売全面自由化、一般電気事業者の垂直統合の解体、新電力の参入、料金規制
の撤廃——これらは、電気事業分野における規制緩和である。これまでの部分自
由化では、ほとんど競争が起こらなかった反省を踏まえての市場原理の活用であ
る。今後の電力システム改革においては、節電やデマンド・レスポンスなどの需
要側の工夫や分散型電源——すなわち、価格による需給調整——が期待されてい
る。

　2016年4月の小売全面自由化によって、これまで一般電気事業者に課されてき
た供給責任は、料金規制とともに撤廃された。ユニバーサル・サービス[44]が撤
廃されることによって、低所得者や山間離島の需要家に対して、適正水準での供
給が行われなくなる懸念が生じる。総括原価方式も廃止され、今後はさらに効率

---

(44) 電気は生活に欠くことのできない財であることから、ユニバーサル・サービスの保障（その基
　本的内容は、availabilityとaffordabilityの確保、すなわち、すべての需要家に対して、少なくと
　も一つの供給者が、需要家にとって実際に利用可能な水準でサービスを提供するもの）と同等の
　最終保障約款による手当は不可欠である。丸山真弘「米国でのユニバーサルサービス確保の方策
　—低所得者支援プログラムの検討—」電力中央研究所報告 Y99012、20頁（1999）。

第4章　電力システム改革と原子力廃止措置の事業体　113

性が重視されるだろうことは間違いない。

　小売事業者の破綻等で電気の供給を受けられない需要家が出現する場合には、エリアの送配電事業者による最終保障サービスが必要であろう（ただし、最終保障サービスは、例外的な事態に対応するためのセーフティ・ネットとの位置付けである）。山間離島の需要家に対するユニバーサル・サービスについては、エリアの送配電事業者を担い手として電力供給が保障される仕組みが必要であろう（生活や経済活動の基盤である電力の供給責任は軽視できない）。

(2)　わが国における原子力廃止措置の事業体

　1990年代後半から2000年代前半にかけての電力自由化議論は、地域独占の10電力会社体制により世界でも最高水準にあった電気料金を、市場原理の導入によって、引下げを図ることが第一の目的であった。電力会社は横並び体質で、電力会社間の競争を嫌うため、地域独占状態が改善されることはなかった。それでも、電気料金の引下げ目的は達成することができた。「総括原価方式」がいかに非効率であるか、「地域独占体制」がいかに競争を嫌う体質であるか、明示されたことになる。

　福島事故後に再燃した電力システム改革議論は、国策民営で推進してきた「原子力発電の見直し」が主目的となる。原子力推進も原子力規制も同じ経産省が行い、実質的に何ら安全規制をしてこなかった国側。大規模電源の維持・開発を図り、新電力の参入にも、分散型の再生可能エネルギーの導入にも消極的で、電力会社間の連携ネットワークを強化してこなかった電力会社側。双方ともに責任がある。

　今後の電力システム改革は、全発電市場の三分の一を占める東電をどのように取扱うかが鍵となる。増え続ける損害賠償費用、廃炉のための費用負担額の大きさ等を考慮して、福島第一原発の廃止措置事業部門は切り離された。このような事情を背景に、廃止措置事業につき、日本版NDAは可能か——という点に注目が集まった。結局、日本版NDAを作るべきとの意見は受け入れられず、2013年8月に9電力会社、プラントメーカー等18法人により「国際廃炉研究開発機構」（IRID：International Research Institute for Nuclear Decommissioning）が設立された。IRIDは、廃炉に必要な研究開発を行う技術研究組合である。

　英国は戦後一貫して、さらに福島事故後も、原子力推進策を採っている。自由

化の進展により、市場原理では新規立地が難しくなったヒンクリーポイントＣ原子力発電所に対して「固定価格価値買取制度」（CfD：Contract for Difference）による国家補助を行ってまで原発による電力供給を続けようとしている[45]。

　英国の再処理事業は、もともとは軍需用プルトニウムの製造が主目的であり、発電は二次的な目的にすぎなかった。結局、経済性がないうえに、福島事故によって海外顧客（日本）からの注文がとぎれたため、THORP の再処理は中止された（2018年停止予定）。これらの後始末をしているのが NDA である。

　前述してきたような原子力発電事業の限界、これから先の超長期に及ぶ廃止措置期間を考慮すると、原子力フェイズ・アウトの後始末をする事業体は「公法人」が望ましいのではないか。規制緩和の進展により、一層、市場に依拠することになる法的分離（発送電分離）後の民間電力会社が負うには、長すぎる期間であり、重すぎる負担である。

Ⅵ　むすびにかえて

　未曾有の厄災となった東京電力福島第一原子力発電所事故を、原子力を含めた電力システムを根本的に見直す契機とすべきではなかったか。ドイツは早々とフェイズ・アウトを決めたが、日本はこれだけの厄災を経験しながら、電力改革もエネルギー改革も遅々として進まない。第５次エネルギー基本計画（2018年7月閣議決定）において、原子力への依存度をできるだけ低減する（電源構成比率20〜22％）としながら、抜本的な見直しは行われていない。安全最優先の再稼働や使用済燃料対策等、必要な対応を着実に進める方針が示されているが、中長期的に「脱原発」を本気で進める意思があるのかについての政府の方針は示されないままである。

　福島事故前は、エネルギー資源に乏しい小国である面が強調され、「エネルギー政策基本法」（2002年）においても、「安定供給の確保」（第3条）が、「環境への適合」（第4条）や「市場原理の活用」（第5条）より重視されてきた。すなわち、電気事業におけるトリレンマ（安定供給、環境、効率性）のうち、「安定供給＝

---

(45) ヒンクリーポイントＣでも安全対策費の増加等により建設費が高騰し、資金不足が懸念された。そこで英政府は EDF エナジー社との間で、35年にわたる固定価格買取制度や政府による債務保証制度の適用に合意した（2013年10月）。

原子力の推進」が第一目標とされてきた。福島事故は、準国産エネルギーとして
原子力をエネルギー安全保障の要としてきた従来の政策の矛盾点を一機に露呈さ
せたことになる。

一方で、1990年代から始まった郵政や通信・鉄道や航空分野等における規制緩
和の最後の分野として見直しが始まったのが、電力システム改革である。電気は
「同時同量」が要求され、原子力のような国の関与が必要な分野もあるネット
ワーク型設備産業である。原子力廃止措置は、市場原理になじまない、国の関与
が必要な分野であろう。

法律上の権利義務の主体となる「法人」は法技術にすぎず、それは「公法人」
でも、「私法人」でも、同様である。しかし、超長期にわたる核廃棄物管理を含
めた原子力廃止措置を確実に実行するためには、人材面・財政面・技術面の確保
が必要であり、存続が確実な「公法人」による後始末が望ましいのではないか。

第5章
環境団体訴訟における原告適格
——福島事故後の原発訴訟における司法審査の役割の変容——

I　はじめに

　2011年3月11日、東北地方に甚大な被害をもたらした東日本大震災によって引き起こされた津波によって、福島第一原子力発電所の非常用電池が水没し、全交流電源喪失となった。その結果、炉心溶融（メルトダウン）が発生したのに加え、水素爆発によって、大量の放射性物質が放出されるという、チェルノブイリ事故に並ぶレベル7（国際原子力事象評価尺度）の重大事故が起こってしまった。その後12月16日に、当時の野田首相は「冷温停止状態」が達成されたとして「終息宣言」を出したが、廃炉を目指す段階になったというだけのことである。

　福島第一原発事故（以下「福島事故」という。）に関しては、独立検証委員会（民間事故調）による報告書（2012年2月28日）、国会事故調による報告書（2012年7月5日）、政府事故調による最終報告書（2012年7月23日）が出されている。「原発事故が『人災』であることは明らかで、歴代および当時の政府、規制当局、そして事業者である東京電力による、人々の命と社会を守るという責任感の欠如にある」と断定している（国会事故調報告書5頁）。事故当時の菅首相の依頼を受け、近藤駿介原子力委員長は、「最悪シナリオ」（福島第一原子力発電所の不測事態シナリオの素描(2011年3月25日)）[1]まで作成している。これら報告書を読むにつけ、福島事故は全交流電源喪失事象が未想定であったことに起因する人災であり、むしろ、「よくこの程度ですんだ」ともいえるほどの過酷事故であったことが分かる。

　福島事故以前の高度の専門技術性を有する先端科学技術分野に関する司法統制は、「原子力委員会（のちに、原子力安全委員会）の意見を尊重して行う内閣総理大

---

(1)「4号機にとどまらず、他の号機の使用済み燃料プールの燃料破壊が起こり、コアコンクリート相互作用を起こしたという『最悪シナリオ』では、住民を強制移転しなければならない地域は170km以遠に及ぶ可能性と、年間線量が自然放射線レベルを大幅に超えるため住民の移転希望を認めるべき地域が250km以遠に達する可能性がある」との結論を導き出している。『福島原発事故独立検証委員会　調査・検証報告書』（ディスカヴァー、2012）89頁以下および巻末資料。

118 第二部 英国、EU およびわが国における原子力発電

臣（のちに、経済産業大臣）の合理的な判断に委ねる」立場が採られていた。

　原子力施設の安全対策には、内在するリスクが大きく、安全対策における知見は完全ではない。しかし、「絶対的安全性」すなわち「ゼロリスク」は追求しないというのが「工学の常識」であり、「工学的にはゼロとみなして」前に進む姿勢が採られてきた。その「割切り」に関する技術的な審査基準に基づく原子炉設置許可処分は、「高度な専門技術的判断」を含むため、行政庁の行った判断に対して裁判所はその判断を尊重する立場であった。これが、原子炉設置許可処分取消訴訟に対するわが国最初の判断となった伊方原発訴訟最判（1992年10月29日）以降、確立されてきた判例理論である。

　福島事故以前に提起された数々の原発訴訟のうち、原告側が勝訴した判決は2件のみであり[2]、最高裁レベルでの勝訴判決は皆無である[3]。しかし、福島事故によって、行政機関に委ねられた審査基準では安全を確保することができなかったことが判明した。したがって、行政庁の「専門技術的裁量」を重視し、裁判所自身の審査密度を求めてこなかった安全性の保障は、結果として誤りであり、司法も原発事故の発生を未然に防ぐことができなかったことになる。

　もんじゅ訴訟第一次上告審（1992年9月22日）において、近隣住民（原子炉事故等による災害により直接的かつ重大な被害を受けるものと想定される地域内に居住する者）に原告適格が認められるようになった。しかし、初期の原発訴訟は、原告適格という訴訟要件審査の段階で却下される可能性すらあった。

　福島事故が明らかにした原発事故の実態は、一度シビア・アクシデントが起こった場合に被る被害の大きさ、その影響範囲の広さ、さらには、廃炉の難しさや作業に要する時間の長さである。事故が起こる確率がいかに低くとも、ひとたび発生した場合の被害は甚大であり、これだけ多方面に、超長期にわたって、影

（2）　本章II(2)で論ずるもんじゅ第二次訴訟差戻審判決（名古屋高裁金沢支部2003年1月27日判例時報1818号3頁）、および、II(3)で論ずる志賀原発訴訟金沢地裁判決（2006年3月24日判例時報1930号25頁）の2件である。
（3）　もんじゅ訴訟の第一次上告審（1992年9月22日）を扱った園部逸夫元最高裁判事は、「最高裁には、行政庁の言うことは基本的に正しいという感覚がある。それを理屈立てするために『専門技術性』、『政治的裁量』という逃げ道が用意されている」と述べる。
　　女川原発訴訟、志賀原発訴訟上告審を担当した元原利文元最高裁判事は、「上告審の帰趨は下級審の段階でどれだけきちんと主張と証拠が出されていたかで決まる。原発訴訟の議論が深まらなかったのは、原告勝訴判決が2件しか出ていなかったため」と述べている。「元最高裁判事 原発訴訟を語る」2011年11月30日付朝日新聞。

響を与えることになる。

　福島事故は、原子力発電所という複雑な巨大科学技術施設の設置許可や運転許可につき、裁判所はいかなる枠組みにおいて統制を行うべきかという課題を改めて提起することになった。すなわち、原発訴訟の実体審理面の判断基準であった「原子炉の安全性に関する行政庁の判断の尊重」をどの程度まで重視すべきか、という審査密度の問題（＝司法統制方法論）が改めて問われることになったと言えよう。

　【図表5-1】に示す事例のように、福島事故以降、全国各地で運転差止め等を求める新たな訴訟が提訴されている。勝訴率の低さにも関わらず、広範囲に居住する住民により、全国各地で提訴されている。青森県で建設中の大間原発に至っては、対岸の函館市が原告となって、設置許可の無効確認、建設停止義務付け（行訴）、運転差止め（民訴）を東京地裁に提訴して、建設の凍結を求めている。

　一方で、電力会社を被告とし、人格権に基づく妨害予防請求権により、原発を運転してはならないとの仮処分を申し立てる民事訴訟も多く提起され、大飯原発3・4号機の運転差止め仮処分の決定（福井地裁2014年5月21日）、高浜原発3・4号機の運転差止め仮処分の決定（福井地裁では2015年4月14日、大津地裁では2016年3月9日）や、伊方原発の運転差止めを広島市民が求めた仮処分申請の即時抗告（広島高裁）で、運転を差し止める仮処分決定がされている（2017年12月13日：運転差止めを認めた初の高裁判断。その後、2018年9月25日の異議審で、仮処分決定を取消）。原発訴訟の役割も変容しつつある。

【図表5-1】福島第一原発事故以降に提起された原発訴訟事例

	提訴年月日	原　告　数	被告	訴訟類型
東電株主代表訴訟	2011年11月14日	東電の株主42名	元取締役	株主代表訴訟
伊方原発	2011年12月8日	322名（16都県）	四国電力	運転差止め
玄海原発	2012年1月31日	4,923名	九州電力・国	運転差止め
大飯原発3・4号機	2012年3月12日 2013年3月11日	154名（第一次） 約20名（第二次）	関西電力	運転差止め
東海第二原発	2012年7月30日	266名（10都県）	日本原電・国	運転差止め
柏崎刈羽原発	2012年4月23日	132名（6県）	東京電力	運転差止め
島根原発3号機	2013年4月24日	約430人	中国電力・国	運転差止め
大間原発	2014年4月3日	函館市	電源開発・国	無効確認・ 運転差止め等

すなわち、【図表5-1】に示すように、原発の再稼働に対し、多数の市民が原告となって争っている原発訴訟には、「客観的な公益追求訴訟」としての要因が大きくなっている。本章では、これらの点に着目し、原発の再稼働を容認するか、脱原発をめざすか、といった原子力政策のターニングポイント期における「原発訴訟の客観的な役割」につき、公益追求訴訟としての団体訴訟の可能性と限界を検討する。

以下、Ⅱにおいて、福島事故以前の原発訴訟に対する司法審査の枠組みをまとめた後、Ⅲにおいて、公益団体訴訟における客観的違法性という要素につき、欧米およびわが国における環境団体訴訟を分析する。その分析結果に基づき、Ⅳにおいては、判例では否定されているが、住民団体・環境団体への原告適格付与の可能性および判決効について検討する。さらに、Ⅴにおいて、福島事故後における原発訴訟の役割の変容、すなわち、客観的な公益追求訴訟としての役割に注目して、訴訟要件克服の必要性について検討する。

Ⅱ　福島事故以前の原発訴訟における司法判断

(1)　伊方原発訴訟における実体審理

①　松山地判・高松高判・最判における実体審理

日本において原発建設ラッシュとなったのは1970年代であり、それは同時に、その安全性に疑問をもつ住民や支援組織による反対運動を引き起す契機になった。しかし、土地や漁業権の買収が行われ、行政による原発の設置許可が出される段階になると、住民にとって取り得る手段が限定されてくる。原発訴訟は、建設に反対してきた住民の最後に残された抵抗・異議申立ての手段として構想されてきた[4]。

原発訴訟には、「行政訴訟」（行政不服審査法による異議申立てを経る、あるいは、経ずに直接の取消訴訟や差止訴訟または出訴期間の制限のない無効等確認訴訟）と「民事訴訟」（電力会社に対する人格権・環境権に基づく施設の建設・運転の差止訴訟）がある。うち初期の訴訟は、「取消訴訟」の形式が採られた。伊方原発訴訟（1973年8月：松山地裁提訴）、東海第二原発訴訟（1973年10月：水戸地裁提訴）、福島第二原発訴訟（1975年1

（4）伊方原発建設設置の選定から40年にわたる経緯および現状につき、拙稿「伊方原発受入れは地域振興に役立ったか」『地域再生学』（晃洋書房、2011）88〜107頁。

月：福島地裁提訴）、柏崎原発訴訟（1979年7月：新潟地裁提訴）の4つの訴訟が日本におけるパイオニア的な原発訴訟となっており、いずれも行政訴訟である[5]。

　伊方原発をめぐり、内閣総理大臣による原子炉設置許可処分（1972年11月28日）の後、行政不服審査法に基づく異議申立てを経て、反対派の周辺住民33名が設置許可の取消しを求める行政訴訟を松山地裁へ提訴したのは1973年8月27日のことである。この伊方原発訴訟では科学者グループが中心となって訴訟を支援し、原発の安全性をめぐる一大科学論争となった[6]。松山地判（1978年4月25日判時891号38頁）（判決書は121頁に及ぶ）は、原告適格は認めたが、原子炉等規制法および原子力委員会設置法の所定の手続に則っておこなわれた手続に違憲性・違法性はないとして、原告の請求を棄却した[7]。

　その控訴審（原告は32名、うち6名が控訴取下げ）の高松高判（1984年12月14日判時1136号3頁）[8]においても、請求は棄却された。原子炉設置許可処分の取消訴訟における安全性に関する司法審査の範囲につき、「実体的判断代置方式」と同様に考えることはできず、おのずから限界がある。「その安全性について裁判所が全面的・積極的に審理判断するのではなく、安全性を肯定する内閣総理大臣の判断に、現在の科学的見地からみて当該原子炉の安全性に本質的にかかわるような不合理があるか否かという限度で行うのが相当である」と判示した。

　さらに16名が上告した最判（1992年10月29日民集46巻7号1174頁）[9]において、原発

（5）海渡雄一『原発訴訟』（岩波新書、2011）v頁、vi頁、同「原子力発電所をめぐる訴訟」『公害・環境訴訟と弁護士の挑戦』（法律文化社、2010）249頁。

（6）小出裕章「伊方原発訴訟判決の科学・技術的問題点〈その一〉全般的批判と工学的問題点」ジュリスト No.668（1978）23頁、市川定夫「伊方原発訴訟判決の科学・技術的問題点〈その二〉生物・医学的問題点」ジュリスト No.668（1978）28頁。

（7）伊方原発訴訟松山地裁判決について、阿部泰隆「判批」ジュリスト No.668（1978）16頁、雄川一郎・下山瑛二・槌田敦・都甲泰正による座談会「伊方原発訴訟判決をめぐって」ジュリスト No.668（1978）31頁。なお、同判決において事実審理を担当しなかった裁判官が訴訟判決を書いたことについての批判（阿部泰隆「判批」判例タイムズ362号（1978）13頁）や、許可処分手続の違法性の存否についての批判（保木本一郎『原子力と法』（日本評論社、1988）275頁）がある。

（8）伊方原発訴訟控訴審判決について、阿部泰隆「判批」判例時報1142号（1985）164頁、1154号（1985）170頁、1163号（1985）182頁、交告尚史・公法研究53巻（1991）195頁。

（9）伊方最判についての判批は多い。「〈座談会〉伊方・福島第二原発訴訟最高裁判決をめぐって」ジュリスト No.1017（1993）9頁、佐藤英善・ジュリスト No.1017（1993）36頁、三辺夏雄・ジュリスト No.1017（1993）43頁、高橋利文・ジュリスト No.1017（1993）48頁、同「最高裁判所判例解説」法曹時報45巻3号（1993）277頁、山田洋・平成4年度重要判例解説（1993）45頁、高木光『技術基準と行政手続』（弘文堂、1995）2頁、交告尚史「伊方の定式の射程」『加藤一郎先生追悼論文集　変動する日本社会と法』（有斐閣、2011）247頁。

122　第二部　英国、EU およびわが国における原子力発電

行政訴訟の「本案」に関する「判例理論」が形成された（同日に福島第二原発上告審判決・判例時報1441号50頁も出された）。原子炉の設置の許可の段階においては、専ら当該原子炉の基本設計のみが規制の対象となるのであって、詳細設計および工事の方法は規制の対象とはならないという判例理論である[10]。

　判決要旨は次の３点に要約される。

　(i)取消訴訟における裁判所の審理・判断は、原子力委員会もしくは原子炉安全専門審査会の専門技術的な調査審議および判断を基にしてされた被告行政庁の判断に不合理な点があるか否かという観点から行われるべきであって、現在の科学技術水準に照らし、右調査審議において用いられた具体的審査基準に不合理な点があり、あるいは原子力委員会もしくは原子炉安全専門審査会の調査審議および判断の過程に看過し難い過誤・欠落があり、被告行政庁の判断がこれに依拠してされたと認められる場合には、被告行政庁の判断に不合理な点があるものとして、右判断に基づく原子炉設置許可処分は違法と解すべきである。

　(ii)被告行政庁の判断の適否が争われる許可処分の取消訴訟においては、右判断に不合理な点があることの主張・立証責任は、本来、原告が負うべきものであるが、被告行政庁の側において、まず、調査審議において用いられた具体的審査基準ならびに調査審議および判断の過程等、被告行政庁の判断に不合理な点のないことを相当の根拠・資料に基づき主張・立証する必要があり、被告行政庁が右主張・立証を尽くさない場合には、被告行政庁がした右判断に不合理な点があることが事実上推認される。

　(iii)原子炉設置の許可の段階の安全審査においては、当該原子炉施設の基本設計の安全性にかかわる事項のみをその対象とするものと解すべきである。

②　高度の専門技術性に対する審査密度

　原発訴訟は、法的紛争の形態をとるが、その実は、現代科学技術の実用可能性を裁く「科学裁判」であり、同時に、一国の文明の在り方を左右する「文明裁判」の様相を呈してきた。原発訴訟における最大の論点は、かかる科学裁判に対し、裁判所がどの程度踏み込んだ実体審理を行い、司法判断を提示できるのか、

---

(10)　交告尚史「判批」環境法判例百選［第2版］(2011) 206頁。

また、提示すべきなのか、という点であった[11]。

原子炉の安全性に関する行政庁の判断を裁判所はどの程度まで尊重すべきか、という審査密度に関する判決要旨(i)は、松山地裁、高松高裁において示された判断と同趣旨と言える。三権分立のもと、行政庁と裁判所との役割分担では、行政庁が、より重い責任を負う仕組みになっている。したがって、原子炉設置許可の取消訴訟においては、「実体的判断代置方式」以外の方法にすべきとの判示である。しかし、具体的に、どのような審査基準を採るべきかについては、いくつかの学説[12]が示されているなか、当該最判が独自の説なのか、これまでの提唱説か、はっきりしない。

行政庁が主たる責任を負う仕組みのなかで、端的にいえば、「被告行政庁の判断に『不合理』な点がある場合とは、果たして、どのような場合か」という疑問が呈されることになる。原子炉等規制法24条1項4号（当時：現行法は3号）の要件である「災害の防止上支障がないものであること」という抽象的・包括的な表現に示された立法者意思は、専門技術的裁量をかなり容認している。

まず、ここで求められる原子炉の安全性は、「絶対的な安全性」ではなく、「相対的な安全性」である[13]。その行政庁の判断過程に通常の官僚組織以外の専門集団（＝原子力委員会等）が関与している点に、法が裁量権を付与している法的根拠を見出している学説もある[14]。それは、このような専門集団が関与していない場合には、如何に専門技術的問題といえども、行政庁の裁量性は認められないことになる。

福島事故を含めたこれまでの原発事故が示す実態によって、「些細な不合理の発見が科学技術の根本的欠陥の発見につながることがあり、とりわけ原子力や原子炉という超長期の過酷な被害をもたらす危険を伴うものの利用の場合、先端科学技術一般において生ずる危険に対するのと同等の制約を課すだけで十分かについては、疑問がある」[15]ことになろう。

---

(11) 高橋・前掲注（9）「最高裁判所判例解説」289頁。

(12) 高木光「伊方原発訴訟」環境法判例百選［第2版］(2011) 204頁は、「手続的実体審理方式」（原田尚彦説）、判断余地説（阿部泰隆説）、技術基準準拠方式（高木光説）の3つの学説をあげている。

(13) 「相対的安全」の基本原則が、わが国においても「不文の法原則」として妥当するとの説として、高木光「裁量統制と無効（下）」自治研究79巻8号 (2003) 34頁。

(14) 塩野宏『行政法I［第6版］』(有斐閣、2015) 143頁。

(15) 亘理格「原子炉安全審査の裁量統制論」論究ジュリスト3号 (2012) 27頁。

124 第二部 英国、EU およびわが国における原子力発電

しかし、純粋な法律論としては、裁判所は「法適用機関」であり、現行制度が「相対的安全性」の原則を採用していると解される限り、絶対的安全性を求めるに等しい解釈によって原告の請求を容認することはできないとされている[16]。

伊方最判に対する評釈や解説は、「わが国の社会がどの程度の危険性であれば容認するかという視点——社会的な許容限度——を考慮に入れざるを得ないとの判断基準が示されている」とする[17]。すなわち、「設置許可にあたっては、原子力委員会の科学的・専門技術的知見に基づく意見を聴き、これを尊重するという、慎重な手続が定められている」ので、「右規定が不合理・不明確であるとの非難は当たらない」ことになる。

具体的には、原子炉等規制法24条1項4号が求める審査基準である「発電用軽水炉原子炉施設に関する安全設計審査指針」に基づき、「発電用原子炉に関する耐震設計審査指針」(1978年9月24日・原子力委員会策定)に審査基準が定められている[18](ただし、同法には審査基準に関する明文の授権はない)。しかし、司法がこれらを審査する仕組みは採られていない。これら技術的な基準は「法規」ではないからである。

すなわち、「法規」以外の審査基準に基づいた行政判断につき、「技術的専門家集団」が下す技術的な安全性の判断に(全面的に)委ねる司法審査方法が維持されてきたことになる。原子炉の基本設計につき、これら「専門家」の判断では安全とされながら、運転に伴うリスクの考慮につき看過しがたい過誤があったことを、福島事故は示したことになる。しかし、その「看過しがたい過誤」を、設置許可の段階では裁判所では審査できないという矛盾を孕んでいる。

福島事故によって、これまでの行政の安全審査が適正かつ完全なものでなかったことが結果的に判明した。ゆえに、裁量統制実効化の方向を選択すべきであ

---

(16) 高木光「裁判所は原子炉の安全性をどのように取り扱ってきたか」法学セミナーNo.682 (2011) 26頁、同『行政訴訟論』(有斐閣、2005) 392頁。

(17) 高橋・前掲注(9)「最高裁判所判例解説」298頁、阿部泰隆『国土開発と環境保全』(日本評論社、1989) 347頁以下。

(18) 福島事故を受けて、改訂基準につき、これまでのようなバック・チェックを求めるのではなく、バック・フィットにすべきとの問題が提起されている。下山憲治「原子力事故とリスク・危機管理」ジュリスト No.1427 (2011) 100頁、高橋滋「福島原発事故と原子力安全規制法制の課題」『行政法学の未来に向けて 阿部泰隆先生古稀記念』(有斐閣、2012) 395頁、川合敏樹「東日本大震災にみる原子力発電所の耐震基準の確保の在り方について」法律時報83巻5号 (2011) 79頁。

り、原子力規制委員会の安全審査は、より厳格な司法審査による検証の対象とすべきとの学説も表明されている[19]。今後の司法による実体審査のベクトルとして裁量統制実効化の方向を目指すべきであろうが、以下(2)(3)に示すような限界があることも否めない。

(2) もんじゅ第二次訴訟控訴審および上告審
① 重大明白説

伊方原発訴訟最判の一カ月前に、原告適格に関する判断が示されたのが、もんじゅ訴訟第一次上告審最判（1992年9月22日民集46巻6号571頁）[20]である。当該訴訟は、高速増殖炉もんじゅの設置許可無効確認訴訟と運転差止めの民事訴訟を併記して、1985年9月26日に提訴されたものである。第一次上告審判決において、原子炉から約58kmに居住する原告らも、原告適格があると判示された。

福井地裁に差し戻された後の控訴審判決が、名古屋高裁金沢支部判決（2003年1月27日判時1818号3頁）である。本件処分に「重大かつ明白な違法はない」とした福井地裁判決（2000年3月22日判時1727号33頁）（判決書は144頁に及ぶ）を取り消し、設置許可の無効確認請求を認容する原告勝訴判決を下した。

当該控訴審判決で特記すべき第一の点は、無効確認訴訟において違法性が認められるための要件とされていたところの「重大かつ明白説」を否定し、「原子炉設置許可の無効確認訴訟においては、違法（瑕疵）の重大性をもって足り、明白性の要件は不要と解するのが相当」として、「重大説」による判断をした点である。

違法（瑕疵）の重大性については、「原子炉施設事故時において『原子炉格納容器内に閉じ込められていた放射性物質が周辺の環境に放出される』ような事態の発生の防止・抑制・安全保護対策に関する事項の安全審査に瑕疵があり、その結果として、放射性物質の環境への放散というような事態の発生の具体的危険性を否定できないときは、重大な違法（瑕疵）の存在を認定すべきである」とした。すなわち、もんじゅの設置許可処分後に起きた「ナトリウム漏えい事故」（1995年

---

(19) 亘理・前掲注（15）34頁、35頁。
(20) もんじゅ最判のうち、原告適格に関する最高裁判所判例解説として、高橋利文・法曹時報45巻3号（1993）233頁、ジュリスト No.1016（1993）100頁、同じく無効確認の訴えの適法性につき、法曹時報45巻3号（1993）254頁。判批として、大西有二・ジュリスト No.1013（1992）81頁、古城誠・法学教室 No.149（1993）69頁、藤原静雄・環境法判例百選［第2版］（2011）208頁。

12月）も検討の対象とした(21)。「処分後の新知見に基づく処分の無効確認につき、違法（瑕疵）の明白性を求めることは、住民に対し、事実上、提訴の断念を強いるに等しい」と、原告側に親和的な判断を下している。

無効確認訴訟に関する戦後の通説である「重大明白説」（田中二郎説）の例外を認めた判例として、「冒用登記事件」（最判1973年4月26日民集27巻3号629頁）がある。しかし当該最判は税務訴訟であり、処分の存在を信頼する第三者の保護を考慮する必要がなく、不可争的効果という不利益を甘受させることが、著しく不当と認められる例外的な事情がある場合にあたる、とされている。したがって学説も、常に明白性を要件とする必要はなく、当該行政行為が有効であることを信頼した第三者の保護の必要がある場合のみ補充的に明白性を要件とし、一般的には重大性のみで足りるとする説が有力になっている(22)。

原発訴訟が「明白性要件」が不要とされる例外的場合にあたるかについては、「利益考量」によって決せられるべきとして、学説はおおむね肯定的に捉えている(23)。無効等確認訴訟は取消訴訟の不都合を修正するための便宜的な存在であることや、2004年改正行訴法のもとでは、付近住民による訴えは、むしろ出訴期間徒過の「正当な理由」（行訴法14条2項）があるとして、取消訴訟の提起を求める余地が生まれたことに照らすと、取消訴訟と同じ実体的違法事由を主張すればよいとの説もある(24)。

しかし、この無効判断に固有の要件である「明白性」を不要とする差戻後控訴審判決における論点は、上告審（2005年5月30日民集59巻4号671頁）においては、判断されることなく、その前段階である違法性自体を否定し、破棄された。すなわち、原子炉施設許可の違法性に関する伊方最判に即して、「安全審査の調査審議および判断の過程に看過し難い過誤・欠落があるということはできず、この安全

---

(21) 阿部泰隆『行政法解釈学Ⅱ』（有斐閣、2009）250頁。

(22) 宇賀克也『行政法概説Ⅰ［第4版］』（有斐閣、2011）330〜331頁。

(23) 高木光「判批」自治研究79巻7号（2003）41頁、79巻8号（2003）23頁、同『行政訴訟論』（有斐閣、2005）369頁。ただし、高木は、原発訴訟における裁判所の役割は、伊方判決の定式によるので、無効原因となる重大な違法はあくまで判断過程の違法のうちの重大なものとして定義されなければならないとする。

　　ほかに肯定的な判批として、首藤重幸・法学教室 No.271（2003）44頁、山下竜一・ジュリスト No.1251（2003）82頁、保木本一郎・法律時報75巻4号（2003）1頁、交告尚史・法学教室 No.301（2005）88頁、同・ジュリスト No.1269（2004）41頁。

(24) 中川丈久「判批」環境法判例百選［第2版］（2011）210頁。

審査に依拠してされた本件処分に違法があるということはできないから、上記違法があることを前提として本件処分に無効事由があるということはできない」と判断した。調査官解説が述べている通り、当該最判は、「原子炉施設許可の違法性に関する一般論について、新たな判断枠組みを示すものではない」[25]。この点につき、「法律審として何らかの『理論』を示すべきではなかったか」と、学説からは批判されている[26]。

②　相対的安全性

　福島事故を経た現在、2つ目の特記すべき点は、司法判断において求められる「相対的安全性」という考え方であろう。

　差戻後のもんじゅ控訴審判決においては、原子炉設置許可処分の特質について、「『主務大臣の専門技術的裁量』は認められるが、規制法の趣旨に従い、あくまで安全確保の見地から、科学的かつ合理的に行うものでなければならない。したがって、この主務大臣に認められた専門技術的裁量は、非科学的であってはならず、かつまた、安全性にかかわらない政策の要素を考慮する余地がない。すなわち、専門技術的裁量といえども科学的・合理的見地からの制約に服する」ことを強調している。

　日本における原子力政策の大前提として、核燃料サイクル政策が、福島事故後も、堅持されている。その核となるのが、消費した量以上の燃料を生み出すことのできる高速増殖炉の実用化であり、「もんじゅ」はその原型炉である。1995年12月8日にナトリウム漏えい発火事故を起こした後、運転再開のための本体工事が2007年に完了した。2010年5月6日に再開したが、2010年8月の炉内中継装置（3.3t）の落下事故により再び稼働ができなくなった。事故後1兆円以上が投入されてきたが、2018年3月28日、原子力規制委員会は廃止措置計画を認可した（2018年7月から核燃料の取出し作業を開始。廃炉に係る期間は30年、廃炉費用等は3,750億円に上る見通しである）。したがって、わが国の核燃料サイクルによって取り出されたプルトニウムは、MOX（Mixed Oxide）燃料として軽水炉で燃やす方法での利用に限られる。MOX燃料の経済性は低いうえに、プルサーマル発電はなかなか進

---

(25) 阪本勝「最高裁判所判例解説」法曹時報60巻2号（2008）250頁。
(26) 高木光「判批」民商法雑誌133巻4・5号（2006）811頁、山下竜一「判批」ジュリストNo.1313（2006）41頁、藤原淳一郎「判批」判例時報1934号（2006）184頁。

128　第二部　英国、EU およびわが国における原子力発電

まず、取り出されるプルトニウムの量は増えるばかりである（2018年段階で47ト
ン）。日本以外で核燃料サイクルを続けている唯一の国であるフランスでも、高
速増殖炉スーパーフェニックスは事故の連続で、1996年にはその開発中止を宣言
し、1998年に閉鎖されている。

　高速増殖炉という技術は、不完全な技術にすぎず、工学的に「失敗の技術」で
あった。にもかかわらず、立法レベルでも、行政レベルでも、日本の核燃料サイ
クル政策が見直されることはなかった[27]。

　『革新的環境・エネルギー戦略』（国家戦略室：2012年９月14日）では、「研究終了」
が明記されている。その高速増殖炉につき、「工学的割切りとして『炉心溶融は
起こりえない事象』であり、技術的に考える必要がない」という前提を、専門家
の集団である原子力安全委員会が採り、その判断（裁量）を司法は尊重するシス
テムを採ってきた。控訴審と上告審で争点となった、安全審査事項の裁量的選択
は、以下の３点である。(i)ナトリウム漏えい事故防止策に係る安全審査の合理
性、(ii)蒸気発生器伝熱管破損事故防止策に係る安全審査の合理性、(iii)炉心崩壊事
故防止策に係る安全審査の合理性。なお(iii)の炉心崩壊は、チェルノブイリ原発事
故の際に発生したが、福島事故の炉心溶融とは異なる破局的事故である。

　「専門技術的裁量」の行使は、実質的には原子力安全委員会に委ねられてい
た。しかも、その安全審査基準は法規ではない。同委員会は「原子力推進」とい
う国策のもとに内閣府に設置された委員会であり、同委員会の審査基準は、工学
の世界の常識である「相対的安全性」の考え方に基づく。そうすると、高木の指
摘するように、「技術的には起こるとは考えられない」というカテゴリー自体
を、司法が否定することはできないことになる[28]。「看過し難い過誤・欠落」を
限定的に捉える発想をとれば、安全審査に多少の問題があっても、全体としては
一応「合理的」であるとして、処分は適法とされる可能性は高くなる。原発訴訟
の実体審理における裁量基準の具体化は難しく、原発設置許可処分に対する行政
訴訟における司法的統制には限界があることになる。

---

(27)　もんじゅ事故を契機としての、核燃料サイクルおよび原子力政策に関する論考として、保木本
　　一郎『核と遺伝子技術の法的統制』（日本評論社、2001）。ほかに、神田啓治＝中込良廣編『原子
　　力政策学』（京都大学学術出版会、2009）、卯辰昇『現代原子力法の展開と法理論［第２版］』（日
　　本評論社、2012）参照。
(28)　高木・前掲注（13）37頁、同・前掲注（26）822頁。

第5章　環境団体訴訟における原告適格　129

(3)　志賀原発訴訟および浜岡原発訴訟──原発の耐震安全性確保

　福島事故以前の原発訴訟の中で原告勝訴となったもう一つの判決は、志賀原発運転差止訴訟（金沢地裁2006年3月24日判決判時1930号25頁）[29]（北陸電力を被告とする民事訴訟、判決書は179頁に及ぶ）[30]である。

　上述したように、行政訴訟（抗告訴訟）では、設置許可が法令の基準に適合しているかどうかが争点になる。しかし、原発のもたらす危険性は、原発の存在によって生ずるもので、許可によって初めて発生したものではないから、その許可を取消さなくても、人格権に基づき電力会社を被告として民事訴訟によって争える。事後の違法を含めてトータルに争える民事訴訟の方が、違法が認められやすいとも言える。

　志賀原発訴訟で争われた耐震設計の合理性については、原子力安全委員会が旧指針の見直し作業を加速させ、本判決の半年後の2006年9月19日に新指針が策定された。すなわち、旧指針の陳腐化が最大化した時期に言い渡された判決であった。

　当該訴訟は、志賀原子力発電所に増設された2号機の原子炉が運転されれば、平常運転時または地震等の異常事象時に環境中に放出される放射線および放射性物質によって被曝することにより自己の生命・身体等に重大な被害を受けるとして、人格権または環境権に基づき、周辺住民[31]が、北陸電力を被告として、その運転差止めを求めたものである。

　原告側主張のうち、「環境権」は認められなかったが[32]、「原子炉の運転によ

---

(29)　判批として、須加憲子・法学セミナーNo.619（2006）46頁、浜島裕美・環境法判例百選［第2版］（2011）212頁。なお、上告は棄却されている（2010年10月28日決定）。

(30)　本判決を言い渡した当時の井戸謙一裁判長は、インタビュー「司法と原発」2011年6月2日付朝日新聞、および、同「志賀原発二号機訴訟判決とフクシマ後の司法の責任」（世界2012年6月号）188頁以下において、「裁判所が過去の原発訴訟において原告らの請求をことごとく退けてきた大きな要因は、裁判所が、行政およびその背後にいる専門家たちの判断を尊重してきたことにあった」と述べている。

(31)　判決文によると、原告らは、その大部分が石川県および富山県に居住する者であるが、それ以外の都府県に居住する者として、福島県1名、新潟県4名、東京都2名、神奈川県1名、静岡県2名、岐阜県1名、愛知県1名、滋賀県1名、奈良県1名、大阪府1名、兵庫県1名、岡山県1名、広島県1名、熊本県1名が記載されている。17都府県にまたがっており、志賀原発から熊本県まで700kmに及ぶが、「最悪の事故が生じたと想定した場合は、許容限度である1ミリシーベルトをはるかに超える被曝の恐れがあるから、全ての原告において、上記具体的危険性が認められる」と、全員に原告適格を認めた。

(32)　大規模施設の設置・操業を争う訴訟において、環境権が環境汚染行為の差止めの根拠として主

130　第二部　英国、EU およびわが国における原子力発電

り、原告らの生命・身体および健康が侵害される具体的な危険があり、その侵害が受忍限度を超えて違法である場合には、人格権に対する侵害を予防するため、その運転の差止めを求めることができるという限度で採用できる」と判示した。

　また、当該訴訟においては、被告・北陸電力が、行政庁による許可を得ていることを安全性立証の要として主張したため、国の行っている原発の耐震設計の適否が重大な争点となった（当時の旧指針は、1981年7月20日に原子力安全委員会が定めたもの）。原発の耐震設計が不十分な場合、地震時に原子炉の複数箇所が同時に破壊される危険性があるからである。

　判決では、「活断層が見つからなかったからといって、M6.5を超える地震の震源断層が存在しないとまで断ずる合理的な根拠があるとは認め難い。さらに、石川県がわが国の他の都道府県と比較して、地震の数が少ないことは公知の事実であっても、将来の大地震の発生の可能性を過小評価することはできない」とした。結論として、耐震性の問題について、北陸電力による地震の想定が過小にすぎるとして、伊方最判の立てた違法性判断基準の一つである「審査基準が不合理となっている場合」に位置付けて、差止判決を導いている。

　しかし、名古屋高裁金沢支部2009年3月18日控訴審判決（判決書は290頁に及ぶ）では、新耐震設計に基づいて補強をしたので安全であるとして、運転中止を命じた原判決を取り消す判断を下した。

　その後の注目すべき判決に、浜岡原発訴訟がある。というのは、M6.9を記録した新潟県中越沖地震（2007年7月16日）により、柏崎刈羽原発7基すべてが自動停止し、使用済み核燃料プール水があふれ出し、放射性物質の漏えい事故が発生、さらには、2001年から始まった耐震設計審査指針の見直し作業の結果、新耐震指針が策定された（2006年9月19日）後の判決であったためである。

　そもそも、浜岡原発は、福島事故後の2011年5月7日に、当時の菅首相が5基全部の停止を要請した（法的根拠のない行政指導）ことから分かるように、浜岡原発サイトとその周辺はプレートの境界が陸域に入り込み、原発敷地直下でM8を超える東海地震が発生する可能性が高いとされている危険な位置に立地している。

張されているが、判例はほぼ一貫して環境権を具体的権利とは認めず、差止めの根拠としては、人格権を援用している。戸波江二「『環境権』は不要か」ドイツ憲法判例研究会編『先端技術と人権』（信山社、2005）372頁。

２回にわたる現場検証が行われ、科学者・技術者が法廷に立ち、地震による原発の安全性についての科学論争が行われた[33]。静岡地裁判決（2007年10月26日）の判決書は257頁にわたる膨大なものであるが、原告全面敗訴であり、判決３ヶ月前の新潟県中越沖地震についての言及は一切ない。結局、地震による原発事故の危険性の増大や新耐震指針の見直しは、司法判断には影響を与えなかったことになる。当該訴訟の原告側は2008年３月10日、東京高裁に控訴し、2018年現在も係争中である。

Ⅲ　公益団体訴訟における客観的違法性

⑴　原発訴訟の限界──相対的安全性と客観訴訟としての側面

　Ⅱにおいて、原発訴訟に関する一般論としての判例の枠組みとなった「伊方原発訴訟」および「もんじゅ第二次訴訟」、耐震設計や活断層の見直しが焦眉の問題となった後の係争である「志賀原発訴訟」および「浜岡原発訴訟」を検討した。

　伊方最判の示す枠組みは、基本的に専門技術的裁量を認めるものである。その専門家集団である原子力安全委員会の審査過程は、工学的常識であるところの「相対的安全性」に依拠するものであり、炉心溶融（メルトダウン）の可能性は、設計基準事象として取入れる必要はないという「工学的割切り」に基づくものである。

　しかし、この「相対的安全性」は、Ⅱ⑴②で述べたように、「わが国の社会がどの程度の危険性であれば容認するか」を考慮したうえでの、「社会的な許容限度」というメルクマールの範囲内での判断基準となる。

　それぞれの原発訴訟で判示されたように、「原子力発電所のような先端の科学技術を利用した設備や装置は、常に事故の危険を孕んでおり、その可能性を零にすることは不可能であるが、その設備や装置を設置して利用することについて社会的合意が形成され、かつ設置者が、想定される事故およびこれによって予想される被害を回避するために、その被害の内容や規模に照らして相当と評価し得る

---

(33)　被告・中部電力側証人として出廷した班目春樹（2010年４月から原子力安全委員長）は、「非常用ディーゼル発電機２機が同時に動かないという事態は想定しないのか」との質問に対し、「想定していない。それは一つの割切りである」と答えている。海渡・前掲注（５）74頁。

132　第二部　英国、EU およびわが国における原子力発電

対策を講じたのであれば、それでもなお残存する危険については、社会的に許容されていて違法性がないとみる余地があると解せられる」という「相対的安全性」という割切った基準が、「社会的な許容限度」であった。

　志賀原発訴訟で、原告側が想定すべきと主張した地震の規模は M7.3であった。2011年 3 月11日の東日本大震災は M9.0であった。福島事故では、「複数の原子炉における炉心溶融」[34]が現実のものとなった。今後も地震と共存せざるをえないわが国の「社会的な許容限度」は、これら原発訴訟の判決時と同じであろうか。さらには、2004年に行訴法が改正され、義務付訴訟や差止訴訟の類型が認められるようになった現在、その社会的基準の「審査密度を厳格にする」ことにより、これまでの行政判断を尊重する消極的な姿勢から転換することは可能であろうか[35]。

　伊方原発訴訟をはじめとした原発訴訟で示された「社会的な許容限度」は、福島事故後、間違いなく厳しくなっている。前記の『革新的環境・エネルギー戦略』（国家戦略室：2012年 9 月14日）においては、第一の柱として、「原発に依存しない社会の一日も早い実現」が掲げられ、「2030年代に原発稼働ゼロを可能とするよう、あらゆる政策資源を投入する」方針が示されている。同戦略の策定前に実施された「今後のエネルギー・環境に関する選択肢」に対するパブリックコメントにおいても、原子力に対する「社会的許容性」が厳しくなってきていることが見受けられる。

　一方で、厳格化された新たな安全基準「実用発電用原子炉に係る新規制基準」（原子力規制委員会：2016年 2 月17日）は既存の原発も対象であり、基準に適合させないと原発は再稼働できない。では、最新の耐震基準に適合した原発の再稼働につき、司法は何らかの判断ができるのであろうか。

---

(34)　志賀原発訴訟一審判決では、「安全審査指針は、単一故障指針（単一の事象に対して一つの機器が所定の安全上の機能を失うことを想定）のみで、複数の機器が同時に故障することは想定しなくてよいとされていたことに対する危険性」も指摘されていた。

(35)　3 ・11東日本大震災以降の地震と原子力をめぐる法律論文特集として、以下を参照。「緊急特集　東日本大震災への緊急提言」法律時報83巻 5 号（2011）、「特集　大規模災害と市民生活の復興」法律時報84巻 6 号（2012）、「シンポジウム　大規模災害をめぐる法制度の課題」法律時報85巻 3 号（2013）、「3 ・11大震災の公法学 Part. 1 」法学セミナーNo.682（2011）、「3 ・11大震災の公法学 Part. 2 」法学セミナーNo.683（2011）、「特集　法律学にできること　東日本大震災を契機に考える」法学教室 No.372（2011）、「特集　東日本大震災」ジュリスト No.1427（2011）、「原子力損害賠償法制の現状と課題」ジュリスト No.1433（2011）。

「専門技術性」「政治的裁量」に関する司法消極主義から考察すると、審査密度の厳格化には限界があると思われる。それでは、結果として、原発事故を防ぐことができなかった安全審査基準を尊重し続けてきたこれまでの原発訴訟は、無意味だったのか。さらには、福島事故後に提訴されている多くの原発訴訟の意義をどこに求めるべきであろうか[36]。

福島事故後の原発訴訟には、客観的違法性追求訴訟としての公益的な側面があるのではないか。そのためには、団体に当事者適格を認める方が、訴訟要件が緩和されるのではないか。裁判所の負担軽減にもつながるのではないか、という側面に焦点を当てて以下、検討する。

(2) 環境団体訴訟における公益性
──オーフス条約と欧米における司法へのアクセス権
① 原発訴訟における原告適格

上記・志賀原発訴訟一審の原告の所在地は17都府県にまたがり、最も遠隔地に居住する原告は、志賀原発から700km離れた熊本県在住者であった。その原告適格を認める理由として、「原発の事故によって年間1ミリシーベルトを超えて被曝する具体的危険がある場合には差止めを求めることができる」との一般的基準を立てた。

当該基準を今回の福島事故後、近藤駿介原子力委員長が作成した「不測事態シナリオの素描」（2011年3月25日）[37]に当てはめて比較する。同シナリオでは、「他の号機のプールにおいても燃料破損に続いて……大量の放射性物質の放出が始まる」最悪の結果として、強制移転を求めるべき地域が170キロ以遠に生じる可能性や、年間線量が自然放射線レベルを大幅に超えることをもって移転希望を認めるべき地域が250キロ以遠に達する可能性」にも言及している。しかし、700キロの隔地への具体的危険性には言及していない。

行訴法9条1項の原告適格に関する、これまでの厳格すぎる判例の立場を鑑み

---

(36) 志賀原発訴訟・金沢地裁判決時の井戸裁判長は、前掲注（30）において、「いくら世論と乖離していても、少数派の言い分にすぎなくても、主張に合理性があると思ったら認めなければならない」と述べている。すなわち、福島事故という過酷事故が起きるまでは、原発推進という国策を受けて、原発立地に対する反対派主張は少数意見であり、炉心溶融は起こり得ないというのが「社会的な許容限度」であったと推測される。
(37) 福島原発事故独立検証委員会（民間事故調）調査・検証報告書・前掲注（1）巻末資料。

134 第二部 英国、EU およびわが国における原子力発電

ても、2004年改正により9条2項を追加することによって実体判断を回避してきた裁判所の消極姿勢に変更を迫る立法者意思を鑑みても、さらには、原子炉等規制法の保護法益に関するこれまでの解釈から鑑みても、700キロの遠隔地の居住者にまで具体的危険性の観点からみた原告適格があるとは思えないが、上記訴訟では認められている。

原告適格の問題は、日本のみではなく、多くの国で環境公益訴訟の障害となってきた。それでも、環境保護のための公益訴訟として、アメリカでは個々の市民に広く原告適格を認める市民訴訟が活用され、ドイツやフランスではそのような手段として団体訴訟制度が導入されている。イギリスでは、司法審査請求制度の枠内で、集団的な利益の侵害について争うことが可能だと理解されている。以下、概観する。

② オーフス条約と英国司法審査

国連欧州経済委員会（UNECE：United Nations Economic Commission for Europe）において環境分野への市民参加条約であるオーフス条約（The Aarhus Convention）が採択されたのは1998年のことである。同条約において、環境権を実効的なものとするため、一定の市民や一定の環境 NGO に対し、①環境情報へのアクセス、②環境に関する政策決定への参加権と併せて、①および②が適切に実行されない場合等における、③司法へのアクセス権が付与された（9条）。2001年に発効して以来、EU、中央アジア各国を含め、47の国と地域（EU）が加盟している（2018年現在日本は未締結)[38]。

オーフス条約の目的のうち、③の司法へのアクセス権が、「環境公益訴訟」（environmental public-interest litigation）と関連してくる。環境公益訴訟とは、環境利益を守るため、自己の法的利益を侵害されたか否かにかかわらず、行政・企業等に対し、違法な行為の差止め・是正・環境損害の回復等を求める訴訟をいう[39]。

---

(38) 大久保規子「欧州における環境行政訴訟の展開」『行政法学の未来に向けて　阿部泰隆先生古稀記念』（有斐閣、2012）459頁、同「オーフス条約と環境公益訴訟」『公害・環境紛争処理の変容』（商事法務、2012）133頁。
　　オーフス条約の詳細につき、以下に掲載された諸論文を参照。Marc Pallemaerts, *The Aarhus Convention at Ten: Interactions and Tensions between Conventional International Law and EU Environmental Law*, Europa Law Publishing, 2011.

第5章　環境団体訴訟における原告適格　　135

　日本においては、主観訴訟と客観訴訟が厳格に区別されてきたが、国際的にみ
ると、原告適格を基礎づける権利利益として環境権や環境利益を認める国が増え
ており、主観訴訟か客観訴訟かという枠組みで環境訴訟の性質を論じる必要性自
体が薄れている。

　まず、イギリスでは、私人や団体が環境のような集団的な利益の侵害について
争う場合でも、原告自身の利益について争う場合と同様に、司法審査請求
(claims for judicial review) が用いられている。そのなかで、裁判所は、原告適格を
検討し、その範囲を拡大して解釈することによって、このような訴訟を提起する
ことができるかどうかを判断している。このような集団的な利益の侵害について
争うための訴訟が「公益訴訟」(public-interest litigation) であり、「大衆全般、ある
いは大衆の広範囲に対して影響を与えるであろう深刻な問題を提起した訴訟」
「訴訟当事者個人の権利利益以上のものについて争う訴訟」と定義されている。
しかし、「何が公益であり、何が公益でないかということについてはコンセンサ
スが存在しない」と指摘されており、「公益」について明確な定義付けをするこ
とは難しい[40]。

　イギリスの司法審査請求で争える範囲は広い[41]。司法審査請求は、コモン
ロー上のものであり、裁判所の内在的管轄に基づくものである。実際の利用は、
1981年に法律化された最高法院法 (Supreme Court Act：のちに Senior Courts Act へと
名称変更) 31条に基づく。イギリスの司法審査請求は行政訴訟制度として捉えら
れ、公的な機関を相手にした訴訟である。機関訴訟のような客観訴訟が設けられ
ていないイギリスでは、司法審査請求が利用されている。

　最高法院法31条において、原告適格は「十分な利益 (sufficient interest) を有する
もの」と定められている。原告適格には、個別的原告適格とともに、団体を念頭
とした「代表的原告適格」(representative standing) がある。うち、「公益的原告適
格」(public-interest standing) として、特定の個人に具体的不利益が存在しているわ
けではないにもかかわらず、公益を代表して訴訟を提起することが認められる。

---

(39) 大久保規子「環境公益訴訟と行政訴訟の原告適格──EU における展開──」阪大法学58巻
　　3・4号 (2008) 659頁。
(40) 林晃大「イギリスにおける公益訴訟」法と政治58巻2号 (2007) 347頁。
(41) 榊原秀訓「行政訴訟に関する外国法制調査──イギリス（上）（下）」ジュリスト No.1244
　　(2003) 238頁、No.1245 (2003) 168頁。ただし、イギリスでは原告適格を広く認めているが、訴
　　訟費用が極めて高く、訴訟提起を躊躇させる主要な要因の一つとなっている。

136 第二部 英国、EU およびわが国における原子力発電

実際、環境保護団体であるグリーンピースが、大西洋の希少海洋生物に対して
悪影響があるとして訴訟提起した事件や、Shellafield にある核燃料再処理工場で
ある THORP（Thermal Oxide Reprocessing Plant）の稼働を争った事件においても、
原告適格が認められた。前者は、大臣の作成した石油採掘計画が、野生生物の保
護に関する EU 指令を考慮していないため、大西洋に生息するクジラやサンゴ礁
に悪影響を与えているとして、グリーンピースが司法審査を請求し、原告適格が
認められた事例である（*R v Her Majesty's Inspectorate of Pollution, ex p Greenpeace Ltd*
[1994] 4 All E.R.321）。後者は、グリーンピースの40万人の支持者のうち、2,500人
が Shellafield 近隣に居住し、グリーンピースが多くの国際組織で諮問を受ける
地位をもち、環境に純粋な関心と十分な情報量をもって訴訟が提起できる専門性
を持つ団体であって、他の者が訴訟を提起することが困難であろう訴訟を提起す
る能力をもつこと等を理由として原告適格を認めた事例である（*R v Her Majesty's
Inspectorate of Pollution, ex p Greenpeace Ltd (No. 2)* [1994] 4 All E.R.329QBD）。

③ 独仏米における環境団体訴訟の状況

一方、ドイツでは、行政裁判所法42条2項により、自己の権利侵害を主張する
者にのみ、行政訴訟の原告適格が認められている。ドイツの原告適格の判断基準
（保護規範）は、一般論として日本と同じであり、他のヨーロッパ諸国に比べて狭
隘なことが際立つ結果になっている。行政法が個別の利益を保護することを厳格
に要求する従来の保護規範説は、個別の利益侵害が生ずるより前の状態を保全す
るように重心が移行している昨今の状況に適合しなくなっている。自己の権利侵
害の有無に関わりなく、環境分野において公益的団体訴訟が認められるのは、特
別法が導入されている分野のみである[42]。具体的には、自然保護の分野に限っ
て、公益的団体訴訟が導入された（2002年の連邦自然保護法29条）[43]。

ドイツは環境情報にかかる EC 指令（2003年）の国内法化およびオーフス条約
の批准（2007年）にあたり、「環境・法的救済法」を制定し、環境団体訴訟制度を

---

(42) 山本隆司「行政訴訟に関する外国法制調査――ドイツ（下）」ジュリスト No.1239（2003）112
頁。
(43) 大久保規子「ドイツ環境法における団体訴訟」『塩野宏先生古稀記念 行政法の発展と変革（下
巻）』（有斐閣、2001）40頁、小澤久仁男「ドイツ連邦自然保護法上の団体訴訟――自然保護団体
の協働権からの分析――」立教大学大学院法学研究39号（2009）51頁。

強化する立法的手当てをしてきたが⁽⁴⁴⁾、それでも環境訴訟の司法アクセスに関してはEUのなかで、最もその保障が弱い国の一つと評価されている。

　というのは、「環境・法的救済法」は、個人の権利を根拠付ける法規について違反があった場合にのみ環境団体訴訟を認めるという特異な仕組みを採用しているからである。この点につき、トリアネル社のリューネン石炭火力発電所建設をめぐる団体訴訟において、先決裁定を求められたEU司法裁判所が、「環境団体に対し、このような主張制限をすることはアセス指令に反する。ドイツの適格団体は、直接アセス指令に基づいて、関連法規違反を主張できる」との画期的な判決を下した（トリアネル判決［Case C-115/09］、2011年5月12日）ことからも窺える⁽⁴⁵⁾。トリアネル判決をドイツ行政裁判所は受容し、環境・法的救済法も2012年11月に改正された（2013年1月28日施行）。

　フランスの環境分野においても同様に、特別法により環境団体訴訟が認められた（1976年7月10日法）⁽⁴⁶⁾。2000年には環境法典が整備され、第2章に環境団体訴権についての規定が置かれ、消費者団体とほぼ同様の権利が認められている。これはオーフス条約の規定する環境団体訴権とは別に、フランス独自の制度として、損害賠償請求権の分野において認められたものである⁽⁴⁷⁾。環境法典に規定された環境団体訴権（損害賠償請求権）は、刑事訴訟法における「私訴権」（action civile）の一種である⁽⁴⁸⁾。

　20世紀前半においては、団体私訴権が職業団体に対してのみ認められていたが、消費者保護等一定の分野において付与され、環境保護団体に対しても私訴権を行使する原告適格が付与されるに至った。すなわち、革命後、いかなる結社も禁止するという徹底した個人主義を掲げていたフランスにおいて、1901年7月1

---

(44) 大久保規子「ドイツにおける環境・法的救済法の成立（一）（二）」阪大法学57巻2号（2007）203頁、58巻2号（2008）279頁。

(45) 大久保規子「環境アセスメント指令と環境団体訴訟——リューネン石炭火力訴訟判決の意義」甲南法学51巻4号（2011）65頁。

(46) 1976年7月10日法により、環境団体の認可制度の新設と認可団体に対する私訴権の承認が行われた。山本和彦「環境団体訴訟の可能性——フランス法の議論を手がかりとして——」『企業紛争と民事手続法理論　福永有利先生古稀記念』（商事法務、2005）185頁。

(47) 伊藤浩「フランスの環境団体訴権」愛媛法学会雑誌32巻3・4合併号（2006）131頁。フランスの環境団体訴権は、民事訴訟の場合のみ差止請求が認められるが、それ以外は損害賠償請求訴訟である。

(48) 橋本政樹・本田達郎「フランスの環境団体訴権について」ちょうせい63号（2010）4頁以下は、「フランスの団体訴訟の実質的役割は、法令違反行為について検察官の起訴を促すために用いられている」との見解を、訪仏調査に基づき、報告している。

138　第二部　英国、EU およびわが国における原子力発電

日にアソシアシオン法（Association Law 1901）が制定され、結社の自由が認められた。以来、非営利社団・組合等について、集団的利益が極めて柔軟に認められている[49]。

このようにフランスでは、司法裁判所における団体訴訟とともに、行政裁判所においても、いかなる団体についても集団的利益の認定を行ってきた。すなわち、個人利益（私益）と一般利益（公益）という二元的構造から、その中間的存在としての種々の集団的利益を含めた三層構造へと転換している[50]。

したがって、団体は、司法裁判所においては損害を受けた個人とともに、集団的利益の侵害を主張して民事訴訟または私訴を提起し、また、行政訴訟においても個別的行政行為に対して集団的利益の侵害に基づき「越権訴訟」を提起できる[51]。よって団体は、個々人の共通の利害にも関わる集団的利益につき、各人の有する法的手段よりも効率的な擁護を行うことができる。

以上のような利益概念および社会構造の変化は、フランス固有の問題ではなく、ある程度社会一般に共通する傾向といえよう。

また、アメリカでは、環境を保護するために個々の市民に広く原告適格を認める市民訴訟（citizen suit）が活用されている[52]。市民訴訟は、特定の私人・私企業・統治団体などが環境法規に違反する行為を繰り返している場合に、市民がそれらの違法行為を是正するために提起する特別の形式の訴訟であり、「何人」（any person）に対しても訴えの提起を認めるが[53]、原告となりうるには、憲法上

───────────

(49) 橋本博之「行政訴訟に関する外国法制調査──フランス（上）」ジュリスト No.1236（2002）92頁以下は、わが国の原告適格に対する従来の判例である「主婦連ジュース事件」（最判1989年3月14日）、「もんじゅ訴訟」（最判1992年9月22日）における原告適格は、フランスでも認められると推察し、原告側が非営利社団を結成すれば、原告適格が認められる可能性が拡大する、と述べている。

(50) 杉原丈史「フランスにおける集団利益擁護のための団体訴訟」早稲田法学72巻2号（1997）174頁、大塚直「公害・環境分野での民事差止訴訟と団体訴訟」『加藤一郎先生追悼論文集　変動する日本社会と法』（有斐閣、2011）645頁。

(51) 取消訴訟は実際上はそのほとんどが越権訴訟であり、越権訴訟は、行政行為の適法性の原則に従って、あらゆる一方的行政決定について認められる一般法上の訴訟である。伊藤・前掲注(47) 120頁。

(52) アメリカ環境訴訟における司法審査の時期に関する理論および訴訟対象性につき、越智敏裕『アメリカ行政訴訟の対象』（弘文堂、2008）。

(53) 「何人」に対しても出訴の機会を認めた個々の法律の市民訴訟条項に対して、従来の「利益の圏内テスト」がどのように適用されるかが問題となる。畠山武道『アメリカの環境訴訟』（北海道大学出版会、2008）176頁、271頁、中川丈久「行政訴訟に関する外国法制調査──アメリカ（下）2」ジュリスト No.1243（2003）104頁。

の要請である「事実上の損害（injury in fact）」の疎明が必要である[54]。

アメリカ環境法には、ほぼもれなく市民訴訟条項が導入されている（市民訴訟が連邦環境法（Clean Air Act：清浄大気法）に最初に導入されたのは1970年）。市民訴訟には、(i)私企業・自治体等が義務を履行しない場合に、市民が違法行為者を被告として、法令等の遵守や義務の履行を求めて出訴するタイプと、(ii)行政機関が違法行為を是正する措置をとらずに放置している場合に、一定の措置をとることを求めて出訴するタイプがある。市民訴訟原告は、個人原告と市民原告（すべての市民・住民に原告適格を認める）の中間に位置するものであり[55]、二つのタイプのうち後者(ii)は、わが国の2004年改正行訴法による義務付訴訟に類似するが、自己の権利利益の救済を求める訴訟ではないところに特色がある。

このような市民訴訟条項のねらいは、一般市民が法令等の遵守を求めて出訴し、それによって当該法律の法目的（公益）を適切に実現することにあり、特定のタイプの訴訟原因事実についてのみ、広く「何人」にも出訴の機会を与えるものである。したがって、「環境訴訟や自然保護訴訟の原告適格を一般的に拡大するものではない」とされている[56]。というのは、市民訴訟条項は、「環境の10年」と呼ばれた1970年代に導入された環境法規を執行するEPA（Environmental Protection Agency：連邦環境保護庁）の体制が不十分であったため、法執行に対する市民参加の道を開くためのものであった。したがって、市民訴訟の提起は、EPAや州政府機関が法執行のための行為をしない場合にのみ認められる。

(3) わが国の環境団体訴訟における原告適格
——集団的利益に対する判例の立場および学説

フランスやドイツにおいては環境団体訴訟が認められ、多くのアメリカ環境法規においては市民訴訟が認められている。イギリスには公益訴訟としての司法審査請求がある。個人のみならず、何らかの形での団体による訴訟提起が認められ、その適格要件の当否が議論されている。一方、オーフス条約に加盟していな

---

(54) アメリカでは、リクリエーションの利益や美観上の利益も「実際の損失」として認められる。曽和俊文『行政法執行システムの法理論』（有斐閣、2011）19頁、畠山武道「合衆国自然保護訴訟における『事実上の損害』」『公法学の法と政策（下）金子宏先生古稀記念』（有斐閣、2000）499頁。

(55) 畠山武道「総括・総論」『公害・環境紛争処理の変容』（商事法務、2012）4頁。

(56) 畠山・前掲注（53）272頁。

140　第二部　英国、EU およびわが国における原子力発電

い日本では、環境団体への当事者適格自体が認められていない。わが国の訴訟法
体系は、私益と公益の二分論に基づいて構築されており、集団的利益という概念
に対して有効な活躍の場を与えることが困難であった。

　まず、判例では、地域住民が地域の代表として操業差止めを求めた「豊前火力
発電所事件」（最判1985年12月20日判時1181号77頁）[57]において、「住民団体は、当事者
適格を有しない」という立場を採った。当該判例に対して、学説はほぼ一貫し
て、環境団体訴訟の必要性を訴えてきたが、立法的対応は未だに採られていな
い[58]。

　日本における環境団体訴訟に関し、ドイツにおける環境保護と団体訴訟の紹
介、および、アメリカにおける当事者適格理論との比較法的研究を通じて、「紛
争管理権」を提唱したのは、伊藤眞である[59]。従来、団体訴訟の可能性は民事
訴訟の文脈で論じられてきたが[60]、伊藤は、団体訴訟を認める理論的構成とし
て、行政訴訟（抗告訴訟）も視野に入れた「紛争管理権」を提唱した（1978年）。

　紛争管理権という概念は、紛争主体と訴訟担当者との関係についての理解を前
提に、集団的紛争を念頭においた、当事者適格に関する訴訟要件の一般理論であ
る。すなわち、環境利益等多数者によって共同で享受される利益が訴訟上主張さ

---

(57) 判批として、伊藤眞・環境法判例百選［第2版］（2011）22頁、加藤和夫・ジュリスト No.859
　　（1986）124頁（調査官解説）、原強・上智法学論集30巻1号（1987）289頁、福永有利・ジュリス
　　ト No.887（1987）116頁、井上治典・民商法雑誌95巻2号（1986）116頁、上村明広・判例時報
　　1201号（1986）194頁、小林秀之・法学セミナーNo.384（1986）128頁。
(58) 「行政訴訟検討会最終まとめ——検討の経過と結果——」2004年10月29日資料11において、団体
　　訴訟を取り上げているが、立法化は見送られた。http://www.kantei.go.jp/jp/singi/sihou/ken-
　　toukai/gyouseisosyou/dai31/31sankou11.pdf
　　［最終訪問日：2018年10月17日］
　　　一方、日弁連は、2010年11月に「行政事件訴訟法5年後見直しに関する改正案骨子」をとりま
　　とめ、団体訴訟制度の導入を提案していたが、2012年6月15日、環境・文化財保護分野につい
　　て、「環境団体訴訟法案」（略称）を条文として具体化した。適格消費者団体に差止請求権を付与
　　する「消費者契約法」と同様に、適格団体に、差止・撤廃・原状回復請求の実体権を付与するも
　　のである。http://www.nichibenren.or.jp/library/ja/opinion/report/data/2012/opin-
　　ion_120615_3.pdf［最終訪問日：2018年10月17日］
(59) 伊藤眞『民事訴訟の当事者』（弘文堂、1978：オンデマンド版2004）90頁、同「ドイツ連邦共和
　　国における環境保護と団体訴訟（一）（二・完）」民商法雑誌83巻2号（1980）189頁、83巻3号
　　（1980）367頁、同「米国における当事者適格理論発展の一側面（一）（二・完）」民商法雑誌81巻
　　6号（1980）753頁、82巻1号（1980）1頁。
(60) ドイツ法では、団体訴訟を私的・経済的領域では認めていたが、連邦自然保護法（2002年）
　　成立まで、行政訴訟では認められておらず、環境保護団体は裁判手続では排除されていた。マン
　　フレート・ヴォルフ「ドイツ連邦共和国における団体訴訟の理論と実際（一）」民商法雑誌80巻
　　3号（1979）24頁。

第5章　環境団体訴訟における原告適格　　141

れる場合に、訴訟提起前に紛争解決のための行為をなしている者を紛争管理者として、当事者適格を認める考えである。訴訟物たる権利について個別的授権がなされたかどうかと関わりなく認めるものであり、アメリカのクラス・アクションやドイツの団体訴訟の考え方と共通するものである[61]。

　しかしながら、「豊前火力発電所事件」においては、一定の地域の代表として、環境権に基づき、火力発電所の操業差止めの訴えを提起した、漁業者でも農業者でもない7人の地域住民には、当事者適格が認められなかった。原告らは、訴訟追行権を有する「法定訴訟担当」に該当しないし、授権によって訴訟追行権を取得する「任意的訴訟担当」にも該当しないので、地域住民の代表として、本件差止等請求訴訟を追行しうる資格に欠ける。すなわち、帰属主体からの授権により訴訟追行権を取得するなど任意的訴訟担当の要件を具備していない以上、伝統的な当事者適格の考え方に従うと、原告適格は有しないと判示した。

　当該最判では、講学上の「紛争管理権」について言及しながらも、「法律上の規定ないし当事者からの授権なくして第三者が訴訟追行権を取得する根拠に乏しく、採用の限りではない」とし、このような当事者適格を認めるには立法が必要との立場を採っている。

　この判示を受け、伊藤は、紛争管理権の概念を修正している[62]。抗告訴訟については、原告適格の基準として紛争管理権の概念を維持し、紛争解決行動の内容として、訴訟前の行政手続への参加等を考慮すればよいとする（すなわち、「法定訴訟担当」の構成を維持している）。これに対し、民事差止訴訟については、紛争管理権発生の根拠としていた、訴訟提起前の紛争解決過程への関与などを「任意的訴訟担当」の要件として再構成し、環境保護団体などは、訴訟担当者として差止請求訴訟の当事者適格を取得しうるとした。要は、その団体の規約などで地域住民から環境保全について包括的な授権を受けていることを条件として、本来の権利帰属主体たる住民に代わって、差止訴訟を追行する当事者適格を有するとする[63]。

---

(61) 伊藤眞『民事訴訟法［第4版］』（有斐閣、2011）189頁。
(62) 伊藤眞「紛争管理権再論――環境訴訟への受容を目指して――」『紛争処理と正義　竜嵜喜助先生還暦記念』（有斐閣、1988）203頁。なお、任意的訴訟担当の明文化への立案過程および裁判例の動向について、同「任意的訴訟担当概念をめぐる解釈と立法」『民事訴訟法の史的展開　鈴木正裕先生古稀祝賀』（有斐閣、2002）89頁。
(63) 学説の反応として好意的な意見が多い。上原敏夫『団体訴訟・クラスアクション』（商事法務、

142　第二部　英国、EU およびわが国における原子力発電

　この理論構成によると、集団的利益に依拠し、環境団体に原告適格を認める場合、問題となるのが、その判決効である。紛争管理権に基づいて当事者適格を取得した者に対して下された判決は、同様の請求権を有する者に、有利にも、不利にも、及ぶことになる。したがって、判決効が及ぶことにより、独自の訴訟追行権は喪失するものとする。このようにして、当事者適格を拡大することにより生じるおそれのある被告側の「二重応訴の負担」その他の弊害に対処する理論構成をとっている。

　しかし、同様の請求権を有する者は、自らが当事者として訴訟追行しなかった訴訟における判決に拘束されることになる。訴訟係属を知っていただけで正当化されるものではなく、手続的保障に欠けるともいえる。この点につき、伊藤は、「差止請求権が本来誰に帰属し、紛争管理権者にそれを行使する資格が認められるかどうかを検討する必要があり、この問題について一応の解決が与えられれば、判決効拡張の問題にも解決の方向が見いだせる」としている[64]。

　団体訴訟に関するその後の学説として、谷口安平の提唱する「本質的集団訴訟論」、福永有利の提唱する「集団利益訴訟論」がある[65]。

　前者は、多数人に影響のある行政処分を争う場合や、環境・公害事件における差止請求の場合などは、問題となる利益自体が、集団的に実現されてはじめて意味をもつ場合であり、このような場合には、その訴訟上の主張も、集団的になされなければ訴えの利益が認められない、とする。

　後者は、特に環境問題の訴訟について、個人の利益でもない、公の利益でもない、ある集団の固有の利益の存在を観念し、そのような集団的利益を擁護することを目的とする訴訟として、「集団利益訴訟」という新たな訴訟類型を提案する考えである。このような集団的利益については、特別法によって、団体訴訟を認

2001）256頁、高田裕成「訴えの利益・当事者適格」ジュリスト No.971（1991）215頁、加藤新一郎「複雑訴訟の課題」ジュリスト No.971（1991）235頁。

　一方、中野貞一郎「当事者適格の決まり方（下）」判例タイムズ822号（1993）35頁は、「環境保護団体について任意的訴訟担当を認めないと『裁判を受ける権利』（憲法32条）を否定する結果になるとすると、任意的訴訟担当を認める合理的必要があるといえるが、これらの訴訟は、当事者適格だけでなく、手続構成にも特殊の考慮を要する点があるので、立法的解決によるのが妥当」との慎重論を示している。

(64) 伊藤・前掲注（62）「紛争管理権再論」211頁、212頁。

(65) 福永有利「新訴訟類型としての『集団利益訴訟』の法理」『民事訴訟当事者論』（有斐閣、2004）225頁、233頁（初出：民事訴訟雑誌40号（1994））。

第5章 環境団体訴訟における原告適格 143

める構想が最も確実な方法である。抗告訴訟の原告適格について集団的利益を基準として判断することが認められることになれば、裁判所の門戸が広がる可能性がある。訴訟要件の克服につながる。

Ⅳ 団体に原告適格を認める意義および団体訴訟の判決効

(1) 地域住民の利害の対立および関与の限界

ここで、問題となるのは、訴訟を提起する団体の要件であろう。

こと、行政訴訟においては、行訴法9条により、第三者の原告適格は厳格に制限されてきた。しかし、根拠法規により独自に保護された第三者の利益の中には、景観・緑・歴史的環境等の環境上の利益、あるいは、公共輸送機関や道路・公園等公共施設の利用にかかる利益等、「集団的利益」ないし「共同利益」と呼ぶべきものまで含めて解すべきとの学説も出てきている[66]。これらは、「集団的利益」ないし「共同利益」の観念を率直に承認するとともに、主観訴訟と客観訴訟を相容れない性質のものとして峻別することなく、個々人が自己の具体的利益として享受している共同利益を、可能な限り主観訴訟の枠内での救済対象に取り込むと同時に、両者の中間領域を団体行政訴訟等の第三の訴訟類型の創設によりカバーできるような制度設計を目指す考えである。

そもそも、「現行法上の枠内で、すなわち、行訴法9条の解釈論から団体に原告適格を認めることができるか」につき考察する。

初期においては、概して、消極に解されてきた。かつて、田中は、行訴法9条で定める原告適格を有する者は、「取消しを求めるにつき法律上の利益を有する者であれば、個人であると法人であると、法人格のない社団・財団であるとを問わない」と述べていたが、これ以上の詳細な説明は加えられていない[67]。

塩野は、集団的利益の基準につき、「行政処分により侵害される利益が特定個人のみの利益ではなく、広く地域住民・消費者等に一般的に共通する集団的利益

---

(66) 大貫裕之「取消訴訟の原告適格についての備忘録」『藤田宙靖博士東北大学退職記念　行政法の思考様式』（青林書院、2008）393頁、亘理格「行政訴訟の理念と目的」ジュリスト No.1234（2002）13頁、15頁における「多種併存型の行政訴訟観」に立脚した制度設計。
(67) 田中二郎『新版行政法（上）［全訂第二版］』（有斐閣、1976）319頁、金子正史「アメリカ行政訴訟における団体の原告適格」『雄川一郎先生献呈論集　行政法の諸問題（中）』（有斐閣、1990）180頁。

144 第二部 英国、EU およびわが国における原子力発電

として把握できる場合に、そのような多数人の共通利益を法律上または事実上代表する住民団体・消費者団体・事業者団体等に取消訴訟の提起を求めることができないか」という問題の捉え方をしている。行訴法改正後の展望として、「規制法における付近住民の地位に関しては、処分の具体的効果が地域関連性を有する限り、カテゴリーとしての切出しは広く把握できる」とする[68]。

宇賀は、団体訴訟の問題と、団体の当事者能力の問題を区別する。団体訴訟の問題を、「行政処分により、広く地域住民・消費者等の集団的利益が侵害される場合において、かかる多数人の共通利益を事実上代表する住民団体（原発反対同盟等）、消費者団体（主婦連等）等に取消訴訟を提起する原告適格を認めるべきか」として捉えている[69]。

原発訴訟において、今後、原発の再稼働に反対する住民団体が原告になる場合があるとしても、立地地域の自治体住民全体が原告となるケースはまれであろう。原発立地地域の自治体は、既に原発の再稼働を前提とした行財政システムに組み込まれており（補助金の交付や防災システムの構築責任）、原発再稼働は地域経済にも行政システムにも影響を与えることになる。したがって、地元自治体の住民の利害は対立している。

設置許可処分にむけた行政手続においても、情報公開の限界（計画地点の選定・申入れ段階での情報公開が可能か）、意思決定システムへの住民の関与の限界（公開ヒアリングは通達による行政指導に基づいて行われるもので、正式な法的根拠はない）、住民投票の限界（条例制定による住民投票は、法的拘束力がない）がある。立地地域の自治体住民の訴訟への関与（参加）も限られている[70]。再稼働に関しても同様の状況にある。

これらを考慮すると、福島事故後における原発訴訟という司法手段は、原発の再稼働や原発推進策に懐疑的な市民が関与できる「最後の砦」であろう[71]。そ

---

(68) 塩野宏『行政法Ⅱ［第5版補訂版］』（有斐閣、2013）132頁、139頁。

(69) 宇賀克也『行政法概説Ⅱ［第5版］』（有斐閣、2015）211頁。

(70) 拙著『低炭素社会の法政策理論』（信山社、2010）80頁。

(71)【図表5-1】に記載した大飯原発3・4号機に対する差止訴訟、第1回口頭弁論（2013年2月15日）原告側の意見陳述による。

また、阿部泰隆「環境行政訴訟の機能不全と改革の方向」法学教室 No.269（2003）35頁においても、「人間活動の負の側面が明らかになっている今日、次の世代のためのみならず現世代のためにも、人間活動を、環境が持続可能な範囲に限定し、また失われた環境を改善するべき時代となっている。そのための『最後の砦』となるべきものが、法・裁判であるが、実はこれらは全くといってよいほど機能していない」と述べている。

の最後の砦において、本案審理における「高度の専門技術性に対する審査密度」の壁は相変わらず高いままであろう。しかし、訴訟要件の緩和（＝集団的利益を主張する団体への原告適格の緩和）は可能であろう。

行政訴訟において重要なのは、行政行為が違法に行われた場合の国民に与える影響の大きさからして、これらの違法性につき、争えるかどうかである。「法治主義に違反しているかどうかを争えるか否かは、『現実の必要性』と『成熟性』によるべき」との学説がある[72]。そして、原発訴訟には、公益追求訴訟、すなわち、客観訴訟として「現実の必要性」の側面が存する。抗告訴訟としての原発訴訟には、紛争の「成熟性」が存する。

しかしながら、住民が何らかの「適格団体」、あるいは、何らかの「認定団体」を設立して、差止訴訟等を起こすのは容易ではない[73]。福島事故後の多くの原発訴訟は、反対派の弁護士ら専門家が広く原告を募り、提訴している。【図表5-1】に示すような、全国各地に散らばる数百人に及ぶ原告ひとりひとりにつき、原告適格の判断が必要となる個人資格での多数人による訴訟の方が、むしろ裁判所の過重負担につながるのではないか。

(2) 集団的利益を主張する団体訴訟における原告適格の拡大

特に原発訴訟における団体訴訟に関する論点として、「原告適格を認められる個人（付近住民）がいるにもかかわらず、団体訴訟を認めるべきか」という点がある。団体訴訟を肯定するメリットとして、訴訟を一本化した方が、①訴訟費用も安上がりで、訴訟経済にも役立つ、②個人にとっては比較的希薄な利益でも、団体を通して集約した形で訴訟に臨める、という点があげられる[74]。

Ⅲ(3)で論じたように、団体に訴訟担当者として原告適格を認める場合のデメリットとして常にあげられるのが、濫訴ないし裁判所の過重負担という問題である[75]。しかし、これらの懸念は、市民訴訟やクラス・アクションが認められ、「訴訟社会」ともいえる米国での問題であろう。行政訴訟自体が少なく、さら

---

(72) 阿部・前掲注（21）114頁。
(73) 前者の例として消費者契約法（2007年6月施行）における「適格消費者団体」、後者の例として、特定非営利活動促進法（1998年12月施行）における「NPO法人」が考えられる。
(74) 塩野・前掲注（68）132〜133頁。
(75) 桑原勇進「環境団体訴訟の法的正当性」『公害・環境紛争処理の変容』（商事法務、2012）161頁。

146　第二部　英国、EU およびわが国における原子力発電

に、行政訴訟の勝訴率が著しく低い日本での懸念事項には該当しそうもない[76]。

　行政訴訟における団体訴訟として、集団的利益を認めるには、行訴法9条による厳格な原告適格の適用——訴訟要件——が壁となる。したがって、個別の法分野ごとの立法化の方が容易であり、環境団体に限定して「環境団体訴訟法」の立法化も視野に入れるべきとの考えにつながる[77]。

　福島事故後の原発訴訟は、むしろ、「再稼働に反対の意思表示を示す」という客観訴訟としての側面が強くなってきている。したがって、一定の環境団体または市民団体に原告適格を認め、訴訟を一本化する方が、逆に、濫訴ないし裁判所の過重負担の軽減につながるのではないか。

　これまでの行政訴訟における権能を個人の権利保護を原則とし、それ以外の権能は例外としてきた厳格な適用に対しては、反対論も多い。園部は、「学会の進歩的な見解は、原告適格をできるだけ広く認めることにより、主観訴訟である抗告訴訟を客観的抗告訴訟（集団訴訟化も含めて）に近いものとすること」であると述べている[78]。

　特に環境分野においては、主観訴訟と客観訴訟を厳格に区別すべきではなかろう。個人に帰属するのが困難な不可分の利益や、分散・拡散している利益を明確に表現できる主体に訴訟を認めるのであれば、個人の権利利益の訴訟から大きく逸脱しないことになる。逆に、集団的利益を主張する訴訟を認めないと、裁判所が統制できる行政決定の範囲が限定されることになる[79]。

　環境公益訴訟の類型には、①事業者等の行為の差止め（民事訴訟）、および、②国や地方公共団体に対する取消訴訟、無効等確認訴訟、義務付訴訟、差止訴訟（行政訴訟）がある。

---

(76) 島村健「環境団体訴訟の正統性について」『行政法学の未来に向けて　阿部泰隆先生古稀記念』（有斐閣、2012）520頁において、「ドイツの経験からも、日本において公益的団体訴訟を導入しても、訴訟の洪水状態、濫訴の弊といった問題は生じないであろう」と予測している。

(77) 2004年1月6日「行政訴訟制度の見直しのための考え方」（行政訴訟検討会）http://www.kan-tei.go.jp/jp/singi/sihou/kentoukai/gyouseisosyou/siryou/040106kangaekata.html では、団体訴訟の制度化について見送られたが、「主な検討事項」においては、「行訴法に一般的規定をおき、どのような分野で、どのような団体に原告適格が与えられるかは、個別法で規定すべきである」との3番目の案が妥当であると考えられている。大久保規子「行政訴訟の原告適格の範囲」ジュリスト No.1263（2004）52頁、山本和彦「行政事件訴訟法の改正について——民事訴訟法学者から見た感想」ジュリスト No.1277（2004）38頁。

(78) 園部逸夫「行政訴訟と民事訴訟再論」『雄川一郎先生献呈論集　行法の諸問題』（有斐閣、1990）337頁。

(79) 山本隆司「原告適格（2）」法学教室 No.337（2008）82頁。

第 5 章　環境団体訴訟における原告適格　　147

　まず①の民事訴訟では、憲法13条および25条に基づく環境権もしくは人格権を
法的根拠としてあげている。しかし、実体法上の根拠を欠くため、団体が環境権
を自ら行使するとしても、そのような権利は判例上は認められず[80]、人格権を
根拠とする場合には、団体にそのような人格権が承認されるのか、が問題とな
る。

　②の行政訴訟では、行訴法9条に第2項が追加され、「法律上の利益を有する
者」という文言の解釈にあたっての「要配慮事項」が規定された。この措置によ
る影響が最も期待されている分野が、周辺住民たる第三者が原告となって提起さ
れる環境行政訴訟である[81]。

　いまだに、環境権を正面から認めた判例はないが、近時の裁判例（鞆の浦公有水
面埋立免許差止事件（広島地判2009年10月1日判時2060号3頁）、国立マンション訴訟（最
判2006年3月30日民集60巻3号948頁）では、人格権の内容をなす「景観利益」を私法
上保護に値するとし、景観利益に基づく原告適格を認めている。

　今後は、特に団体訴訟による保護の必要性が大きいと考えられる個別行政分野
の実体法の中で（原発訴訟については「原子炉等規制法」）、処分について団体の利益の
考慮を義務付けるか、直截に団体の当事者適格を認める方向で検討が進められる
べきとされている（「行政訴訟検討会最終まとめ」2004年10月29日）。

　以上述べてきたところの、①民事訴訟、および、②行政訴訟は相互に影響し
あっている。というのは、これまで、環境訴訟で通常の民事訴訟が使われてきた
のは、行政訴訟が、取消訴訟において原告適格や処分性など、厳格な訴訟要件を
課してきたからである[82]。

　「民事訴訟であれ、行政訴訟であれ、本案審理に入るべきであり、このいずれ
であるかは、裁判所が釈明すること、あるいは、原告の主張を実現するために最
もふさわしい訴訟を裁判所が教示し、最終的に決めることにすればよい」とする
学説もある[83]。立法論的に、団体訴訟制度導入の必要性について論じている学
説もある[84]。環境団体訴訟の立法化は、民事訴訟形式での公益団体訴訟が認め

---

(80)　わが国の憲法上の環境権論について、学説では、肯定する見解が支配的である。大塚直「環境
　　権（1）」法学教室 No.293（2005）93頁。
(81)　北村喜宣「環境行政訴訟」法学教室 No.374（2011）146頁。
(82)　森島昭夫「科学技術における不確実性と法の対応」『加藤一郎先生追悼論文集　変動する日本社
　　会と法』（有斐閣、2011）315頁。
(83)　阿部・前掲注（71）39頁。

148　第二部　英国、EU およびわが国における原子力発電

られるための礎になろう。

　上述してきたように、日本における原告適格論は、実に緻密な手続的統制にこだわっている。裁判所の判断枠組みも緻密化されている。しかし、欧米における原告適格に関する世界標準は、「環境行政に関する限り、主要な論点は、本案の問題に移行している」[85]。大事なのは、原告適格論で議論されてきた行政行為の効力論ではなく、人権保障や、法治主義の考えであろう。

⑶　団体訴訟の判決効

　次に、「ある程度の活動実績がある環境団体に原告適格を認めると、どのような不都合が生じるのか」について考察すると、団体訴訟における判決効の主観的範囲が問題となる[86]。

　わが国の民事法では、判決の効力は当事者を拘束するにとどまり、非当事者は拘束されないのが原則である。一方、行政法の分野においては、取消訴訟の第三者効（対世効）が認められている（行訴法32条1項）。ただし、取消訴訟の効果の及ぶ第三者の範囲については明確ではない。

　福島事故後の原発訴訟には、運転または建設の差止めを求める民事訴訟または行政訴訟とともに、電力会社に対し運転差止めの仮処分を申し立てる請求も多く提起されている。団体が原告になる場合、民事差止訴訟の判決効は大きな論点となる。

　まず、取消訴訟以外の行政訴訟や民事訴訟（差止訴訟）で団体が勝訴した場合、判決効の法的な拡張は存しないが（無効等確認訴訟には第三者効の規定は準用されない）、事実上、行政が義務付けられた行為をしたときや、事業者が一定の行為を差し止められたときには、その効果を享受できる地位に立つことになる（事実効）。

　当該勝訴判決が取消判決（行政訴訟）であるときには、その判決の効力は第三者にも拡張される。したがって、住民等はその判決による処分取消の効力を法的にも援用することができる。原子炉設置許可の取消訴訟の認容判決の場合、当該

---

(84)　越智敏裕「行政訴訟改革としての団体訴訟制度の導入」自由と正義53巻8号（2002）36頁、同「団体訴訟の制度設計」『公害・環境紛争処理の変容』（商事法務、2012）168頁。

(85)　德田博人「行政法判例にみる司法制度改革の位相」法律時報82巻8号（2010）47頁。

(86)　山本・前掲注（46）203頁。

第5章　環境団体訴訟における原告適格　　149

施設の設置行為ができなくなるので、その事実上の効果を訴訟外の付近住民も当然に受けることになる（厳密には、第三者効の問題ではない）[87]。

他方、団体が敗訴した場合には、団体の権利を固有権として構成する限り、敗訴判決の効力は、他の住民等に請求には影響しないと考えられる[88]。しかし、そのように解すると、結局、被告側は複数の提訴に対して、そのうちの一つにでも敗れれば、行為を差止められるのに対して、自己の行為を守るためには全ての提訴に対して勝訴しなければならないという「二重応訴の負担」の問題が出てくる。

行政訴訟においても、団体が敗訴した場合の敗訴判決の既判力は団体構成員に及ばないため、再度団体構成員が出訴することが可能であり、同一事項について、被告および裁判所に負担をかけることになる。

宇賀は、「取消訴訟の場合には、出訴期間の制限があるため、このような事態は実際には生じないが、無効確認訴訟については生じうる。このような判決効の問題は、解釈では限界がある。したがって、これらの問題を合理的に解決しうる制度設計が必要となる」とする[89]。

大貫は、抗告訴訟における判決効につき、「第三者に対する効力を失わせるかどうかは、原告個人の救済にとって必要な範囲にとどまらず、他の者にも取消判決の効果を享受せしめることが取消訴訟の趣旨からいって認められるかどうかという見地から検討すべき」とする[90]。

V　福島事故後の原発訴訟における司法審査の役割の変容

(1)　原発訴訟における司法審査の役割の変容——客観訴訟としての側面

集団的利益を主張する団体訴訟を認めるには、法律の根拠が必要とされる。この場合、どの程度の根拠が要求されるか、という問題になってくる。

山本は、「集団的利益につき、行政訴訟により主張・貫徹する機会が認められ

---

[87] 塩野・前掲注（68）183頁。
[88] ドイツの団体訴訟においても、類似の問題が存在する。提訴権が複数の団体に与えられている場合、そのうちの一つの団体が訴訟をして、敗訴しても、他の団体にはその判決の効力は及ばないと解されている。福永・前掲注（65）245頁。
[89] 宇賀・前掲注（69）212頁。
[90] 大貫裕之「行政訴訟の審判の対象と判決の効力」『行政法の新構想Ⅲ』（有斐閣、2008）158頁。

ないのは、手続構造上の不均衡である」としたうえで、「法治国原理は、個々人の権利保護だけでなく、行政機関の決定が特定の利益に偏らずに行われることも要請する。団体訴訟が法的に例外ではなく、国法構造の中に定着させ得るものとして位置付けられるとすれば、訴権を認める旨の一義的な法律の定めまで要しないと解する余地もある」とする[91]。ゆえに、このような観点からは、団体が当該利益を明確に表現する能力をもっていることを、裁判所が判断することも不可能ではないとする。しかしながら、「適格消費者団体（消費者契約法13条以下）に訴権を認める」あるいは、「公益認定法人（公益社団法人および公益財団法人の認定等に関する法律）に訴権を認める」というように、根拠法を要求し、裁判所は適格性を補充的に審査するにとどめる方法を提示している。

　島村は、「環境保護の領域で団体訴訟を導入しなければならない理由は、部分利益（潜在的な公益）を主張する政治的な力の間に不平等があるという点にある」とする[92]。「環境を侵害する活動を行う側の利益主張は、環境に関わる決定の際、法的にも事実上も完全に代表されるが、環境利益を擁護する側の利益主張は、それに匹敵するような影響力を行使することはできない。環境団体訴訟の導入は、そのような競争条件の歪みを補正し、多元主義的民主主義の機能を改善させることになる」と分析する。

　このような環境利益の取扱いに関する構造的問題は、原発訴訟の場合、より顕著に表れる。福島事故により、「社会的な許容限度」に依拠したところの原発の「相対的安全性」は低下してしまった。これまでの本案審理においては、「基本設計の安全性」にかかわる事項のみを審査対象とし、エネルギー政策という国策にかかわる論点については、司法消極主義を維持する立場を採ってきた。

　行訴法は、主観訴訟と客観訴訟を区別し、42条において、民衆訴訟および機関訴訟として実体化している。ただし、このような主観訴訟・客観訴訟という言葉は、戦後、行政事件訴訟特例法（1948年）が制定されて以降、講学上、用いられてきたものである。田中は、「主観的訴訟」「客観的訴訟」という言葉を用いている[93]。塩野は、「学説上、かねて、個人的な権利利益を目的とする主観的訴訟と、法規の客観的適正を保障し、または一般公共の利益を保障することを目的と

---

(91) 山本・前掲注（79）82頁、83頁。
(92) 島村・前掲注（76）530頁。
(93) 田中・前掲注（67）295頁。

する客観的訴訟の区別が立てられており（雄川一郎『行政争訟法』）、行訴法に定める、民衆訴訟（5条）、機関訴訟（6条）の類型が、後者に対応するものとして制定された」と説明している[94]。

　原発建設阻止（再稼働阻止）のための抗告訴訟は、保護の対象が特定個人にとどまらない。それと対応して、原告適格も拡大している。つまり、「本来の主観訴訟の客観化」の現象がみられるが、それでもなお、行政事件訴訟類型としての抗告訴訟（3条）および当事者訴訟（4条）は、主観訴訟として理解されるべきもの、と解されている[95]。

　亘理も、「環境訴訟のような集団的利益に関しては、主観訴訟と客観訴訟を相容れないものとして峻別すべきではない」としているが、「環境訴訟のような『集団的利益』ないし『共同利益』に関しては、個々人が自己の具体的権利として享受している共同利益を、主観訴訟の枠内で、救済対象に取り込むべき」とする[96]。

　ここで常に問題とされるのが、客観訴訟における憲法76条の司法権の「具体的争訟性」の範囲と、裁判所法3条の「法律上の争訟」との関係である（判例・通説はこれらを同義に解する）[97]。すなわち、主観訴訟は「具体的争訟性」のある「法律上の争訟」としての司法権の行使であるが、客観訴訟は「具体的争訟性」のない訴訟である。司法権の権限の行使として「その他法律において特に定める権限」がない限り、裁判所が独自にこれを受け付けることはない。したがって、団体による公益追求訴訟は、客観訴訟としての側面を併せ持つが、あくまで、主観訴訟として構成されることになる。

　2004年の行訴法改正において、団体訴訟の法定化が見送られてから、10年以上が経過している。2012年6月15日には、日弁連による「環境団体訴訟法案」が提示された。出訴資格が認められる団体とそうでない団体の判断基準を何処に求めるのか。あるいは、団体訴訟と個人での提訴が併存する状態は認められるのか。

---

(94)　塩野・前掲注（68）81頁。
(95)　塩野・前掲注（68）266頁。
(96)　亘理・前掲注（66）15頁。
(97)　中川丈久「行政事件訴訟法の改正──その前提となる公法的営為」公法研究63号（2000）124頁、同「行政訴訟に関する外国法制調査──アメリカ（上）」ジュリスト No.1240（2003）95頁の「日米の司法権概念の比較」は、「具体的な争訟性」のない客観訴訟の位置は、アメリカ連邦憲法の司法権論と比較して、司法権の中間領域とも、司法権の外とも理解できるとの考えを示している。

152 第二部　英国、EU およびわが国における原子力発電

環境団体訴訟の対象となる公益性の範囲と原告適格団体との対応関係をどのように
にするのか。これらの点につき、今後さらに考慮したうえでの立法化が必要であ
ると言えよう。

(2)　訴訟要件の克服──公益追求訴訟としての側面

　塩野は、「行訴法改正作業においては団体訴訟を認める際の問題点の検討にと
どまり、現行法上は、行政事件訴訟としての団体訴訟は認められていない。立法
的措置の検討も必要であるが、個別的利益と集団的利益の区別が相対化されつつ
ある現段階では、改正行訴法の運用を通じて集団的利益の救済のあり方を考慮す
ることも重要である」とする[98]。

　山本は、「団体訴訟は、個人の権利から切り離されたものとしてではなく、個
人の参政権ないし手続参加権の問題として捉えることにより、法的位置付けが明
確になる」とする[99]。個人が自由意思により、当該利益を明確に表現する団体
を設立し、あるいは、そのような団体に加入して、当該団体の組織に訴権を認め
ることは、参政権と手続参加権の隙間を補充する意味を持つ、との考えである。

　これまで、日本において、団体訴訟が認められなかったのは、訴訟要件の問題
として議論されてきた結果であろう。民事訴訟においても、行政訴訟において
も、団体の原告適格は認められてこなかった。しかしながら、行政訴訟において
重要なのは、違法な行政処分が行われた場合に、果たして、司法の場で争えるか
どうかである。行訴法 9 条の原告適格要件を厳格に解釈し、門前払いの対象とな
るかどうかに講学上の議論が集中してきた。それは、実効的な国民の権利救済に
つながっているとは言い難く、環境権を判例上認めてこなかった民事訴訟におい
ても同様である。

　法人とは、法技術にすぎない。「一人法人」も認められる現在において、その
技術性は特に顕著になってきている。環境団体訴訟でいうところの団体とは、法
人格を持たないが、原告適格を有する個々人の集まりを指す。原発訴訟をはじめ
とする環境訴訟は「科学裁判」といわれており、原告側においても専門的な能力
が必要となる。原告適格を有する個々の住民にそのような高度の専門性を期待で
きるはずはなく、実際は弁護団が中心となって組織し、専門家に依頼する「鑑定

---

(98)　塩野・前掲注 (68) 270頁。
(99)　山本・前掲注 (79) 83頁。

第5章　環境団体訴訟における原告適格　　153

裁判」となっている。このような原発訴訟の現状からして、原告適格を有する地域住民を構成員としつつ、専門家も関与する環境団体は、環境利益の表現主体として、適格性・正統性を有すると言えるのではないか[100]。

　以下、福島事故後に提訴された原発訴訟を含めて、環境団体による公益追求訴訟の可能性について検討する。それは、「客観的違法性の宣言」が、主観訴訟としての団体訴訟において可能かどうか、という点に集約されると思われる。

　【図表5-1】に記載する福島事故後に提訴された訴訟のうち、特筆すべきは、青森県から海をはさんだ対岸に位置する函館市が原告となった大間原発建設差止訴訟であろう（2014年4月3日提訴）。被告は、国および電源開発（株）であり、訴訟類型としては、行政訴訟（原子炉設置許可の無効確認訴訟、建設停止義務付け訴訟）および民事訴訟（運転の差止訴訟）である。函館市は、準備金2,300万円を予算計上し、弁護団と訴訟に関する契約を締結した（2013年1月21日）。自治体が原告となる初の原発訴訟である。2018年現在、東京地裁において係争中である。

　「宝塚市条例事件」（最判2002年7月9日民集56巻6号1134頁）においては、「国または地方自治体が提起した訴訟であって、財産権の主体として自己の財産上の権利利益の保護救済を求めるような場合には、法律上の争訟に当たるというべきである」と判示されている。函館市は「事故が起きれば市民の安全が脅かされ、市庁舎なども被害を受ける」ことを提訴理由としている。財産権や人格権の侵害だけではなく、風評被害も起こりうる。地方自治体も法人であり、原告適格が問題となることはなかった[101]。

　前述した日弁連による「環境団体訴訟法案」（2012年6月15日）は、「適格環境団体」に訴権を認める提案であるが、原発訴訟のケースにも、このような方向性を維持すべきだろうか。原発訴訟において、法人格をもつ環境団体（NPO法人、公益社団法人等）が原告になる場合、所在地の要件を満たす限り、問題はなかろう。私見としては、公益社団法人やNPO法人に限らず、環境市民団体のような法人格を持たない団体のうち一定の適格性を有する団体に対しても、適格団体とする方向で考慮すべきと思料する。それは、提訴の段階になって、法人格を有する環

---

(100) ただし、もんじゅ第一次訴訟最判（1992年9月22日）において示された原告適格の距離的制限（原子炉から58kmの居住者にも認められた）からみて、環境団体の所在場所も重要な考慮要素になると思われる。
(101) 一方で、函館市の市民団体（大間原発訴訟の会）が国と電源開発（株）に対し、建設差止めを求めた訴訟は、函館地裁で棄却された（2018年3月19日）。

154　第二部　英国、EU およびわが国における原子力発電

境団体を立ち上げるには時間や費用がかかってしまうためである。

Ⅵ　むすびにかえて

　原発訴訟は、誰を被告にするかにより、行政訴訟と民事訴訟に二分される。行政訴訟（抗告訴訟）はさらに、出訴期間の制限により、取消訴訟と無効等確認訴訟に二分される。しかし、このような訴訟形式の差異は、団体訴訟において、決定的な相違点になるのだろうか。

　もんじゅ訴訟は、出訴期間を経過していたので、無効等確認訴訟の形式を採らざるを得なかった。無効等確認訴訟では、「重大明白説」により違法性が判断されるというのが、従来の学説・判例であった。しかし現在では、取消訴訟と無効確認訴訟の違いは、出訴期間の差異にすぎないとする学説も多くなっている[102]。となると、一般的には「重大説」のみで足りると言えよう。

　1970年代以降の原発訴訟のうち、初期の訴訟は、原発反対運動が手詰まりとなった後、最後に採りうる手段としての法廷闘争であり、行政訴訟の形式が採られた。しかし、福島事故後の原発訴訟は、原発の再稼働についての安全審査基準に誤りはないか、行政庁による高度の専門技術性に対する審査密度は従来と同様でいいのか、原発に対する相対的安全性が失われた現在においても、国策として原発推進を続けることに対し、司法審査は消極的であり続けるべきか、等が争点となっている。

　原発訴訟のうち、電力会社を被告とする場合、運転差止めを求める民事訴訟の形式を採る。仮処分を求める民事訴訟も多く、認容された事例もある（大井3・4号機、高浜3・4号機、伊方3号機）。

　原発訴訟に関するそもそもの疑問点は、「行政訴訟の形式と民事訴訟の形式を厳格に区別し、訴訟形式の違いにこだわりすぎる現行の訴訟手続は、実効的な権利救済に程遠いのではないか」という点であった。実際の裁判所への訴訟提起時には、原発訴訟は、民事部門への提訴にすぎない。訴訟受付の過程において分類されるだけである。

---

(102) 塩野・前掲注（68）219頁は、「無効確認訴訟は時機に後れた取消訴訟である」とする。宇賀・前掲注（69）319頁も、「出訴期間内に取消訴訟を提起することが困難なことが稀ではないので、無効等確認訴訟の存在意義は大きい」としている。

第5章　環境団体訴訟における原告適格　　155

　訴訟形式や原告適格に対する緻密すぎるこだわりは、講学上はともかく、裁判実務においては、望ましくない。実効的救済の途を閉ざすことになるからである。環境（原発）訴訟においては、団体原告適格を認容することにより、客観的違法性の検討への途を開くべきではないか。

　これまでの司法の消極的姿勢から鑑みて、原発訴訟の本案審理が一朝一夕に変わるとは思えない。しかし、原発訴訟は主観訴訟の形式を採りながら、客観訴訟としての役割が増している。今後の原発訴訟における司法審査の役割として、その公益追求訴訟としての側面が、団体訴訟の認容により広がることを期待したい。

第 6 章
英国ヒンクリーポイント C 原発支援国家補助
に対する欧州委員会承認——委員会決定および
EU 一般裁判所決定［T-382/15］に示された比例性
原則と市場の失敗——

I　はじめに

　イギリスは原子力開発を国策として、その黎明期から手掛けてきた世界最古の
民生用原子力発電国である。したがって、廃炉予定の老朽化した原発が多く、新
設がなければ2023年頃には原発の発電割合は 3 ％に減少する。

　イギリスでは老朽化した石炭火力発電所や原子力発電所を10年以内に全廃する
方針を立てている。したがって、原発建設の推進は気候変動対策としても不可欠
であり、エネルギーミックスにおける重要な一部であるとの立場を採る。原子力
の民事利用を一元的に規制・監督する原子力規制庁（ONR：Office for Nuclear Regu-
lation）[1]は、福島第一原発事故がイギリスの原子力産業に与えた影響に関する報
告書（2011年10月）において、「福島事故によって、イギリスの原子力産業がこれ
までの方針や今後の計画を変更する必要はない」と結論付け、「電源開発のため
2020年までに1,100億ポンドの投資が必要」と結論付けている[2]。

　イギリス政府の新エネルギーミックス戦略は、後述する IPCC（Intergovernmen-
tal Panel on Climate Change）第 5 次報告書と同じく、①再生可能エネルギー、②原
子力、③石炭火力の CCS（Carbon dioxide Capture and Storage：二酸化炭素回収貯留）
であり、気候変動を防ぐための重要なエネルギーミックスの一つとして原子力を

（1）2011年 4 月に設立された合議制機関であり、2013年エネルギー法（Energy Act 2013）を根拠
　　に2014年 4 月 1 日に正式に発足した独立機関である。友岡史仁「イギリスにおける原子力安全規
　　制」比較法76号（2014）34頁、同「イギリスにおける原子力行政と放射性廃棄物処分」環境研究
　　170号（2013）111頁。
（2）海外電力調査会『海外諸国の電気事業　第 1 編　追補版 1　欧米主要国の気候変動対策（電力
　　編）』（海外電力調査会、2011）182頁、*Planning Our Future: A White Paper to Secure, Afford-
　　able and Low-carbon Electricity.* https://www.gov.uk/government/uploads/system/uploads/
　　attachment_data/file/48129/2176-emr-white-paper.pdf

位置付けている。これを受けて、2013年10月には、福島事故後世界初となる新規原発ヒンクリーポイントCの建設を決定した（EPR（European Pressure Reactor：欧州加圧水型炉）1650メガワット2基）。ヒンクリーポイントCは2023年稼働予定のイギリス最大の発電炉であり、全電力の7％を供給予定である。

イングランド南西部サマセット州Bridgwater（人口36,000人）近くのブリストル海峡に面しているヒンクリーポイント原子力発電所[3]は、もともとはブリテッシュ・エナジー社（BE：British Energy）が運営していた。しかし電力自由化により、現在はフランス電力（EDF：Electricité de France）の傘下にあるEDF Energy社[4]（2002年設立）が保有している。

EDF社は、国有会社として発足したフランス電力公社（1946年）が、EUの電力市場自由化に伴い、2004年に株式を公開して民間企業へ移行した事業者であり（現在はフランス政府が約85％の株式を保有）、送電部門を法的に分離（子会社化）している（2015年現在のヒンクリーポイント・サイト近くのビジターズハウスの状況につき、【写真6-1】、【写真6-2】参照）。

一方、フランス・アレバ社製の新型炉であるEPRの建設はフランス（フラマン

【写真6-1】
Bridgwater にある EDF Energy 社のビジターズハウス

（2015年8月10日・筆者撮影）

【写真6-2】
Hinkley Point C の完成予定図

（2015年8月10日・筆者撮影）

（3）ヒンクリーポイントA、Bの計4基の原発のうち、前者の国産技術によるマグノックス炉は老朽化によりすでに稼働停止、後者の改良型ガス冷却炉も2016年稼働停止年限を迎えたが、2023年まで稼働が延期されている。
（4）EDF Energy 社はイギリスの15基の原発すべてを保有し、ヒンクリーポイント2基、サイズウェル2基の新設を計画している。EDF Energy, *Hinkley Point C, An Opportunity to Power the Future*, February 2013, at 1-3.

第6章　英国ヒンクリーポイントC原発支援国家補助に対する欧州委員会承認　　159

ヴィル原発3号機）でも、フィンランド（オルキルオト原発3号機）でも、トラブル続きで予算オーバーが続いている。ヒンクリーポイントCでも安全対策費の増加等により建設費が高騰し（2016年段階で245億ポンドまでの上昇が見込まれている：EDFが66.5％、中国広核集団公司が33.5％を出資）、資金不足が懸念されていた。そこでイギリス政府はEDF Energy社との間で、35年にわたる固定価格買取制度（FIT-CfD：Feed-in Tariff Contract for Difference）や政府による債務保証制度の適用に合意した（2013年10月）。

　このイギリス政府による民間企業に対する国家補助が、EU運営条約107条に規定する国家補助ルール（state aid rule）に抵触するのではないかとの懸念から、欧州委員会（European Commission：以下「委員会」という。）による審査が実施された。その結果2014年10月8日には、別途条件を付加するイギリスの修正案について、EU単一市場を維持するための国家補助ルールに抵触しないと結論付ける決定が下された。

　当該委員会決定に対し、オーストリア政府は「原発建設だけにこれだけの政府補助を認めるのはEU単一エネルギー政策に反する」として、2015年7月6日、EU司法裁判所に国家補助承認の無効確認訴訟を提起し、ルクセンブルク政府もこれに補助参加した。さらには、同年7月15日、ドイツの再生可能エネルギー発電業者であるGreenpeace Energy社等10社が原告となり、国家補助承認の無効確認を求める訴訟を提訴した。これら2つの訴訟のうち、後者については2016年9月26日、却下の決定が出ている［Case T-382/15］。

　EUのエネルギー政策に関しては、リスボン条約（2009年）において初めて独立した条項が盛り込まれた（EU運営条約21編194条）。同条項では単一市場を目指しながらも、「EUの措置は、加盟国のエネルギー源の選択、エネルギー供給構造を決定する各国の権限に影響を与えない」という条件が付与されている（194条2項）。というのは、原子力に関してEUには「脱原発国」と「原発推進国」が併存しており、政治判断が絡むことから、EC・EUの枠組みとは異なるEURATOM（European Atomic Energy Community：欧州原子力共同体）条約（1957年）により長い間、他のエネルギー源とは別扱いとされてきたからである[5]。

（5）ドイツやイタリア、オーストリア等が脱原発を決めているが、EUとしてはEURATOMの下で、原子力利用の促進を基本路線として継続している。藤井良広『EUの知識［第16版］』（日本経済新聞出版社、2013）82頁。

160　第二部　英国、EU およびわが国における原子力発電

　一方で EU 全域の電力網はつながっており、第三次電力自由化指令（Directive 2009/72/EC）により、電力会社は「アンバンドリング」（unbundling：法的分離）以上の機能分離が求められている。したがって、結果的に EU の一つの加盟国の原発政策が他の加盟国のエネルギー政策に影響を及ぼす構造となっており、一つの加盟国における国家補助を用いた原子力発電の推進が他の加盟国の競争市場やエネルギー政策に影響を及ぼすことが懸念されている。

　結局のところ、これほど多額の国家補助がなければ、市場経済のなかで原子力発電への投資が進まず、経済的に生き残れないことを示したことになる。しかしオーストリアやルクセンブルクは、たとえ、CO_2をほとんど排出しない原発が気候変動対策に効果があるとしても、原発の全体的な環境負荷が地域にとってマイナスであることは議論の余地がないとして、国家補助の「比例性原則」適合性や「市場の失敗（が存在するという前提）」を疑問視している。

　以上のような背景をもつイギリスひいては EU の原子力政策につき本章では、ヒンクリーポイント C 建設をめぐる国家補助と EU 法の関係につき、「原発への国家補助は、自由化が進む EU の電力市場での競争原理を歪めるのではないか」という観点から──委員会による修正支援策の承認（2014.10.8）、国家補助や再生可能エネルギー補助に関するこれまでの EU 司法裁判所の裁判例（[C-379/98]、[C-262/12]、[C-280/00]）およびヒンクリーポイント C 国家補助に関する EU 一般裁判所決定 [T-382/15] の分析、さらにはイギリスの原子力政策につき Brexit の EURATOM 条約に与える影響の分析等──を通して検討する。

Ⅱ　ヒンクリーポイント C 原子力発電所
──原発新設計画をめぐる背景

(1)　イギリスの電力市場改革
──20年ぶりの原発新設計画と EDF Energy 社の支配

　電力自由化のさきがけとなった EU では、他の財やサービスと同様に、エネルギーについても域内で単一市場を形成するとの考えに立ち、電力取引の障害の除去を進めてきた。

　1996年12月の電力自由化指令（Directive 96/92/EC）から始まり、2003年 6 月に第二次指令（Directive 2003/54/EC）、2009年 6 月には第三次指令（Directive 2009/72/EC）が出されているが、一貫した方針は「アンバンドリング」である。電気事

業における「アンバンドリング」とは、垂直統合型事業者において、競争が導入される部門（発電・供給）と、規制に委ねられる部門（送配電のネットワーク事業）を、何らかの基準に従って法的に分離することを指す。

イギリスでは、1990年の電力自由化（国営からの民営化）後の原発の新規立地決定はなかったが、2008年に原子力の再導入策（原子力白書：White Paper on Nuclear Power）を発表し、エネルギー法を改正した（Energy Act 2008）。改正法は規制によるリスクを軽減する内容となっており、この方針は、福島事故以降も変更はないとされ、2013年10月に、原子力規制庁（ONR）はヒンクリーポイントC原発の新規建設を決定した。

実用規模の原発建設に早くから取り組んできたイギリスの原子力の歴史は長い。古くから旧式のマグノックス炉（黒鉛減速ガス冷却炉）の開発をしてきたため、既に廃炉となった古い原発を多く抱えている（2013年までに26基すべて閉鎖）。

一方で、サッチャリズムによる規制緩和によって、世界の先駆けとして電力自由化を行う（1990年）以前は、発電から送電・配電・小売に至るまで、中央電力公社（CEGB：Central Electricity Generating Board）が一貫して担っていた。しかし1989年電気法（Electricity Act 1989）のもと、電気事業が再編され、発電会社3社、送電会社（National Grid）1社、12の地域電力会社に分割民営化され[6]、卸電力市場であるプール制を採用した。

中央電力公社（CEGB）の所有する原発は、当初は民営化の方針であったが、ロンドンの金融街であるシティが（誰も株式を購入しないのではないかとの）拒絶反応を示したため、結局、国有にして競争から切り離した。さしあたり、イングランド・ウェールズとスコットランドにそれぞれ国有会社を設けた。その後1996年の統合民営化にあたり、原子力専門の民営会社であるブリテッシュ・エナジー社（BE）が設立されたが、原発に対する市場の評価は厳しく（マグノックス炉の債務は80億ポンドと見積もられた）、マグノックス炉20基すべてを英国核燃料公社（BNFL：British Nuclear Fuels Limited）に引き取ってもらい、BE社は相対的に経済性の優れている15基のみを引き継いでようやく株式を売却することができた。にもかかわ

（6）民間の新規参入を促す1983年エネルギー法（Energy Act 1983）が機能しなかったため、1989年電気法によって分割民営化が行われた。藤原淳一郎「英国エネルギー法（1983年）に関する一考察——英国電力民営化論序説——」『雄川一郎先生献呈論集　行政法の諸問題　下』（有斐閣、1990）731頁。

162   第二部　英国、EU およびわが国における原子力発電

らず、民営の BE 社はわずか 6 年で経営破綻した（2002年に最初の政府補助を受け
た）。原因は、発電原価の高さに加え、電力市場の制度設計の見直しや、BNFL
に支払う核燃料サイクル・バックエンドコストの高さによる。

　そして2009年、フランス電力（EDF）は125億ポンドで BE 社の買収に合意し
た。BE 社の株式を政府から購入し経営権を得ることによって、フランス電力
（EDF）傘下の EDF Energy 社がイギリス最大の発電事業者となり、最大の送電
網運営企業となった。

　すなわち、1990年以来の電力自由化は、国境をまたいでの M & A という結果
に行き着いたのである。イギリスの電力市場はビッグ 6 体制の下に統合された
が、ビッグ 6 のうち 4 社（ドイツ系の RWE Npower 社および E.ON UK 社、フランス系の
EDF Energy 社、スペイン系の Scottish Power 社）は外国資本である[7]。

　1990年代以降の電力自由化政策によって、電力市場における将来への投資戦略
は軽視され続け、そして、新たな原発インフラへの投資の欠如を招く結果となっ
た[8]。

(2) イギリス政府による国家補助── Brexit の影響

　イギリスでの最後の原発建設は1995年のサイズウェル B 原発である。今後原
発の新設がなく、稼働期間の延長がなければ、2023年にはサイズウェル B 以外
の全ての原発が廃炉となる。さらに EU の CO_2 エミッション・ルールに適合する
ためには、石炭火力発電所の閉鎖も必要になる。このような電力供給事情から、
(i)原発建設に対する激しい反対運動や、(ii)原発建設に必要な許可手続に長時間を
要する[9]という障害にも関わらず、政府は原発の新設が必要との立場を示してき
た[10]。

---

(7)　長山浩章「英国における電力自由化と原子力──我が国への教訓──」開発技術21号（2015）
　　　38頁。
(8)　Heffron, *Deconstructing Energy Law and Policy The Case of Nuclear Energy*, Edinburgh Uni-
　　　versity Press, 2015, at 108.
(9)　サイズウェル B では手続に 6 年、建設に 7 年を要したため、申請時（1983年）から稼働時
　　　（1995年）まで13年を要した。*Id.,* at 28-31.
　　　　審問の開始が許可申請から13ヶ月後、審問も13ヶ月に及び、その間の審問日数は182日であっ
　　　た。首藤重幸「イギリスにおける先端科学技術政策の手続的司法統制」早稲田法学85巻 3 号
　　　（2010）668～670頁。
(10)　経産省への調査報告書「平成27年度原子力施設広聴・広報等事業　平成28年 3 月　㈱アイ・

第6章 英国ヒンクリーポイントC原発支援国家補助に対する欧州委員会承認 163

政府は同方針のもと、大規模インフラ事業に要する長いリードタイムに対応しスピードアップをはかる目的で、明確に意見聴取等を計画システムの中に取り込む「2008年計画法」(Planning Act 2008) を制定した。同法第3編14章には発電部門についてのカテゴリーがあり、同法は新たな大規模再生可能エネルギーや原子力に対しても適用される[11]。同法は国家的に重要な基盤的(インフラ)プロジェクトに対する新しい許可システムを採用し、意見聴取や意思決定プロセスが厳格なタイムテーブルに沿って行われることを定めている。

たしかに現存の原発の老朽化や石炭火力発電所の閉鎖のために、イギリスは2021～2030年の間に60GWの新たな発電を必要としている。しかしながら、ヒンクリーポイントCで採用される欧州加圧水型炉(EPR)による原発は未稼働の技術である。フィンランド(1基)、フランス(1基)、中国(2基)に建設中の4つのプラントがあるのみである[12]。

このような事情を背景として、2013年10月に政府によるヒンクリーポイントCに対する補助の提案が提示された。①固定価格買取制度(差金補填契約:FIT-CfD)による電力卸売価格は92.5ポンド/MWh、サイズウェルCが建設された時には89.5ポンド/MWhであり、運転開始から35年間適用、②建設時の借入金に対する国家保証を行う、③政策変更等安全上の理由以外での発電所閉鎖に対し国が補償を行う、という内容である。

ヒンクリーポイントCの建設コストは当初、160億ポンドと見積もられていたが、その後の福島事故による安全対策費の増加等で245億ポンドに上昇している。完成後の運転コストの上昇等をも見越して、①の固定価格買取制度による卸売価格は市場価格の2倍以上となっており、当該差額は差金補填契約(CfD)による170億ポンドの補助金の支出によって補われる予定になっている。

イギリス政府はEU運営条約108条3項に基づき、委員会に対しこの国家補助案の通知を行った(2013年10月)。委員会は同年12月、EU国家補助ルールに基づ

ビー・ティ」のうち英国の電源ミックス等の概況に関する報告(207～332頁)参照。
http://www.meti.go.jp/meti_lib/report/2016fy/000719.pdf [最終訪問日:2018年10月17日]
(11) 2008年計画法37章で求められる報告書のうち、ヒンクリーポイントC建設の概要については、EDF Energy, *Consultant Report Executive Summary*, Oct 2011参照。
(12) フランス・アレバ社製のEPRの建設はトラブル続きで計画が数年遅れ、フィンランドで52億ユーロ、フランスで72億ユーロの予算オーバーが続いており、フランス会計検査院はヒンクリーポイント計画につき予定通り進むか疑わしいと指摘している。「英の原発計画混迷」2016年3月20日付東京新聞。

いた審査を開始した[13]。この審査手続においてプロジェクトリスクを正確に反映した結果、EDF社からの借入金に対する政府保証を受けるための保証料を大幅に引き上げ、固定価格買取制度は政府とEDF社が合意したCfDに加え、より消費者に有利な利益還元メカニズムを耐用（稼働）年数である60年間適用するという修正案を基に、委員会は当該補助が競争を歪める可能性は少ないとして承認した（2014年10月8日）。

　EDF社は2016年7月28日の経営委員会で、当該建設に対し180億ポンドの投資を行う最終決定を下した（EDFは66.5％の出資割合）[14]。一方、2016年6月23日の国民投票によりEU離脱（Brexit）が決定した後に就任したメイ首相は、最終的な承認決定を先送りしていたが、同年9月15日、新たな条件を付すことで建設計画を承認した[15]。

　しかしながら、後述するところのオーストリア政府等による提訴の影響に加え、Brexitによる影響が今後、どのように及ぶのかという問題もある。というのは、イギリスがEU基本条約50条に基づき欧州理事会に対し離脱通知を行った2017年3月29日以降、離脱の合意を目指して交渉中であるが、BrexitはEURATOM条約離脱を含むと考えられているからである[16]。

　政府もBrexit White Paper[17]において、EU離脱はEURATOM条約離脱を含むことを表明している。イギリスは原子力維持国である。ドイツ、イタリア、

---

(13) 丸山真弘「英国の原子力支援政策についての欧州委員会の決定から見えてくるものは何か？」電気新聞2015年3月23日掲載、原泰斗「英国　オーストリア政府等がヒンクリーポイントCへの国家補助を提訴」海外電力57巻10号（2015）68～70頁。

(14) *Hinkley Point C: EDF's Board of Directors approves the final investment decision* https://www.edf.fr/en/the-edf-group/dedicated-sections/press/all-press-releases/hinkley-point-c-edf-s-board-of-directors-approves-the-final-investment-decision

(15) 以下の①②の条件である。①EDF社はその資本持分を、建設期間中に英国政府の承認なしに売却することを禁止する。②ヒンクリーポイントC原発以降建設される全ての原発に対して、英国政府が特別株を保有する。*Oral statement to Parliament Hinkley Point C* https://www.gov.uk/government/speeches/hinkley-point-c、電気事業連合会「海外電力関連トピック情報［英国］政府、ヒンクリーポイントC原子力発電所の建設計画を承認（2016年9月29日）」https://www.fepc.or.jp/library/kaigai/kaigai_topics/1255315_4115.html［最終訪問日：2018年10月17日］

(16) *Brexit will delay new British nuclear power stations, warns experts*（The guardian 2017/01/27）https://www.theguardian.com/business/2017/jan/27/uk-exit-eu-atomic-treaty-brexit-euratom-hinkley-point-c

(17) *The United Kingdom exit from and new partnership with the European Union* https://www.gov.uk/government/uploads/system/uploads/attachment_data/file/589191/The_United_Kingdoms_exit_from_and_partnership_with_the_EU_Web.pdf

オーストリアが脱原子力（フェイズ・アウト）を打ち出し、さらには強力な原子力推進国であるフランスも原子力への依存を減らす方向性に向かっているなかで、Brexit は EU の原子力政治バランスに影響を与えることになる。イギリスの原子力産業は、原子力サプライチェーンや原子力専門家の技術面でヨーロッパ大陸諸国の製品やサービスにかなり依存している。Brexit による「人の移動の制限」は、新たなエネルギーインフラの構築を遅らせることになる。EURATOM 条約離脱は、資材や人材や燃料の調達に関する不確実性を伴い、原子力コストの増加と更なる建設の遅れをもたらす懸念がある。

したがって、ヒンクリーポイント C は言うに及ばず、すべての原子力発電所が閉鎖に追い込まれるリスクが存する点につき、議会や専門家により警告されている[18]。

Ⅲ　欧州委員会による修正支援策の承認
──国家補助における比例性原則と市場の失敗

(1)　EU の国家補助ルール── EU 運営条約107条と EU 司法裁判所判決

EU 運営条約107条１項には国家補助（state aid）が定義され、その定義を満たした場合には当該補助は禁止される[19]。同条第１項によって禁止される国家補助の要件は、①国家による又は国家の財源（resources）を通じた補助であること、②特定の事業者又は業界に対して優位性を与えること（選好性）、③ EU 域内において競争を歪曲する（おそれがある）こと、④ EU 加盟国間の貿易に影響を与えること、の４点である[20]。一方で、同条２項および３項には許容される補助について規定されている[21]。第１項に該当すると考えられうる国家補助を供与

---

(18) *Warning UK's nuclear power stations could be forced to close after Brexit*
　　 (The Guardian 2017/02/28)
　　 https://www.theguardian.com/business/2017/feb/28/british-nuclear-power-stations-could-be-forced-to-close-after-brexit
(19) 旧東独地域の農業部門に対する補助金の EU 法適合性が争われた事例につき、兼平麻渚生「EU 法の国内実施法律に関する連邦憲法裁判所への移送と欧州司法裁判所への付託」自治研究90巻３号（2014）141～149頁。
(20) 真子和也「EU における航空分野の国家補助規制」レファレンス65巻８号（2015）65頁。もともとは、*Sloman Neptun*［Cases C-72/91 and C-73/91］および *Doux Élevage and Coopérative agricole UKL-ARREE*［Case C-677/11］で示された４要件である。
(21) 委員会はヒンクリーポイント C に対する補助は107条３項（c）の「ある経済活動の発展又はある経済地域の発展を容易にするための援助」に当たるとして承認した。これに対し、オーストリ

166   第二部　英国、EU およびわが国における原子力発電

する加盟国政府は108条３項に基づき、委員会に対して、補助金を供与する前に「通知（notification）」を行うことが求められる。

　要は、国家補助のうち107条１項によって禁止の対象となる補助とは、特定の事業者に提供される国家財源を通じた補助である。それにより域内市場の競争を歪曲し、結果として加盟国の貿易に影響を与えるからである[22]。

　当該補助のうち、エネルギーや環境目的の補助金については、委員会よりガイドラインが出されている（2014年４月９日）[23]。当該ガイドラインでは、2020年におけるEUの気候変動目標達成を推進するために再生可能エネルギーに対して認められた補助金から生ずる市場の歪みにも言及している（原子力に関する言及はない）。

　エネルギー補助金が許容されるための法的要件を満たすためには、その目的が決定的に重要になる。というのは、対象者に過度の利益を与えないという比例性原則は、当初の「目的」を達成するための「必要性」の問題（＝目的達成に必要とされる制限（通商や競争）との間のリンクに焦点をあてる）を含むからである。したがって、「追求される目的」と「補助の期間」を明確にすることが必要となる[24]。

　EU司法裁判所先決裁定のうち、固定価格買取による再生可能エネルギーに対する補助を認めた判決として、(i)プロイセンエレクトラ（*PreussenElektra*）事件［Case C-379/98］（2001年３月13日）がある。同様の再生可能エネルギー補助でありながら認められなかった判決として(ii) *Vent De Colère* 事件［Case C-262/12］（2013年12月19日）がある。

　(i)のプロイセンエレクトラ事件[25]は、ドイツのキール（Kiel）地裁から先決裁定の付託を受けたものである。原告のプロイセンエレクトラ㈱は、ドイツで20以

ア政府やドイツ再生可能エネルギー発電業者等による訴訟は、同条３項（c）の適用を誤っていると主張するものである。

(22) M. ヘンデーゲン著・中村匡志訳『EU 法』（ミネルヴァ書房、2013）316頁、真子・前掲注(20) 65頁。

(23) 当該目標のため、ガイドラインは徐々に市場ベースのサポートへの移行を推進し、再生可能エネルギー推進のための賦課金によって特に国際競争にさらされるエネルギー集約型企業への補助基準をも示している。*State aid: Commission adopts new rules on public support for environmental protection and energy.* http://europa.eu/rapid/press-relesase_IP-14-400_en.htm

(24) Johnston, Heffron, McCauley, *Rethinking the scope and necessity of energy subsidies in the United Kingdom*, Energy Research & Social Science ３, 2014, at １‐４.
http://www.sciencedirect.com/science/article/pii/S2214629614000632

(25) 本件イギリス政府による補助に対する委員会決定（*Commission Decision of 08.10.2014*）para. (326) にも引用されている判決である。

第6章　英国ヒンクリーポイントC原発支援国家補助に対する欧州委員会承認　　167

上の発電所・配電網を運営する電力会社である。被告のシュレスヴァーグ㈱は、地方の電力会社であり、ほぼ原告のみからシュレスヴィヒ・ホルシュタイン州の顧客への供給に必要な電力を引いている。株式の65.3％は原告により、残りは同州により保有されている。

キール地裁における原訴訟では、原告プロイセンエレクトラ㈱が被告シュレスヴァーグ㈱に対し、電力固定価格買取法4条1項に基づき被告に支払った代金の返還を求めた（para. 2）。被告は、再生可能エネルギー電力の買取を義務付けられることにより、電力販売全体における風力発電の割合が激増し（0.77％→15％）、それに伴う財政的負担も増えたので、増加費用を原告に請求した。原告はこれ（1998年5月分）を支払ったが、キール地裁への訴えによってそれらのうち50万マルクの返還を請求した。同法4条はEC条約の助成法規定に反しており、この代金は法的根拠のない給付だったので返還されるべきとの主張である（paras. 20-21, 22-23）。

EU司法裁判所は当該主張への答えとして、同法4条1項に基づく固定価格により民間の電力供給会社に法律上の買取義務を課すことにつき、公の財政負担のない経済的受益は、現行EU運営条約107条1項（EC条約旧92条1項、当時の87条1項）における補助の概念にあたらないと結論付けた（para.66）。

現行EU運営条約107条1項における「補助」とみなされるのは、国家の財源からの直接または間接的に提供された利益のみである。同項では「国家補助」と「国家の財源（resources）を通した補助」とを区別しているが、これは単に国家から直接提供された利益と、国家が任命・設立した公的・私的機関を通じて（間接的に）提供された利益とが、どちらも補助の概念に含まれることを意味するにすぎない。したがって、電力供給会社に買取を義務付け、この義務によって生じる財政的な負担を電力供給会社と電力網の民間運営者とで分担させる規定（電力固定価格買取法4条1項）は、EC条約旧92条1項（当時の87条1項）における補助金に当たらない。また同規定は、EC条約旧30条（当時の28条）にも反しない。EC条約旧30条適合性の判断にあたって、問題の規定の目的が重要となるが、それは現状のEC法では環境保護が重視されているからである（要旨2、4）。

(ii)の *Vent De Colère* 事件[26]は、フランス当局が直接、再生可能エネルギー支

---

(26) 本件イギリス政府による補助に対する委員会決定（*Commission Decision of 08.10.2014*）para.（326）にも引用されている判決である。

168　第二部　英国、EU およびわが国における原子力発電

援スキームに関与し、徴収費用が不十分な場合にはコストの補償を約束したものである。コンセイユデタ（Conseil d'État：国務院）から先決裁定の付託を受けた。

　原請求は、Vent De Colère および11人の自然人が、環境・エネルギー大臣および経済産業雇用大臣による 2 つの政令（2008年11月17日、同年12月23日）に対して行ったものである。問題の政令により、両大臣は風力発電の買取条件を固定したため、原告はこれらの政令は EU 運営条約107条 1 項における国家補助に該当するとして、コンセイユデタに無効確認訴訟を提起した（paras. 1 ~ 8 ）。

　コンセイユデタは2004年 5 月21日判決で、かつての風力発電の買取メカニズムについて上記プロイセンエレクトラ判決を適用し、EC 条約87条 1 項における国家補助にあたらないと認定していたが、当該メカニズムは2003年 1 月 3 日法によって変更された（改正前は、発電者・供給者・送電者が支払う賦課金による公的サービス基金によって買取義務による費用が完全に補償されていたが、改正後は、国内に居住する電力最終消費者によって補償される）（paras.10, 11）。そこで、改正後のメカニズムが107条 1 項にあたるか、EU 司法裁判所に付託された（para.13）。

　この付託問題は上述の国家補助とされる 4 要件のうち、①国家による又は国家の財源を通じた補助であること、という要件のみに関わってくる（para.15）。国家財源を用いた措置には直接国家によって提供される利益だけでなく、国家によって設立又は委託を受けた公的・私的機関によって提供される利益も含まれる（para.20）。本件で買取義務によって生じる費用を補償するためのコストは、フランスに居住する全ての電力最終消費者から徴収されている（para.22）。このように加盟国の法規定に基づく強制徴収によって賄われ、管理・配分される基金は、その管理が国でない機関に委ねられていたとしても、EU 運営条約107条 1 項における国家財源とみなすことができる（para.25）。本件のように預託・委託金庫によって管理される金銭も、国家のコントロールに服する（para.33）。

　すなわち、(i)プロイセンエレクトラ事件で問題となったコストはどの時点でも国家のコントロールに服していたわけではなく、原手続で問題となるようなメカニズムも存在していないため、国家財源とみなすべきではない。これに対し(ii) Vent De Colère 事件における賦課金（charge）は、管理は国ではないとしても国家財源に当たる。このように両者の事案を区別したうえで、EU 司法裁判所は、「EU 運営条約107条 1 項の適切な解釈によれば、風力発電の固定買取義務によって企業に生じる費用を完全に補償し、その資金を国内に居住する電力最終消費者

第 6 章　英国ヒンクリーポイント C 原発支援国家補助に対する欧州委員会承認　　169

に負担させる本件メカニズムは、国家財源の使用による措置に当たる」と結論付けた（paras.36, 37）。

(2)　欧州委員会による修正支援策の承認
①　「比例性原則」適合性

　イギリス政府は2013年10月12日、ヒンクリーポイント C 原発の支援策を委員会に通知した。委員会はこの支援策が EU 運営条約107条 1 項の国家補助ルールに抵触する可能性があるかにつき、同年12月18日に108条 2 項に基づき正式な審査を開始した。審査過程で寄せられたイギリス政府や利害関係者からのコメントを精査した結果、委員会は2014年10月 8 日に政府の修正支援策を承認する決定を公表した[27]。

　ただし前述の通り、EU 基本条約のもと、加盟国にはエネルギーミックスを決定する自由がある。したがって委員会決定は、イギリス政府の政策への判断を示すものではなく、それを前提とした国の支援策（公的資金が民間企業の支援に使われる）が EU の国家補助ルールに適合するか否かを精査するのみである。具体的には「比例性原則」適合性と「市場の失敗」の有無が問われることになる。

　委員会は、建設期間中に負担する高額の先行投資や、廃炉・放射性廃棄物処理の費用は、運転期間中に「薄く・長く」回収する必要があることを認めた。ヒンクリーポイント C の財政モデルはこれらの費用を含んでいる。そして、卸電力市場の価格変動リスクを長期にわたりヘッジできる商品が存在しないことから、「市場の失敗」が存在しており、国の適切な支援なしには民間による原子力への投資は困難であり、当該支援策は「比例性原則」に沿っていると結論付けた[28]。

　「比例性原則」は EU 基本条約（リスボン条約） 5 条および EU 運営条約296条 1 項に規定されるところの「EU は権限をどのように行使すべきか」についての原則である[29]。たとえば環境保護の領域では、加盟国の環境政策と条約または条約に基づいて採択された EU 措置との調整や、その前提となる加盟国と EU 諸機

---

(27) *Commission Decision of 08.10.2014 on the aid measure which the United Kingdom is planning to implement for support to the Hinkley Point C Nuclear Power Station* http://ec.europa.eu/competition/state_aid/cases/251157/251157_1615983_2292_4.pdf
(28) *Id.*, paras. (459) - (462).
(29) 上田純子「EU 法原則と環境保護」庄司克宏編著『EU 環境法』（慶應義塾大学出版会、2009）90頁。

関との権限配分を判断する際に用いられる。これは、比例性原則により制御される「手段」には階層が存在することを意味する[30]。すなわち、EU司法裁判所が比例性原則に照らしてEUと加盟国との間の権限のバランスを審査する際、その審査は限定的なものにとどまるということである。比例性原則は、加盟国がEU法の実施にあたって裁量権を行使するとき、または、人・物・サービス・資本の自由移動規定からの適用除外を正当化するときのように、加盟国がEU法の範囲内で行動する場合にも適用される。

　本件においてイギリスの価格支援策である「差金補填契約」(CfD) により、ヒンクリーポイントC運営者は35年間、「固定価格」(SP：Strike Price) による電力卸売を保障される。CfDとは、卸電力市場での買取時の固定価格が「参照市場価格」(RP：Reference Price) を上回った場合、その差額を政府が支払い、下回った際は政府が差額を受け取るという契約である。具体的には、事業者であるNNBG社 (Nuclear New Build Generation Company Limited：EDF Energy社の事実上の子会社) が受益者であり、CfDのもと、卸電力市場[31]の価格総額によって決定されるところの収入を受け取る。実際の固定価格 (SP) は参照市場価格 (RP) の2倍以上であり、NNBG社が売電する場合には、予め決められた固定価格との差額を受け取ることになる[32]。さらに、金融市場における債務を保証するファンド (Independent Fund：倒産隔離ファンド) の支援や法律・制度の変更をもカバーする国家保証が受けられる。

　審査過程でイギリス政府が提出した修正案は、プロジェクト・ファイナンス期間の延長と政府の財政支出の削減である[33]。それは、イギリス国民の財政負担を減らす（＝納税者の負担を軽減する）ことになる。原子力発電という低炭素発電へと代替する必要性によってもたらされる市場の失敗に対処する意図も持つ。イギリス政府はこのような補助がないと、前例のない性質と規模をもつヒンクリーポイントC建設の資金は調達できないと主張した。

---

(30)　庄司克宏『新EU法　基礎編』（岩波書店、2013）29頁、204～205頁。
(31)　自由化によりイギリスでは強制プール制を採用したが2002年に廃止、2005年からNETA (New Electricity Trading Arrangements：新電力取引制度) システムへと移行した。
(32)　*Supra* note 27, paras.（8）～（10）,（296）.
(33)　①政府保証を大幅に引き上げることにより、補助を10億ポンド以上削減する。②超過利益となる閾値をイギリスの電力消費者と政府（公的機関）とで、よりよくシェアする。長山・前掲注（7）43頁。

当該修正案に基づき、委員会は、提供される国家補助は追求目的と比例し、単一市場における競争の不当な歪みは避けられると判断した。委員会は、加盟国には自国のエネルギーミックスを決定する条約上の権利があることも再確認している。

② 「市場の失敗」の有無

民間事業者に有利となる公的介入は、当該民間事業の運営が市場条件のもとで行われる限り、EU ルールの許容する国家補助の範疇にあるとみなされる[34]。市場条件とは「市場経済投資家原則」（Market Economy Investor Principal）であり、一般的な市場経済状況において民間投資家が行うような投資と同じ条件で政府が投資を実施した場合には、当該投資は107条1項で禁止される国家補助とはみなされないというものである[35]。

委員会は、本件国家補助が共通の EU ルールに適合するかについて、アルトマーク（Altmark）判決［Case C-280/00］（2003年7月24日）[36]で示された4要件（以下の(i)～(iv)）に従って検討した。というのは、これらの共通 EU ルールに適合しないと、特定の民間事業者が競業者には与えられていない特典を受けることになり、加盟国間での「補助金レース」によって EU 単一市場内での競争が歪められることになるからである[37]。

アルトマーク判決において ECJ（European Court of Justice：現行 EU 司法裁判所）は、EU 運営条約107条1項（EC 条約旧92条、当時の87条1項）を適用する条件として、補助が公的義務を遂行するために受取事業者によって提供されるサービスに対するものであって、以下の4要件を満たす場合には、国家補助に該当しないと判示した。(i)事業者が実際に公益義務の履行を求められており、当該義務が明確に定義されていること、(ii)（損失）補償の算定要素が事前に客観的かつ透明性をもって示されていること、(iii)補償額が必要な限度を超えていないこと、(iv)事業者

---

(34) *Supra* note 27, Press Release, at 2, paras.（296）-（304）.

(35) この考え方の根拠となる直接的な規定は EU 運営条約には見当たらないが、間接的には345条から派生するといわれている。真子・前掲注（20）65～66頁。

(36) アルトマーク判決による基準は、ドイツの公共バス運輸業者（Altmark Trans GmbH）に対する州政府の財政補助が国家補助に該当するかにつき、ドイツ連邦行政裁判所から付託された先決裁定において示された基準である。庄司克宏『新 EU 法 政策篇』（岩波書店、2014）349～350頁。

(37) *Supra* note 27, Press Release, at 2.

172 第二部 英国、EU およびわが国における原子力発電

が競争入札手続によって選ばれない場合、補償の水準が平均的に良好に運営されている事業者が当該義務の遂行の際に負担すると推定される費用を分析したうえで決定されること、の4要件である[(38)]。

イギリス政府は、アルトマーク4要件に反する事業への特典を与えているわけではないとして、当該補助は107条1項に規定される国家補助に該当しないと主張した（paras.（289),（297))。

当初案の CfD による民間企業への特典は、国によって課される（電力最終消費者に対する）賦課金（levy）を通しての、かつ、国のコントロール下の財源に基づくファイナンスであった。これに対し委員会は、アルトマーク基準(i)によると、事業者は実際に公益義務の遂行を求められていなければならず、この要件に合致するためには問題の事業者の義務を定義付ける当局の指定が必要であるが、本件において公益サービス義務は見受けられないし、NNBG 社が一般的経済利益サービス（Service of General Economic Interest）を委託されているとも考えられないとした（paras.（298),（311),（314))。

アルトマーク基準は累積的な要件であり、(i)の基準に合致していないので、委員会は残りの要件について精査することなく、当該補助は NNBG 社に選択的な特典を付与したものとみなした（para.（316))。すなわち、CfD は107条1項の意味するところの国家補助を含むと結論付けた（para.（342))。

これに対し、イギリス政府は修正案を提出した。うち特に CfD は、プロジェクトの特殊性からして投資補助（investment aid）の特徴を有しており、したがって市場での競業は可能である（＝競争を歪めない）と判断した。当該補助の目的は NNBG 社にヒンクリーポイント C 建設の投資を保証することであり、CfD は売電価格を維持することによるリスクヘッジ手段となる（paras.（344）-（347))。

原子力発電に「市場の失敗」が存在するかについては、委員会は長期的な炭素排出につき価格シグナルが存在せず、排出抑制への十分な規制枠組みも存在しないことから、市場の失敗が存在すると判断している。これは原子力を含めた低炭素発電への政府の介入を正当化することになる（paras.（375）-（378))。そのうえ、電力の安定供給という要素は十分に価格に組み込まれておらず、民間による原子力発電事業への投資決定は、社会的最適（social optimum）以下となっている

---

(38)〔Case C-280/00〕paras.87-93, *supra* note 27, paras.（300）-（303).

第6章　英国ヒンクリーポイントC原発支援国家補助に対する欧州委員会承認　　173

(para.（397））⁽³⁹⁾。

　したがって、競争を歪める可能性があるか否かについての結論は、「その可能性は限定されている」というものであった。EDF社からのコミットメントを考慮すると、ヒンクリーポイントCに対し補助（commissioning）を与えることによる競争の歪みは必要最小限に留められ、補助金のプラス面と相殺されると結論付けた（paras.（548），（549））。

　以上の精査に基づいた結論として委員会は、当該事業アセスメントや当該事例の特殊状況に基づくと、イギリス政府が通知した当初案における補助パッケージは（禁止される）国家補助にあたるが、修正案では、107条3項(c)（投資補助）が求めるところの国内市場での競業者との適合は可能であるとした（para.（550））。ただし、既に現在の国庫補助パッケージにヒンクリーポイントC投資プロジェクトが進展するのに必要な全ての補助が含まれていることから、最終の財政文書が更なる国家補助の要素を含むこととなる場合には、「事情変更の原則」によりこれを承認することはできない旨も付記している（para.（551））。

IV　オーストリア政府による提訴・ドイツ再生可能エネルギー発電業者等による提訴とEU一般裁判所決定

(1)　オーストリア政府による提訴およびドイツ再生可能エネルギー発電業者等による提訴

　委員会がイギリス政府の支援策を承認したことに対し、オーストリア政府は2015年7月6日に無効確認訴訟を提起し［Case T-356/15］⁽⁴⁰⁾、この訴訟にルクセンブルク政府も補助参加した（オーストリアと同様に脱原子力政策を採るドイツは、連邦議会投票で国家補助賛成の立場を示したため、参加しなかった）。さらには、ドイツ（9社）およびオーストリア（1社）の計10社の再生可能エネルギー発電業者および市営企業の同盟も委員会決定の無効確認を求める訴訟を提起した［Case T-382/15］⁽⁴¹⁾（2015年7月15日）⁽⁴²⁾。

---

(39)　さらに、原子力特有の他の2つの市場の失敗（巨額の原子力投資へのリスク、投資決定後に政治的に停止・早期閉鎖されるリスク）があるとしている（paras.（381）-（385））。

(40)　Official Journal of the European Union, Volume 58, 12 October 2015, C337/14.

(41)　Official Journal of the European Union, Volume 58, 12 October 2015, C337/22.

(42)　*Energy providers sue Commission over Hinkley Point subsidy*
　　http://www.euractiv.com/section/uk-europe/news/energy-providers-sue-commission-over-hin-

174　第二部　英国、EU およびわが国における原子力発電

　オーストリア政府は、「原子力は革新的技術ではなく、国家補助の価値はない。国家補助は全ての EU 加盟国に適用できる革新的技術を支援する場合に認められており、原子力発電はこの要件に当てはまらない。さらに35年間の CfD や債務保証、早期の閉鎖時の補償は、われわれの国家補助への要求と逆行している。原子力発電が炭素排出削減に貢献したとしても、総合的に原子力発電は環境に良い影響を与えていないことは誰もが認めている。したがって、原子力発電は、再生可能エネルギー・環境に関する国家補助ガイドラインにこれまで含まれてこなかった」とコメントしている[43]。

　オーストリア政府は10項目の法的主張をしているが、うち 6 項目は107条 3 項(c)の適用の誤りに関する主張である[44]。まず、「市場」の定義の誤りと「市場の失敗」の存在に関する判断の不正確さを述べている。「委員会は原子力独自の市場が存在し、市場の失敗があるとの誤った理解に基づいて国家補助を認めている。さらには、原子力発電が新技術との想定は誤りである。当該国家補助は単なる投資補助のレベルではなく、EU 司法裁判所判決では違法とされている運営補助（operating aid）にあたる」と主張している。「107条 3 項(c)（ある経済活動の発展又はある経済地域の発展を容易にするための援助）の補助に該当するための『共通の利益』も存在しない。補助の定義は不十分であり、追求目的に対する手段の妥当性要件（比例性原則）も不十分で理解できない」との主張である。

　一方、［Case T-382/15］の原告である再生可能エネルギー発電事業者等の共同プレスリリース[45]によると、「原子力補助が他のエネルギー供給者や再生可能エネルギー供給者の負担増により、欧州の電力市場における競争を歪めることは明らかである。したがって、ドイツおよびオーストリアのエネルギー市場の10のアクターはこの補助に反対するために訴訟共同体を結成した」として、EU 司法裁判所に対し、委員会決定の無効の訴えを提起する表明を行っている。原告らは、「（イギリスの）支援策は、ドイツ電気料金に最大12% 影響し、競争市場を大きく歪ませる。このように委員会の国家補助の承認により直接的および個別に影響を

---

　　kley-point-subsidy/［最終訪問日：2018年10月17日］
(43)　原・前掲注（13）69頁。
(44)　*Supra* note 40, pleas in law and main arguments 1 - 6 .
(45)　*Unternehmensbündnis stellt Klage gegen AKW-Beihilfen für Hinkley Point C vor* https://www.greenpeace-energy.de/presse/artikel/unternehmensbuendnis-stellt-klage-gegen-akw-bei-hilfen-fuer-hinkley-point-c-vor.html［最終訪問日：2018年10月17日］

第 6 章　英国ヒンクリーポイント C 原発支援国家補助に対する欧州委員会承認　　175

受ける企業グループは、訴訟の権利を有している」とコメントしている[46]。そして、イギリスが気候変動対策として原子力を推進し、国家補助によって原子力への投資リスクをヘッジすることにより、ドイツの再生可能エネルギー固定価格買取法による追加の買取費用が膨らむことや、他の加盟国の原子力発電投資にも同様の補助が使われる先例となる懸念を示している。

　同企業グループはヒンクリーポイント C への補助パッケージが複数の EU 加盟国において、その国での原子力計画のための青写真となるため、ドイツのエネルギー転換（Energiewende）にとってネガティブな作用をもたらすとし、Energy Brainpool 分析研究所に委託した研究鑑定書[47]をプレス会見で提供している。

　原告らは 8 項目の主張をしているが、うち 5 項目が107条 3 項(c)の適用の誤りに関する主張である[48]。まず、「委員会は原子力を援助する共通利益につき、107条 3 項(b)と(c)の適用の基準を混同して適用している。委員会は運営条約194条に基づくエネルギー分野の EU 目的の一つである『安定供給』という共通利益を認めているが、それは原子力発電所の建設や運転によって得られるものではない」と主張する。次に市場の失敗につき、「委員会はファイナンス市場における原子力発電所への投資が困難であることに起因するとしているが、同じ技術（EPR：欧州加圧水型炉）を用いている原発のみならず、他の原発が国家補助を受けることなく行われてきた事実を見落としており、政治的な決定が市場の失敗を生み出しているとの誤った主張もしている」。「CfD を投資補助として分類している点や、補助パッケージの（手段としての）妥当性およびインセンティブ効果の受容についても誤った判断を行っており、安定供給目的のための原発建設や運転の代替案に関する十分な検討も行っていない。さらに、国家補助による競争への歪みを過小評価し、補助パッケージのプラス面を過大評価している」として、委員会の想定よりも市場価格への影響が大きいことを主張している。

---

(46)　原・前掲注（13）69頁。
(47)　その内容は以下の通りである。①EU 6 ヶ国で現在計画中の原子力発電に対して大規模な国家補助を適用すると、ドイツ卸電力価格が11.8％低下する可能性がある。②原子力発電を含む 1 MWh 当たりの卸電力価格は5.7ユーロ低下し、発電事業者に不利益を及ぼす可能性がある。③卸電力価格の下落のため、ドイツの再生可能エネルギー法による年間の追加買取費用は2040年には22億ユーロに達し、ドイツの需要家は年間16.39ユーロを負担する可能性がある。原・前掲注（13）69頁。
(48)　*Supra* note 41, pleas in law and main arguments 1 - 5 .

176 第二部 英国、EU およびわが国における原子力発電

(2) EU 一般裁判所決定［Case T-382/15］

① 原告の「個人的該当性」の有無

EU 司法裁判所の訴訟手続には「先決裁定」と「直接訴訟」がある。加盟国や企業が直接に EU 機関を相手取って EU の裁判所に提訴する場合が後者の直接訴訟である。本件訴訟のように加盟国が EU 機関を訴える訴訟は少ないが、一般裁判所（General Court）が第一審を扱い、不服がある場合には司法裁判所（Court of Justice）に上訴することになる[49]。過去の国家補助に関する訴訟では、判決までにかなりの時間を要している[50]。

本件に関して、再生可能エネルギー発電業者等による訴訟［T-382/15］（同年 7月15日提訴）については却下の決定が出ている（2016年 9 月26日）。オーストリア政府による訴訟［T-356/15］（2015年 7 月 6 日提訴）は、本章脱稿後の2018年 7 月12日に補助金は適正とする判断が下された[51]。

前者につき、結論として一般裁判所は、原告の再生可能エネルギー発電業者等には補助金の承認との「個人的該当性」がないとの理由で訴えを却下した。

決定理由において裁判所は、EU 運営条約263条 4 項において求められる原告の「個人的該当性」について、過去の判例［C-25/62］（1963年 7 月15日）を参照し、「原告は補助の域内市場との適合性に関する決定の正当性を争う場合、自身に『特別の地位』があることを示さなければならない」と判断基準を整理する（paras.33-35）。そのうえで、原告の当事者適格について 5 つの点を検討した（以下の①〜⑤）。

まず、①委員会の審査手続において書面による態度表明を行ったから個人的該当性があるという原告らの一部（1・2・5）の主張については、これを却下した。その態度表明によって審査手続の経過が大幅に決定づけられたこと（過去の

---

(49) 中村民雄『EU とは何か［第 2 版］』（信山社、2016）94〜95頁。

(50) 一般裁判所における国家補助に関する訴訟事例は、2013年は平均48ヶ月、2014年は平均32ヶ月の期間を要している。一般裁判所から EU 司法裁判所（終審裁判所）への上訴には少なくとも14〜24ヶ月を要する。

Buckworth N, *Austria and Luxembourg will challenge Hinkley Point C State Aid*
http://www.shearman.com/en/newsinsights/publications/2015/06/austria-and-luxembourg-will-challenge-hinkley［最終訪問日：2018年10月17日］

(51) BESCHLUSS DES GERICHTS（Fünfte Kammer）（2016/09/26）
http://curia.europa.eu/juris/document/document_print.jsf?doclang=DE&text=&pageIndex=0&part=1 &mode=lst&docid=183948&occ=first&dir=&cid=493310
［Case T-356/15］Austria v Commission（2018/07/12）.

第6章 英国ヒンクリーポイントC原発支援国家補助に対する欧州委員会承認 177

判例による原告適格の判断基準）が主張されていないこと、行政手続への参加のみから原告適格を導くことはできず、原告らは——当該補助により——市場における自身の地位が明らかに侵害されうる、またはその個人的な特性により当該決定がその地位に触れることを示さなければならないことが、その理由である（paras.36-40）。

　次に、②（問題の決定による）市場における原告の地位の明らかな侵害について、原告企業は受益者（NNBG社）との競争関係だけでなく、決定の名宛人と同様に、自身に個別に該当する実状が存在していることを示さなければならない。ただし、そのような特別の地位の明らかな侵害の証明は、その商業・財政的業績の悪化についての手掛りの存否のみに限定されない。また侵害の存否は、当該補助の額ではなく侵害の程度に左右され、市場の規模、補助の種類、補助期間の長さ、問題の活動が原告の本業か副業か、補助の消極的作用に対抗する可能性の有無によっても変わることになると判断基準を整理した（paras.41-44）うえで[52]、(i)原告ら（ドイツ・オーストリアの電気事業者）とヒンクリーポイントCの運営者が競争関係にあるか、(ii)市場における原告の地位の明らかな侵害が存在するか、という2点を検討した。

　(i)原告らが受益者と競争関係にあるか否かについては、第一に、問題となる市場の地理的範囲につき、第三次電力自由化指令（Directive2009/72/EC）により電力域内市場創設の障害を除去する様々な規定が制定されており、本件でも原告らがEU電力市場から除外されていることは窺えない。したがって、問題となる市場の地理的範囲をEUのエネルギー域内市場全体とする原告らの主張に賛同できるとしている（paras.46-53）。

　第二に、原子力による電力は再生可能エネルギーによる電力の代替にならず、原告らの活動は「再生可能エネルギー電力の部分市場」に限定されているという委員会の主張について、電力の性質上、送電・配電網へ送られた後は、もともとの発電源やエネルギー源の特定はほとんど不可能である（paras.54-56）。また第三次電力自由化指令のどの規定からも、EU電力市場を複数の部分市場に分類することは正当化できない。したがって、再生可能エネルギーによる電力とその他の一次エネルギーによる電力は同一の市場に属するエネルギー製品であり、原告ら

---

(52) ただし、競争関係について終局的に言明することはEU司法裁判所の任務ではないとして、裁判所のコントロールの及ぶ射程を限定している（para.44）。

178 第二部 英国、EU およびわが国における原子力発電

の発電電力と受益者の発電電力は競争関係にあると明言した（paras.57-65）。

第三に、すべての原告らはドイツの支援システムによって優遇された発電所（EEG（Gesetz fürden Ausbauerneurbarer Energien（＝再生可能エネルギー法：2000年施行）発電所）を運営していたものの、原告らの主要事業形態の大部分はドイツにおけるグリーン電力の販売であり、これは電力市場の枠内でのみ遂行される取引であること、パリの電力取引所（EPEX SPOT SE）における電力価格が連続して6時間以上下落する場合には、EEG 発電所も支援規定から除外され、競争の影響に完全にさらされること、再生可能エネルギー固定価格支援期間の20年を超えてもEEG 発電所の発電は可能であり、その製品を電力市場の外にあるとみなすことはできないことから、原告らは支援措置を受けていない限りは、直接に電力市場における発電者および電気事業者として活動しており、受益者の競業者であると言えると結論付けた（paras.66-75）。

一方、(ii)問題の決定が原告の市場における地位を明らかに侵害したといえるかについては、競業者は補助の域内市場との適合性を争う場合、当該市場の構造に関するデータを示さなければならないが、提出された研究鑑定書（Energy Brainpool 分析研究所）は EU 電力市場の構造に関して不完全な情報しか含んでおらず、現在の市場シェアについて結論を出すことはできない（paras.77-87）。

またイギリス政府の補助パッケージは、原告らが受益者（NNBG 社）の競業者として活動する EU の電力市場全体に影響をもたらすため、問題の決定は全ての発電者・電気事業者に影響をもたらしうる。したがって、ヒンクリーポイントC の運営開始が原告らに対し、不利益を生じさせないとはいえないが、原告らの競争状況に対して起こり得る侵害が、他のすべての市場参加者の競争状況への侵害と異なると認定することはできない。その限りで、再生可能エネルギー等[53]以外のエネルギー源による事業者との関係でも、ドイツの支援措置を受けていない他の再生可能エネルギー発電業者との関係でも、原告の市場における「特別の地位」を認定する手掛りはないとして、原告の地位の明らかな侵害の存在を否定した（paras.88-98）。

続いて一般裁判所は、③委員会決定の名宛人以外の者（原告ら）の訴訟提起を可能とする「個人的該当性」が、原告らの一定の個人的特性から導かれるかとい

---

(53) 再生可能エネルギーと熱電供給を指す。以下、同様。

第6章 英国ヒンクリーポイントＣ原発支援国家補助に対する欧州委員会承認　　179

う点について検討した。

　第一に、原告らは、再生可能エネルギー等の技術を発展させ、したがってEU
の環境・エネルギー政策上の目的（EU運営条約191条1項、194条1項(c)）を追求して
いることや原子力発電を否定していることから、その特別の地位を導くことがで
きると主張する。しかし、原告らがその事業形態の枠内で追求した目的が環境・
エネルギー領域におけるEUの目的と合致するとしても、他の電力市場参加者も
同じ目的を追求することができるため、原告らの特別の地位は基礎付けられない
（paras.117-119）。

　第二に、原告の一部（3-10：市営企業や地方の電力網の運営者）は再生可能エネル
ギー源を優先するEU指令上の義務から、再生可能エネルギー等の発電所の優先
的アクセスを保証するために、エネルギー効率化・送電網統制策を実施しなけれ
ばならないところ、本件国家補助パッケージにより送電網コストが上昇する点か
ら、個人的該当性を主張した。しかし、その負担はすべての送電網運営者につい
て同じであり、いずれにせよ送電網コストの上昇は最終消費者に転嫁されること
になるので、この主張は却下される（paras.122-127）。

　さらに、④他の加盟国に対する影響——すなわち、イギリス政府による原子力
に対する補助パッケージを認める委員会決定は「青写真」にあたり、他の加盟国
の追従を引き起こす（他の加盟国も、投資促進優遇による原発新設を表明した）(54)という
点——から原告らの特別の地位を導く主張については、委員会が将来、国家補助
の領域で他の原発プロジェクトに有利な決定を下しうるということは、問題の委
員会決定そのものに依拠しないと指摘する。

　問題の決定が本当に他の原発プロジェクトにとっての「青写真」にあたり、他
の加盟国における新たな原発の建設がヒンクリーポイントＣと同様にEU電力
市場における電力価格の低下につながることが完全に排除できないとしても、原
告らは他の原発建設が自分たちの地位にもたらしうる影響について述べていな
い。また、他の原発建設の帰結は、EUの発電者・電気事業者・送電網運営者す
べてに及び、市場における原告らの地位への侵害だけが特別なわけではないとし

---

(54)　委員会は、後述するハンガリーのパクシュⅡ（Paks Ⅱ）原発への国家補助に対するハンガリー
　　政府からの通知に対する決定も行わねばならず、当該一般裁判所決定の及ぼす影響は避けがたい
　　と思われていたが、2017年3月6日、ハンガリー政府の提出した実質的コミットメントを基に承
　　認した。

て、原告の主張を斥けた（paras.128-132）。

　最後に、⑤原告らは EU 運営条約107条の保護を受けており、これについて
EU 基本権憲章47条の意味における実効的権利保護を享受しなければならない
が、イギリスに営業所を持たないためイギリスで提訴することができない。EU
司法裁判所に先決裁定を求めることのできる国内裁判所において、権利保護を求
める可能性が存在しなかった——ゆえに本件無効確認訴訟が許容されるべき——
との主張も却下している。

　EU 運営条約263条 4 項に規定された（無効確認訴訟の）すべての適法性要件は、
運営条約に明文で規定された要件が欠如していない限り、裁判所による実効的権
利保護を求める基本権に照らして審査されなければならない。しかし、「原告ら
は、問題の補助の構成部分が、それ自体国内裁判所で取り消されうる措置に当た
るということを、法的・事実的な観点に基づいて説明していない。彼らが国内裁
判所にアクセスできたかという問題に関して、原告らは単に、自分たちがイギリ
スに営業所を持たないということを指摘したにすぎず、その事実のみによってそ
こでの提訴を妨げられているということまで説明していない」。したがって、「裁
判所による実効的な権利保護についての彼らの主張は却下すべきである」とし
た。実効的権利保護を求める権利に立ち戻ってこの要件の欠如を覆し、無効確認
訴訟の適法性を認めることはできないとした（paras.133-146）。

②　原告らの追求した環境・エネルギー政策上の目的および他の加盟国に対す
る影響

　以上のように本件訴えは、原告らには運営条約263条 4 項に規定する個人的該
当性を示す「特別の地位」が認定できないとして却下された。しかし、委員会決
定の前提となった「市場の失敗」の認定については疑問を投じた。

　というのも、委員会は承認決定の際、原子力発電市場では市場の失敗が生じて
おり、補助金によってそれを解消しなければならないとの見解に立っていた。し
かし、市場の失敗の有無の判断において、本件決定のように原子力発電だけの部
分市場ではなく、EU 域内の電力市場全体が基準になるとすると、市場の失敗は
存在しないので、国家補助の適法性の前提は失われることになる。

　さらに、市場への侵害が限定的にとどまることも補助金の適法性の要件とな
る。しかし本件決定によれば、この問題はイギリスの「原子力発電」市場のみに

第6章　英国ヒンクリーポイントC原発支援国家補助に対する欧州委員会承認　　181

ついて判断することはできず、EUの電力市場全体への影響を判断しなければならないことになる。

原告らは当該決定に対し、EU司法裁判所（終審裁判所）への上訴を表明している[55]。「特にヒンクリーポイントCは欧州の他の原発プロジェクト推進国（ハンガリー[56]、ポーランド、チェコ、スロバキア）の青写真となりうるので、不公平な原発への補助に対し訴訟を続ける」との声明を公表している。

原告のGreenpeace Energy社は上記プレスリリースにおいて以下の声明を出している。「第一に、これらの決定理由はGreenpeace Energy社のようなエネルギー市場における特別の地位を占める野心的な再生可能エネルギー発電業者に当てはまらない。第二に、国境を越えた電力取引が行われる可能性があり、加盟国における市場の競争を歪めるような原発に対する国家補助を認める決定に対して、（本件決定によれば）加盟国の他のエネルギー会社は、将来、訴訟を提起する機会すらないことになる」。

将来的に、石炭火力発電所や原子力発電所のフェイズ・アウト後のドイツにおいて、再生可能エネルギー等で電力需要を賄いきれない場合、原発による電力輸入への依存が高まるリスクはあり得る[57]。しかし当該決定に従うと、他の加盟国の原子力推進政策が自国のエネルギー政策に及ぼす影響を訴訟で争うための訴訟要件の壁は高いことになる。

V　EUの原子力政策の方向性とイギリスにおける原子力発電の行方

(1)　BrexitのEURATOM条約に与える影響——原子力は別扱い

EURATOMは、原子力の欧州共同市場を形成する目的で1957年のローマ条約

---

(55) Greenpeace Energy Press Release, *Legal action on subsidies for Britain's Hinkley Point C nuclear power plant goes into the next round*
http://mollymep.org.uk/wp-content/uploads/GreenpeaceEnergy_ECJ-12.12.16.pdf#search=%27 Legal+action+on+subsidies+for+Britain%E2%80%99s+Hinkley+Point+C+nuclear+power+plant+goes+into+the+next+round%27［最終訪問日：2018年10月17日］

(56) ハンガリーは2014年、パクシュⅡ（Paks Ⅱ）原発建設を「国家経済の優先計画」と位置づけ、ロシア側が80%、ハンガリー側が20%の資金を負担して行う決定をした。国家による投資促進策を予定し、2015年5月、107条1項に該当するか否かについてハンガリー政府は委員会へ決定を求める通知を行っている。前掲注（54）参照。

(57) なお、原発をもたないオーストリアは、「電源証明書」を用意することを義務付け、原発で発電された電力を輸入しないようにする法律を制定した（2015年1月1日発効）。

182 第二部 英国、EU およびわが国における原子力発電

によって、欧州石炭鉄鋼共同体（ECSC：European Coal and Steel Community）、欧州経済共同体（EEC：European Economic Community）とともに設立された。1967年には統合条約により運営機関が EEC に継承されたが、1993年に発効したマーストリヒト条約により EU が発足したのちも、法的には独立して存在している[58]。

EURATOM の目的は、欧州における民生用原子力産業の発展およびエネルギー革命の安全性の確保である。具体的には第 2 条(a)～(g)において、(a)原子力開発の調査促進と技術情報の普及、(b)原子力事業の従事者と公衆の健康保護のための共通安全基準の確立、(c)EU 域内での原子力エネルギー発展のための投資促進と基本設備の構築、(d)原子力原料・燃料を全加盟国に対して定期的かつ公平に供給することを確保、(e)民生用原子力原料の軍事転用の禁止、等を規定する。

EURATOM 条約には、原子力エネルギーの使用に関する基本政策は示されていない。民生用原子力使用のための条件を示すのみである[59]。それは EURATOM 条約締結以来、加盟国の中には、原子力エネルギー未使用の国や、推進派の国や、脱原発した国や、フェイズ・アウト方針の国が併存しており、単一（統一的）エネルギー政策のなかで原子力は別扱いとせざるを得なかったという事情による。

一方で、イギリスは2017年 3 月29日に EU 基本条約（リスボン条約）50条に基づき、欧州理事会に EU 離脱の通知を行い、2 年間にわたる離脱手続を開始した（Brexit）。上述したように、政府は EU 離脱は EURATOM 離脱を含むことを明示している。というのは、EURATOM は EU と多くの共通の制度（委員会、理事会、EU 司法裁判所）を有しており、EURATOM に残ることは、EU 制度の準メンバーであることを意味する。そうなるとイギリス法の重要な部分に関して EU 法に縛られ、EU 司法裁判所の管轄にとどまることになる。イギリス法が国際条約や基準によって最終的に規律される分野に限定されるとはいえ、そこではイギリス法に対して EU 法が優先されることになり、Brexit を決定した意味が失われることになってしまうからである。

EURATOM 条約106a 条 1 項では、「EU 基本条約 7 条……50条は当該条約に

---

(58) 藤井・前掲注（5）82頁。

(59) Stephen Tromans QC, *Nuclear Law Second Edition*, Hart Publishing, 2010, at 50-51, 69.

(60) Article 7, Article 13 to 19, ……and 50 of the Treaty on European Union, ……, shall apply to this Treaty.

適用される」[60]と記載されている。続いて第2項では、第1項における50条等の条文がEURATOM条約の文脈において各々適用されることを説明している。50条をこのように書き換えることは、EU離脱と同様だが別個の離脱手続を生じさせることを意味する。EURATOM条約が50条の離脱開始通知に含まれるなら、EURATOM条約106a条は単にEURATOMの50条への言及を加えただけになるが、そのようには解釈されない。EUからの離脱通知は、イギリスのEURATOM加盟国としての地位に法的影響を与えることはなく、したがって、EU離脱手続の開始と同時にEURATOM離脱手続を行うべき法律上の必要性はないというのが通常の解釈である[61]。

　しかしながら、上述の理由により、最終的にはEURATOMを離脱せざるを得ないことになる。そしてこのことは、現行のイギリスの原子力協力協定すべての置き換えが必要なことを意味する。人の移動に関してEURATOM条約は特別の原子力共通市場を形成している。原子力共通市場が依拠しているところの自由は、EU単一市場の依拠する自由とはかなり異なる。EURATOM条約96条1項によると、原子力エネルギー分野の熟練雇用者に対し、加盟国国民の権利に影響するような国籍に基づく制限はできない。97条によると、加盟国がEU域内で原子炉建設に参加したい場合、当該加盟国の管轄権のもとでは公私を問わず、国籍に基づく制限は個人に対しても法人に対しても適用されない。このように原子力市場では、EU加盟国に要求されているEU域内での人の移動の自由のうち、専門職・技能職への制限が取り除かれている[62]。

　以上のようにEURATOMによって、EUにおける原子力の安全性が保持されてきたことは間違いない[63]。イギリスはEURATOM条約の枠組みからの離脱により、追加の運転費用や調達費用がかかることになり、原子力建設や発電コストは一層上昇するかもしれない。人と資本の移動の自由および貿易に対する制限は、建設コストの高騰と新しいプロジェクトの遅れをもたらし、温室効果ガス削減目標を達成できなくなる懸念もある[64]。

---

(61) *Brexit and Euratom: No rush to exit ?* (World nuclear news, 20 January 2017) http://www.world-nuclear-news.org/V-Brexit-and-Euratom-No-rush-to-exit-20011701.html

(62) 1960〜70年代当時、専門職・技能職の労働者は母国で資格や免許を与えられているが、これらの資格や免許は移動先の国で自動的に承認してもらえなかったという移動の壁があった。中村民雄『EUとは何か──国家ではない未来の形──[第2版]』（信山社、2016）58頁。

(63) *Supra* note 59, at 70-71.

184　第二部　英国、EU およびわが国における原子力発電

このように EURATOM は原子力促進を目的とする無期限の共同体であるが、その政策は時代遅れであるとの批判もされている[65]。実際のところ、原子力政策は加盟国間で分岐している（EU 加盟国中14ヶ国で原発稼働中。一方、ドイツ、イタリア、オーストラリアのようにフェイズ・アウトを決めた国もある）。そして、EURATOM が独立した法人格をもつゆえに、EU の５つの機関のうち総選挙によって選出される欧州議会が EURATOM の意思決定過程からほぼ除外されている現状は、民主的とはいえないと批判されている。

2002年の欧州石炭鉄鋼共同体（ECSC）の失効時には、唯一の EC 条約の枠外条約である EURATOM が注目され、リスボン条約（2009年）でも EURATOM 条約が議定書 No. 2 において取り扱われた。その前文において、EURATOM 条約の条項が十分な法的効力を持ち続ける必要性、および、制度面・財政面における新たな条約ルールの必要性が呼びかけられた。その後も議論は続けられているが、EURATOM 条約の存在意義は「原子力の安全性保持」である。したがって、特に福島事故後、環境 NGO（グリーンピース、地球の友）やドイツの緑の党が主張するような、「実効的な EURATOM の改革」あるいは「全面的な原発廃止」は難しいのが現状である[66]。

(2)　一つの加盟国の原発推進政策が他の加盟国のエネルギー政策に及ぼす影響を訴訟で争えるか

イギリスは新エネルギーミックス戦略として、原子力を気候変動対策のための重要なエネルギー源と位置付けた。EU は運営条約191条において共通の環境・エネルギー政策を有するが、エネルギーミックス政策は、各加盟国が独自に決定できる自由をもつ。本件委員会決定も、政策への判断ではなく、それを前提とした支援策が EU の国家補助ルールに適合するか否かのみを精査するものであった。そして委員会決定に対する２件の訴訟のうち、ドイツ再生可能エネルギー事業者等による訴訟は、その原告適格につき個人的該当性がないとの理由で却下された。

---

(64) ヒンクリーポイント C 建設の後には、日立製作所がアングルシー島のウィルファ原発２基を総額３兆円で建設し、2020年代半ばの稼働を目指している。しかし2018年現在、CfD 価格をめぐり英国政府と交渉中である。2019年度中に着工の可否を判断する予定である。

(65) *Supra* note 59, at 70.

(66) *Supra* note 59, at 70.

第6章　英国ヒンクリーポイントC原発支援国家補助に対する欧州委員会承認　185

【図表6-1】欧州各国の送電網の状況

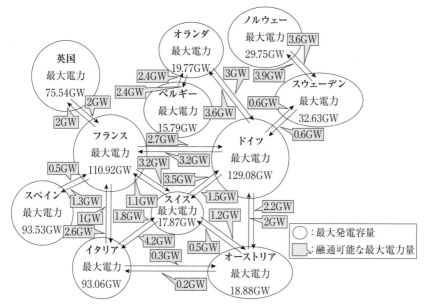

(出所：IEA, Electricity Information 2010 Indicative value for Net Transfer Capacities (NTC) in Continental Europe)

　【図表6-1】に示すように、EUの電力網は蜘蛛の巣状につながっており、周辺諸国と相互接続している。電力完全自由化により域内共通市場が形成されており、どのような電源であろうと一度送電網に送られると区別ができなくなる。したがって、一つの加盟国の原発推進策が他の加盟国のエネルギー政策にも影響を及ぼしうるのが現状である。

　上述のEU一般裁判所決定 [T-382/15] は、原告適格に関連して、原告の活動は再生可能エネルギーの部分市場だけでなくEU全域のエネルギー市場に及ぶ（＝受益者と競業関係にある）としている（paras.46-53）。しかし、域内エネルギー市場に影響を与えうる各加盟国の原子力政策が共通市場に歪みを生じさせうるとしても、市場における原告らの「特別の地位」を認定する手掛りはなく、原告ら自身の地位の明らかな侵害の存在は否定された（paras.36-40）。すなわちEU電力市場の競業者である電気事業者というだけでは、委員会決定の正当性を争う原告適格は認められないのである。

186　第二部　英国、EU およびわが国における原子力発電

　ヒンクリーポイント C に関しては、原発建設を行うのはフランス EDF 社を親会社とする EDF Energy 社を中心とする NNBG 社であり、原子炉はフランス・アレバ社製の新型炉（EPR：欧州加圧水型炉）である。ということは、1990年代にイギリスが率先して始めた電力市場の規制緩和の行き着く先は、実質フランス国有といえる EDF 社による発電・送電網の支配とフランス・アレバ社製の新型炉を使用せざるを得ないという結果であった。

　ヒンクリーポイント C 原発建設投資に対する国家補助の承認は、外国資本のためにイギリス国民の税金を使うスキームの承認を意味する。フランス（66.5%）および中国（33.5%）からの投資に対しイギリス政府が国家補助を行う政策は、(同国の電力供給がかなりの逼迫状況にあるとはいえ) 今後の原発建設費用およびバックエンド費用がどこまで高騰するか不明である状況にもかかわらず、継続されることになるのだろうか。

　一方、ハンガリーのパクシュ II 原発に関しては、原発建設の資金の80%はロシア側が負担し、それに対し競争制限条項を設けることを予定している。委員会は、当該原発建設への財政援助についても EU 国家補助ルールに適合するか否かにつき精査を行っていたが、2017年3月6日、競争への歪みを少なくするというハンガリー政府のコミットメントを基にして承認した[67]。

　ハンガリー政府自身は、民間の投資家よりも低いリターンしか受け取らないことにした。当該投資促進策は107条1項の意味するところの国家補助の要件に該当する。しかし、同条3項は「国家補助が、要求される目的に対し、限定的かつ比例性を有する」場合には、委員会の審査に基づく1項の適用除外を認めている。ハンガリー政府は、当該手法はエネルギー市場の過度の歪みを避けるものであると主張し、委員会は「競争制限は限定的である」と判断して承認した。

　しかし、このような国家による財政援助に守られて作られた原発からの電力は、原子力フェイズ・アウトを決めたドイツに売電され、ドイツの小規模再生可能エネルギー発電事業等の普及を阻むリスクを孕む。とはいえ、ドイツ再生可能エネルギー発電業者等による提訴は、運営条約263条4項が求める「個人的該当

---

(67) ハンガリー政府は、①運転に対し過剰な補償を避ける、②市場の集中を避ける、③市場の流動性を確保する、という実質的コミットメントを行った。European Commission Press release, 6 March 2017, *State Aid：Commission clears investment in construction of Paks II nuclear power plant in Hungary.* http://europa.eu/rapid/press-release_IP-17-464_en.htm

第6章　英国ヒンクリーポイントC原発支援国家補助に対する欧州委員会承認　　187

性」という原告適格要件を満たさない点で阻まれることになる。EU一般裁判所
決定では、191条による環境・エネルギー政策上の目的を追求する事業者であっ
ても、他の電力市場参加者も同じ目的を追求できるため、原告適格を有する「特
別の地位」を基礎づけることはできないとされた。他の加盟国の原発政策が自国
エネルギー政策に及ぼす影響を電気市場参加者が訴訟で争う場合の訴訟要件の壁
は高い。

(3)　原子力発電に対する国家補助──原発による気候変動対策は適合可能か

　EU基本条約50条3項によると、2017年3月29日の離脱通知から原則2年で当
該加盟国に対してEU法は適用されなくなる。交渉が複雑化することは避けられ
ないが、それでも離脱が完成するとイギリスは運営条約107条による縛りからも
離れることになり、委員会への国家補助の通知を行う必要も、その決定に従う必
要もなくなる。またオーストリア政府が提訴した訴訟［T-356/15］の判決が出た
後も、EU司法裁判所判決に拘束されることはなくなる。

　一方、EU離脱はEURATOMからの離脱も意味する。EDF社やアレバ社をあ
げるまでもなく、イギリスの原子力産業はヨーロッパ大陸諸国の資材やサービス
のサプライチェーンや専門家に依存しており、EURATOM離脱は原子力コスト
の増加と、更なる建設の遅れを意味することになる[68]。

　イギリスは福島事故後もその原子力発電の推進策を変更する必要はないと結論
付けているが、福島事故によって安全対策費が増加し、投資リスクが高まった。
アレバ社も、もともとはフランス原子力庁が主導し、EDF社から原子炉プラン
トの発注を独占してきたが、21世紀に入ってからはフィンランドのオルキルオト
原発建設（EPR）の遅れによる建設費用の高騰やそれに伴う訴訟の影響により多
額の損失に陥り、経営再建中である。イギリスやフランスのような原発推進国の
政策が抜本的に変わることは、これら「too big to fail（大きすぎてつぶせない）」と
言われる民間企業[69]への政府の財政支出の是非という問題にも及んでくる。

　国連気候変動に関するパリ協定の締結（2015年）により、工業化以前からの世

---

(68) Nuclear industry warns UK must avoid 'cliff edge' over Brexit.（The Guardian 2017/05/02）
　　https://www.theguardian.com/business/2017/may/02/nuclear-industry-uk-brexit-euratom-hin-
　　kley-point-c-nia
(69) 2006年に東芝が買収した米ウェスティング・ハウス社がその子会社が手掛ける原発建設の費用
　　高騰により経営が逼迫し、2017年3月29日、米連邦倒産法11章の適用を申請した事例もある。

界の平均気温の上昇を2℃未満に抑える法的拘束力のある目標が決まった。気候変動問題は、結局は、グローバルレベルでの南北問題に行き着く[70]。今世紀末までに世界全体で温室効果ガスの人為的排出量を実質ゼロにするためには、化石燃料からの完全な転換が必須である。イギリスは石炭火力発電のフェイズ・アウトを決定しており、北海油田も先細り状態にある。そのうえ1990年代からの電力規制緩和により、長期的なリスクを孕む新たな発電プラント投資はすすまなかった。

それでも、イギリスがエネルギー・ミックスとして一番に推進しているのは原子力ではなく、再生可能エネルギーである。再生可能エネルギーに対する国家補助がガイドラインに含まれているのに対し、原子力は含まれていない。提訴の段階でオーストリア政府やドイツ再生可能エネルギー発電業者等が主張している点は、「原発が気候変動対策に効果があるとしても、原発の全体的な環境負荷は地球にとってマイナス」という点である。

また、気候変動に関する最新の報告書であるIPCC第5次報告書（2013～2014年）においても、低炭素レベル達成のための費用効果的な緩和策（mitigation）として、発電部門の低炭素化がキーとなるとしている。低炭素エネルギーとして、①再生可能エネルギー、②原子力、③石炭火力のCCS（二酸化炭素回収貯留）をあげており、これはイギリスの新エネルギーミックス戦略と同じである。

以上のイギリスの電力事情、原子力発電のメリット・デメリット、気候変動問題を総合的に勘案して言えるのは、たしかに、「原子力は、成熟した、温室効果ガスを出さないベースロード電源である」。しかし、世界における原子力発電シェアは1993年以降低下している。安全対策費がかさみ、建設費用が高騰している原子力が市場経済の中で生き残っていくことは難しい。

運用する際のリスクや関連する懸念、原料のウランの採掘リスク、財政面および規制面でのリスク、さらに未解決の放射性廃棄物管理問題や核兵器への拡散へ

---

(70) 適応策を実行するための資金調達の国際的な新たな仕組みの構築につき検討した論説として、拙稿「COP21パリ協定9条における資金問題と国際連帯税構想」愛媛法学会雑誌43巻1・2合併号（2016）1～44頁（同『借用概念と税務争訟』（清文社、2016）220～264頁転載）。

(71) IPCC 2014: Summary for Policymakers In: *Climate Change 2014; Mitigation of Climate Change, Contribution of Working Group III to the Fifth Assessment Report of the IPCC*, at 21-22.
https://www.ipcc.ch/pdf/assessment-report/ar 5 /wg 3 /ipcc_wg 3 _ar 5 _summary-for-policy-makers.pdf

の懸念、否定的な世論等、様々な障害やリスクがある[71]。現在の世界の平均的石炭火力発電を最新式の高効率天然ガス複合サイクル発電プラントあるいは熱電供給プラントに置き換えることによっても、エネルギー供給部門からの温室効果ガスをかなり削減することができるとされている。革新的な技術改革を含まず、現在の技術レベルで考慮しても、発電部門における低炭素エネルギーとしては、IPCC 報告書の戦略で言うところの再生可能エネルギーを中心とした投資および天然ガス発電プラントが促進されると思われる。

VI　むすびにかえて

　委員会決定（2014年10月8日）は、アルトマーク基準に基づく検討により、CfD は107条1項の意味するところの国家補助を含むが、3項(c)の投資補助の特徴を有しており、したがって、市場における競争を歪めることはないと判断した。さらに、原子力発電には市場の失敗が存在するため、政府の介入は正当化されるとした。

　当該委員会決定に対する EU 一般裁判所決定［T-382/15］は、原告適格の判断に関連して原告の活動は再生可能エネルギーの部分市場ではなく、EU 域内の電力市場全体が基準になると判示した。このような市場定義のもと、原子力発電について市場の失敗が存在しないとなると、国家補助の適法性の前提が失われることになる。しかしながら、国家補助の適法性については EU の電力市場全体への影響を判断しなければならないとしても、そもそも当該国家補助の適法性を争う「個人的該当性」を有する電気事業者が存在するのかという問題が残ってしまった。

　イギリスが国家補助を用いて推進する原発建設が EU 電力市場における電力価格の低下につながったとしても、競業者であるところの他の加盟国の小規模な再生可能エネルギー発電業者等の地位にもたらしうる影響を証明することは難しい。再生可能エネルギー発電業者等による本件訴えは、「原発建設の帰結は EU 全ての発電者・電気事業者・送電網運営者に及び、市場における原告らの地位への侵害だけが特別なわけではない」として却下された。では、競業者である電力市場参加者ではなく、加盟国政府が原告となった場合はどう判断されるか。オーストリア政府による訴訟［Case T-356/15］に対する判決が待たれるところであっ

たが、本章脱稿後の2018年7月12日、補助金は適法とする判断が下された。

　電気事業におけるトリレンマであるところの「経済の発展」「安定供給」「環境保全」の全てを同時に満たすことは難しい。共通の環境・エネルギー政策（運営条約191条）を有するEUにおいても、一次エネルギー事情は加盟国によって異なる。エネルギーミックス政策は各加盟国の独自の決定事項であるが、EUの電力網は共通市場を構成しており、一つの加盟国の原発推進政策は他の加盟国のエネルギー政策に影響を及ぼしうることになる。

　本件一般裁判所決定が示すように、国家補助による原発建設の違法性を訴訟で争うことは難しい。しかし、イギリスのEU離脱に伴うEURATOM離脱、気候変動対策がグローバル規模の市場に影響を及ぼすこととなるパリ協定の遵守という背景からみても、原子力や石炭火力に対する投資リスクは今後一層大きくなる。したがって中長期的には、これら原子力発電や石炭火力発電の生き残りは、市場が決定することになるだろう。「国家補助を用いたエネルギーミックスとしての原発建設への投資を『市場』がどう判断するか」という点に注目してゆきたい。

第三部

英領タックスヘイブンを利用した租税回避

第7章
なぜ英国王室属領にタックスヘイブンが多いのか

I　はじめに

　グローバル化の進展に伴い、多国籍企業が増加し、ネット利用による経済取引
の形態は急速に変化している。しかしながら、課税権という公権力の行使は、
「公法は水際でとまる」という国際公法の大原則があるため、国家の領域を越え
て及ぼすことができず、したがって、主権国家を前提とした国際租税法の対応は
遅れている。

　具体的には、課税管轄権の範囲に関する国内法と租税条約の間の齟齬、タック
スヘイブン（Tax Haven）を利用した多国籍企業や富裕層による法的には合法な租
税回避問題への対処、ハイブリッド・ミスマッチ取引と呼ばれる各国ごとの事業
体の取扱いの相違を利用した二重非課税（不課税）取引問題への対処等——タッ
クスヘイブンを利用した「逃げていく税金」問題——が OECD（Organization for
Economic Co-operation and Development：経済協力開発機構）諸国共通の喫緊の課題と
なっている。

　このような多国籍企業による極端なタックス・プランニングや、富裕層に提供
されるタックス・シェルター（節税商品）を通した完全に適法で節税効果があが
る租税回避行為は、先進国の税収の減少につながる。さらには、逃げ足の遅い国
内企業や、移動性の少ない国内労働者への所得税負担が加重になるという深刻な
影響を及ぼす。したがって、各国の法制度の相違やタックスヘイブンを利用した
国際的な租税回避は、中間層をやせ細らせ、二極化社会を招聘することになる。
究極的にはマネーロンダリング等につながり、南北間格差を助長することにもつ
ながる[1]。

　以上のような多くの批判にさらされながらも、タックスヘイブンとしての役割

（1）　志賀櫻『タックス・ヘイブン——逃げていく税金』（岩波新書、2013）28頁、75〜83頁。

を提供している国や地域が確実に存在している。うちイギリス王室属領（UK Crown Dependencies）に焦点をあて、「これらタックスヘイブン国や地域を生んだ歴史的背景や社会的要因を踏まえたうえでの対策も必要ではないか」という視点が、本章における問題意識である。かつての大英帝国の植民地の大部分は独立しているが、いまだに英連邦（the Commonwealth）を構成している。旧英領にタックスヘイブンが多いのは、植民地時代という歴史的経緯によるところも大きいと思われる。

　本章では、このような歴史的背景に焦点をあて、タックスヘイブンとなっている英国王室属領の特色と問題点につき、チャンネル諸島（ジャージーおよびガーンジー）の事例を取り上げて検討する。

Ⅱ　多国籍企業による租税回避問題とタックスヘイブン

(1)　タックスヘイブンおよびオフショア金融センターの定義

　タックスヘイブンとは、OECD 租税委員会（Committee on Fiscal Affairs）[2]の定義では、下記(a)に当てはまり、かつ下記(b)から(d)のいずれか一つでも該当する非加盟国・地域をいう（「有害な税の競争」報告書）[3]。

　(a)　金融・サービス等の活動から生じる所得に対して無税又は名目的課税
　(b)　他国と実効的な情報交換を行っていないこと
　(c)　税制や税務執行につき透明性が欠如していること
　(d)　誘致される金融・サービス等の活動について、実質的な活動が行われることが要求されていないこと

　2000年 6 月のプログレス・レポートにはタックスヘイブン・リストとして35ヶ国・地域が初めて公表された[4]。具体例としては、バハマ（英連邦）、グレナダ

（2）OECD 租税委員会は OECD の主要組織の一つで、国際貿易に伴う先進国間の二重課税の排除を最大の使命とする。その拠り所が OECD モデル租税条約（1977年承認）である。

（3）OECD, *Harmful Tax Competition: An Emerging Global Issue*, OECD Publishing, 1998, at 23, Box 1（Key factors in identifying tax havens for the purposes of this project）. 租税委員会の成果のうち最重要である当該報告書以降、いくつものプログレス・レポートが出されている。

（4）バミューダ、ケイマン諸島、キプロス、マルタ、モーリシャス、サン・マリノの 6 ヶ国・地域については、タックスヘイブンとしての要素を除去するとを公約したため、リストには掲載されず、35ヶ国・地域が掲名された。

第 7 章　なぜ英国王室属領にタックスヘイブンが多いのか　　195

（英連邦）、ブリティッシュ・バージン・アイランドなどのカリブ海にある旧英領植民地のグループとともに、もう一つのグループとしてイギリス本島近くにあるジャージー、ガーンジー（英仏海峡にあるのでチャンネル諸島という。）、マン島といった英国王室属領があることも特徴の一つである。

　リーマン・ショック後の2009年4月には、先進国の金融センターの問題まで踏み込んでブラック・リストが作成された。しかし、2000年6月のプログレス・レポートと異なり、30の国と地域に限定され、タックスヘイブン問題の難しさ・根の深さを反映したものとなっている。というのは、タックスヘイブンの判断基準が、有効な情報交換の欠如と透明性の欠如だけに絞られ、税負担が低いことは、タックスヘイブンの基準の第一順位からすべり落ちているからである。「OECDは、国際租税競争を規制するという野望を断念した」と批判されているところのアプローチ方法の転換であった。

　ロンドンの金融センターである「シティ」（the City）も最大のタックスヘイブンとされている。オフショア金融センター（OFC：Offshore Financial Center）には必ずしも確立された定義はないが、2000年のIMF（International Monetary Fund：国際通貨基金）の定義によれば、「非居住者に対し、国内経済の規模や金融と不釣り合いな範囲の金融サービスを提供する管轄」をいう[5]。Sikkaは、OFCの出現と拡張は資本主義のダイナミックスと矛盾によって説明されるという[6]。すなわち、西側先進諸国による政策（国内規制による資本の制約およびグローバリゼーションの推進）がOFCの出現の余地を作出したことになる。

　金融システムは事前の規制が重要であるが、OFCでは、規制の多い国内金融取引と切断して参加者が「オフショア勘定」（Offshore Account）を設け、税制面での優遇措置を受けることができる。金融センターがオフショアの性格を有するか否かは程度問題とされるが、イギリスはカリブ海等にある英連邦の経済を多様化し、ユーロ市場の促進のためにOFCを促進してきた。

　ヨーロッパ諸国のうち、EU加盟国にも、加盟国の海外領土にも、非加盟国にも、さらには英国王室属領にも、多くのOFCがあり、その多くが同時にタック

（5）オフショア金融センターは、ロンドン型（内外一体型）、ニューヨーク型（内外分離の外外型）、およびタックスヘイブン型に分類される。本庄資『オフショア・タックス・ヘイブンをめぐる国際課税』（（公社）日本租税研究協会、2013）38頁。

（6）Sikka, P, *The Role of Offshore Financial Centres in Globalization, Accounting Forum 27*, 2003, at 368.

スヘイブンとみなされている。OFC を含めたタックスヘイブン問題は、数年ごとに繰り返される金融危機問題と関連するものとして、深刻に受け止められている。

(2)　多国籍企業による租税回避問題

最近、新聞やテレビ等で報道されることも多い多国籍企業によるタックス・プランニングは、現行法規や租税条約のもとでは完全に合法になる形で設計されている。スターバックスやアマゾン、グーグル、アップルといった有名な多国籍企業による租税回避問題は、米議会上院に設置されている特別委員会でも公聴会が実施され（マイクロソフト、ヒューレットパッカード、アップルの3社：2012年9月20日、2013年5月21日）、また、イギリス下院でも調査聴聞会が実施された（スターバックス、アマゾン、グーグルの3社：2012年11月12日、2013年5月）。

契約自由の原則が支配している私法の世界では、人は、一定の経済的目的ないし成果を達成しようとする場合に、強行規定に反しない限り自己に最も有利になるように、法的形成を行うことができる。「租税回避」（tax avoidance）とは、このような、「私法上の形成可能性を異常または変則的な態様で利用すること（濫用）によって、税負担の軽減または排除を図る行為」のことである[7]。

すなわち、租税回避は、課税要件の充足の事実を全部または一部秘匿する行為である脱税（tax evasion）とは異なり、課税要件の充足そのものを回避し、またはた減免規定の適用要件を充足させる行為である。法律の範囲内でありながら、何らかの手段を用いて納税・税負担を回避している。合法ではあるが、不自然・不合理であると考えられ、利益を計上しているのに納税額が少ない多国籍企業の存在が明るみに出るにつけ、制度上の問題があるのではないかと考えられている。

Ⅲ　*Cadbury Schweppes* 事件［Case C-196/04］（2006年9月12日）

まず、イギリス国内法で定められたタックスヘイブン対策税制（CFC 税制：Controlled Foreign Companies Legislation）[8]が EC 条約に違反すると判断された *Cadbury*

（7）金子宏『租税法［第21版］』（弘文堂、2017）126〜127頁。
（8）わが国のタックスヘイブン対策税制（租税特別措置法40条の4以下及び66条の6以下）は、イギリスでは CFC 税制と呼ばれ、1988年所得税法・法人税法に規定されている（747条〜756条）。

Schweppes 事件を取り上げる。当該事例の Cadbury Schweppes 社（CS）は、アイルランド・ダブリンの国際金融センターに資金調達のための子会社を設立する以前は、ジャージー（王室属領）に設立されたストラクチャーを利用していた。

(1) イギリス国内裁判所と EU 司法裁判所

EU の域内市場は、国籍に基づく差別を越えて、国内市場とほぼ同一の均一な競争条件をすべての域内事業者に保障しようとするものである。そのために、差別的要素のない国内規制であっても、それにより域内における自由移動が妨げられる効果が生じれば、そのような国内規制は EC（EU）条約違反として禁止されることになる。

EU は「権限付与（個別授権）の原則」に基づき、基本条約が規律する権限のみを有し、その範囲でのみ行動できる（EU 条約 5 条 2 項）。EU に対し間接税を調和する権限は明示的に付与されている（EU 運営条約113条）が、直接税を調和する権限を明示的に付与する規定はない。しかし、直接税制の調和は、域内市場の確立・運営に直接的に影響する限り、一般的な「加盟国法の接近」に関する権限に含まれる（EU 運営条約115条）[9]。

イギリス国内法と EC 条約（現 EU 条約）の関係は、国際公法の一般論である「条約は法律に優位する」以上に厳格に解される。したがって、国内法で規定される CFC 税制が EU 条約に抵触するか否かは、厳格に規制されることになる。というのは、商品・人・サービス・資本の自由移動が保障された域内市場の創設を目的とする EU 加盟国28ヶ国（2018年現在）は、EU という超国家組織への参加に調印したことによって、国家主権の一部を制限することに同意したことになるからである。換言すれば、EC（EU）は、領域内を、主権国家における国内市場類似の単一市場と捉えている。そのため域内における競争条件の同一をめざし、域内における競争の歪曲を防止することが強調される。

EC 法（現 EU 法）の法秩序においては、「直接効果」（direct effect）が認められ、「優越性」（supremacy）の原則が最重要な原則となっている[10]。

---

(9) 115条によると、「理事会は、域内市場の設立又は運営に直接影響を及ぼす構成国の法律、規則又は行政規定を接近させるために指令を定める」ことができる。須網隆夫「投資自由化協定と直接税制── EU 司法裁判所・Cadbury 事件先決裁定をめぐって──」RIETI Discussion Paper Series 11-J-068（2011）10～11頁。

(10) 直接効果と優越性の確立に寄与した *Van Gend en Loos* 事件、*Costa v ENEL* 事件、*Simmen-*

198 第三部 英領タックスヘイブンを利用した租税回避

イギリスでは EC 加盟に伴う1972年欧州共同体法（European Communities Act 1972）制定によって、国内法に対する EC 法の優越性が認められた。EC 法と国内法に不一致がある場合、EC 法が優先する原則は、コスタ対エネル事件（*Costa v ENEL*）［Case 6/64］（1964年）[11]において、さらに、シンメンタール事件（*Simmenthal*）［Case 106/77］（1978年）において明示された原則である。

また、EC 法は、加盟国内で直接効果をもち、それゆえ、加盟国の市民の権利・義務を直接定める。直接効果原則の展開につき、ファン・ヘント・エン・ロース事件（*Van Gend en Loos*）［Case 26/62］（1963年）[12]は、大きな意味をもつ。当該判決では、「EC 法において既に存在していた条項は、適用することができる」ことが示された（現在は EU 運営条約258条および259条に引き継がれている）。すなわち、「共同体は、国際法の新しい法秩序を構築する。その恩恵のために国家は制限された領域ではあるが、自らの主権的権利を制限した」ことになる。

ECJ（European Court of Justice：現 EU 司法裁判所）と国内裁判所間のヒエラルキーと協力関係の中で、まず、国内裁判所に、国内法が EU 法に合致するかどうかの解釈が求められる。イギリスの国内裁判所は、EU 法（EU 司法裁判所および欧州人権裁判所の判例を含む）を職権探知して、それに適合的にイギリス法を可能な限り解釈適用する義務を負う（1972年欧州共同体法 2 条・3 条、1998年人権法 2 条・3 条）[13]。そのうえで、必要な場合には、国内裁判所から ECJ に付託し、「先決裁定」（preliminary ruling）を求めることになる。

このように、EU 法の効力または解釈に関する問題が国内裁判所の手続において生じた場合、国内裁判所は EU 司法裁判所に問題を付託することができるし、また、一定の場合には付託する義務を負う。EU 司法裁判所の回答は、国内裁判所に対して拘束力をもつ。この中間手続を通じて、EU 法の解釈および効力を裁

---

thal 事件の解説として、中村民雄＝須網隆夫『EU 法基本判例集［第 2 版］』（日本評論社、2010）3〜31頁。

(11)「イタリア裁判所には国内法を遵守する義務があるので、先決裁定の付託の必要はない」との議論に対し、「EC 法は、これに抵触する国内法に無制限に優先し、国内憲法にすら優先する」ことを示した。*Costa v Ente Nazionale per l'Enegia Elettrica (ENEL)* [1964] E.C.R.585. Craig, P, *Administrative Law Seventh Edition*, Sweet & Maxwell, 2012, at 280.

(12) オランダの輸入業者が、西ドイツから輸入される化学品の税率変更を争った事件である。*NV Algemene Transport-en Expeditie Onderneming van Gend en Loos v Nederlandse Administratie der Belastingen* [1963] ECR 1. *Id.*, at 286.

(13) 中村民雄「貴族院から最高裁判所へ：ヨーロッパ法との関わり」比較法研究74号（2012）180頁。

定する排他的な権利が EU 司法裁判所に付与されているが、一方で、当該訴訟の判決については、依然として国内裁判所にその責任がある。

(2) EU 司法裁判所による先決裁定

 Cadbury Schweppes 事件の EU 司法裁判所先決裁定[14]は、イギリスの国内裁判所とみなされる特別委員会（Special Commissioners of Income Tax, London）が、CFC 税制の EC 条約適合性につき、付託を決定（2004年4月29日）したことに基づき、先決裁定を下したものである（2006年9月12日）[15]。

 判決文に示された付託事実によると、イギリスを本拠とする Cadbury Schweppes 社（CS）は企業グループを結成し、米国や他の EU 諸国へ子会社を展開していた。【図表7-1】に示す二つのアイルランド子会社（CSTS, CSTI）の仕事は、資金を調達し、Schweppes グループ子会社に資金供給することであっ

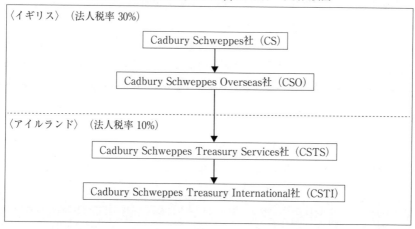

【図表7-1】*Cadbury Schweppes* 事件 取引概要図

---

(14) *Cadbury Schweppes plc and Cadbury Schweppes overseas Ltd v Commissioners of Inland Revenue* [Case C-196/04].
(15) *Cadbury Schweppes* 事件に関する評釈として、Simpson, P, "*Case Notes, Cadbury Schweppes plc v Commissioners of Inland Revenue: the ECJ sets strict test for CFC legislation*", British Tax Review, 2006 No. 6, at 677-683、川田剛「欧州連合域内における CFC ルールの適用の可否」税務事例40巻1号（2008）50〜52頁、伊藤剛志「Cadbury Schweppes 事件先決裁定の検討」『タックスヘイブン対策税制のフロンティア』（有斐閣、2013）231〜247頁、安部和彦「タックスヘイブン対策税制の適用範囲」税務弘報55巻11号（2007）53〜66頁、須網・前掲注（9）1〜25頁。

た。CSTS 社はジャージー（王室属領）に設立された同様のストラクチャーの代替として設立されたものである（para.16）。

CSTS 社がイギリスに設立されたとしても目的を達成できたが、あえてアイルランド・ダブリンの国際金融サービスセンターに設立したのは、グループ企業間貸付に関して、優遇税率（10%）の適用を受けるためであった。このような取引につき内国歳入庁は、「低水準の課税」に該当し、適用除外要件にも該当しないとして、CFC 税制を適用し、イギリスの2社に対し約864万ポンドの課税処分を行った（2000年8月18日）。

当該先決裁定は、2006年5月2日の Léger 法務官意見[16]の公表後に、当該法務官意見書に沿って判示し[17]（大法廷判決：2006年9月12日）、英国 CFC 税制が EC 条約43条に適合しないと結論付けている。イギリス居住法人が他の加盟国に CFC（controlled foreign company：在外従属法人）[18]を設置している場合において、Cadbury Schweppes 社の状況は、イギリスに子会社を有するイギリス居住法人と比較されるべきではなく、有利でない税制の別の加盟国に子会社を設立したイギリス居住法人と比較されるべきであると述べている（法務官意見 para.78）。

EC 条約43条（設立の自由）（現行 EU 運営条約49条）は、加盟国の国民が他の加盟国の領域内で開業する自由に対する制約の禁止を定めている。有利な税制の利用のためにのみ他の加盟国に会社を設立することは、「設立の自由」の濫用であるか否かを検討し、より有利な立法の適用による利益を得ることを目的とする設立自体は適法であることを明確にしている（para.37）。

「設立の自由」条項の目的は、経済的および社会的な相互浸透（economic and social interpenetration）を保護することであり、したがって、設立の概念は現実的

---

(16) Léger 法務官意見は152パラグラフに及ぶ詳細な理論構成が示されており、先決裁定（76パラグラフ）は、ほぼ法務官意見に従っている。
　　当該事件の Léger 法務官意見は以下を参照。
　　http://www.bailii.org/cgi-bin/markup.cgi?doc=/eu/cases/EUECJ/2006/C19604.html&query=Cadbury+and+Schweppes&method=boolean
(17) EU 司法裁判所は8人の法務官（advocate general）により補佐される。一つの事件につき一人の法務官が担当し、裁判所が判決を下す前に、裁判所において理由を付した法務官意見を提出する。法務官意見は裁判官を拘束するものではないが、裁判所が判決を下す際に参考にされる。中西優美子『EU 法』（新世社、2012）72頁。
(18) CFC は、「イギリス居住者に支配されている法人で、イギリスを居住地としない法人」と定義されている。神山弘行「イギリスにおける CFC 税制改正の動向とその課題」中里実＝太田洋＝伊藤剛志＝北村導人編著『タックスヘイブン対策税制のフロンティア』（有斐閣、2013）264頁。

な経済活動の追求を含む。CFC 税制が完全に偽装的な仕組み（wholly artificial arrangements）を持つとされる場合でも、「公共の利益のために最優先される理由によって正当化される」（para.47）。そのうえで、正当化される場合につき、「目的と手段の比例性原則」について検討している（paras. 57〜60）。

結論として先決裁定は、「EC 条約43条、同48条は、他の加盟国の CFC による利益が当該他の加盟国において軽課税に服する場合において、当該利益を加盟国に設立された親会社の課税所得に算入することを排除する趣旨と解釈されなければならない。ただし、当該算入が通常支払うべき加盟国の租税を回避することを目的とした完全に偽装的な仕組みに関係する場合にはこの限りではない」としている（para.75）。

租税回避を目的とする「完全に偽装的な仕組み」に関係する場合以外は、EC 条約43条、同48条に反するとの解釈を示した当該 ECJ 判決を受け、本件は国内裁判所に差し戻され、CFC 税制が EC 法に適合するか否かを判断することになった。

すなわち、（適用除外要件の一つである）動機テストが CFC 税制による課税を完全に偽装的な仕組みに制限することを可能とする解釈に役立つか、それとも、動機テストの基準は、適用除外規定の適用がなく、イギリスにおける租税負担の軽減が CFC 設立の主たる理由の場合でも、親会社が CFC 税制の適用を受けることを意味するかの判断を決定するのは、国内裁判所の役割であると判示している（para.72）。

実際には、CFC 税制を改正する（1988年所得税・法人税法改正）という立法的解決が行われた（2007年）[19]。その後2013年 1 月 1 日には、国際競争力を高めるための法人税改正とあわせて、新しい CFC 税制が導入された。

Ⅳ　ガーンジー島事件（最判2009年12月 3 日）

わが国の企業もタックスヘイブンに設立した子会社を利用した国際取引を行っ

---

(19) 2007年改正は最小限の調整のみで乗り切ろうとしたものであり、真正な事業活動（genuine economic activity）を明確化する改正の方向であった。

　イギリス CFC 税制改正に関する研究として、青山慶二「英国の法人税改正の動向（国際課税の観点から）」租税研究743号（2011）173〜195頁、増井良啓「法人税制の国際的調和に関する覚書」税研 No.160（2011）30〜37頁。

ている。本項で取り上げるガーンジー島事件は、英国王室属領であるガーンジー
に所在する日本法人の子会社の課税対象金額につき、タックスヘイブン対策税制
（措置法66条の6～66条の8）が適用されるか否かが争われた事件である。

(1) 租税および外国法人税の意義

　当該事案の原告は損害保険会社であり、ガーンジーに本店を有し（1998年12月設
立）、再保険を業とする外国法人（キャプティブ保険会社）を100%子会社（措置法66条
の6第2項1号の「外国関係会社」に該当）として設立した。キャプティブ保険会社と
は、特定の企業またはそのグループ企業のリスクを専門的に引き受ける保険会社
をいう。当該子会社が「特定外国子会社」（同条第2項2号）に該当するとして、
タックスヘイブン対策税制を適用して更正処分が行われた点が争われた[20]。

　当時のガーンジー所得税法（Income Tax (Guernsey) Law 1995）によると、ガー
ンジーの法人は、①20%の標準税率により所得税を課されるが、②申請により
免税を受けることができるほか、③所定の所得につきその金額に応じて段階的に
異なった税率により所得税を課されることもでき、さらに、④国際課税資格を取
得して、0%を超えて30%までの間で自ら申請し税務当局によって承認された
税率によって所得税を課されることもできた。当該子会社は④を選択して26%
の税率が承認され[21]、この税率で所得税の賦課決定を受けて納付していた。と
ころが課税庁は、本件外国法人税は法人税法にいう外国法人税ではないから当該
子会社の税負担は0であり、課された租税の税率が25%以下になると主張し、
タックスヘイブン対策税制が適用されることを前提に増額更正処分を行った[22]。

　東京地判2006年9月5日民集63巻10号2364頁は、原告が納付した税は、租税の
特質である強行性等と相容れない面があり、一般的な租税概念の範疇に含まれな
いから、外国法人税に該当しないことを主な理由として、請求を棄却した。控訴
審（東京高判2007年10月25日民集63巻10号2426頁）も、第一審判決を引用し、原告の負
担した「税」なるものの実質が、タックスヘイブン対策税制の適用を回避させる

---

(20) 倉地康弘・法曹時報63巻9号（2011）77～78頁（調査官解説）。
(21) 当時のタックスヘイブン対策税制では税率が100分の25以下であると、当該親会社である内国法
　　人に同税制が適用され、子会社の未処分所得のうち所定の金額をその内国法人の収益の額とみな
　　して課税された（2018年現在、税率規定は廃止された）。
(22) ただし、ガーンジーが「法人の所得に対して課される税が存在しない国又は地域」（措置法施行
　　令39条の14第1項1号）に該当するとされたわけではない。

第7章 なぜ英国王室属領にタックスヘイブンが多いのか　203

というサービスの提供に対する対価ないし一定の負担としての性格を有するものと評価することができるとし、控訴を棄却した。すなわち、ガーンジーの法人所得税制は、納税者に異なった税制の選択を認める不自然なもので、先進諸国の租税概念である強行性、公平性ないし平等性と相容れず、外国法人税に当たらないという判示であった。

　上告審である最判2009年12月3日（民集63巻10号2283頁・判時2070号45頁・判夕1317号92頁）[23]は、①そもそも租税に当たるか否かという問題と、②法人税法69条1項、施行令141条1項にいう外国法人税に当たるか否かという問題の二段階で検討を加え、本件外国税は租税に該当しないとはいえず、また、外国法人税に該当しないともいえないと判示して、原判決を破棄して第一審判決を取り消し、これを認容する自判を行った。

　「まず、外国法人税といえるためには、それが租税でなければならないことはいうまでもないから、外国の法令により名目的には税とされているものであっても、実質的にみておよそ税といえないものは、外国法人税に該当しないというべきである。しかし本件外国税が、特別の給付に対する反対給付として課されたものでないことは明らかである。したがって、本件外国税がそもそも租税に該当しないということは困難である」。

　「法人税法69条1項は、外国法人税について……わが国の法人税に相当する税でなければならないとする。これを受けた施行令141条1項（実質的には2項および3項）の規定から離れて一般的抽象的に検討し、わが国の基準から照らして法人税に相当する税とはいえないとしてその外国法人税該当性を否定することは許されないというべきである」。

　租税法律主義を重視し、徹底した文理解釈が求められる租税法にあっては、「租税回避行為につき、税法に明文の根拠のない一般的な否認法理を用いること

---

(23) 原判決や第一審判決にも多くの判例評釈や解説があるが、最判に関するものとして、以下参照。岡村忠生・ジュリスト No.1440（2012）207～208頁、志賀櫻・税経通信65巻2号（2010）132～143頁、北村導人・税務事例42巻4号（2010）20～25頁、小林磨寿美・税理53巻3号（2010）206～211頁、朝倉洋子・税理56巻1号（2013）86～91頁、大淵博義・租税研究729号（2010）153～167頁、長谷川俊明・国際商事法務38巻6号（2010）762頁、渋谷雅弘・ジュリスト No.1409（2010）110～111頁、林仲宣＝谷口智紀・税務弘報58巻10号（2010）94～95頁、望月文夫・税理53巻13号（2010）28～35頁、渡辺裕泰・ジュリスト No.1409（2010）203～205頁、谷口勢津夫・判例時報2099号（2011）168～172頁、豊田孝二・速報判例解説 [7] 法学セミナー増刊（2010）299～302頁、倉地康弘・ジュリスト No.1414（2011）233～235頁（調査官解説）。

なく、個別の税法の要件規定により対処するという方向性を示した」点で重要な意義を有すると評価されている。

当該事例は解釈論として初めて「外国法人税」の意義を明示したが、2011年政令196号により施行令141条が改正され、納税者と課税庁の合意により税率が定まる租税の一部は外国法人税の範囲から除外された[24]。当該改正によって、「外国法人税」の意義に関する判例としての意味は失われたことになる。

(2) ガーンジーの特異性──英国王室属領

ガーンジーの正式名称は、The Bailiwick of Guernsey といい、ジャージーやマン島とともに英国王室属領を構成している。イギリス女王が元首であるが、その地位はノルマンディ公（Duke of Normandy）としての地位に基づく。Bailiwickは Bailiff（総督：地方行政（司法）官）の納める地域を意味する。立法・行政・司法を兼ねる Bailiff によって統治される王室属領の特徴から、権力が集中し、チェック＆バランスが機能せず、エリート支配による権力の独占状態が変わることがなかった。中世以来の領邦国家（principality）[25]の流れをくむ地域であり、富裕層のオフショア・タックスヘイブンとして利用されてきた。

ジャージーやガーンジーといったチャンネル諸島はイギリス本島よりもフランスのノルマンディに近い（フランスより20km、イギリス本土より160km）。防衛と外交はイギリス政府が担当しているが、イギリスの一部ではない。ただし、この境界線は曖昧である。ガーンジーやジャージーでの事件に関して英国は調査を開始する権限を有しているし、Bailiff を任命する権限も有している。さらに EU との共通利益のために、有利なビジネス上の調整交渉を行うこともできる[26]。

ガーンジーは EU にも加盟していない。英国王室から領土と住民を有する主権管轄地域として認められ、その主権の一部として課税権を有している（したがって、イギリスの付加価値税（VAT：Value Added Tax）を導入する必要もない）。独自の通

---

(24)「『税率が納税者と税務当局の合意により決定される』ような、外国法人税としてとらえるのが不適当な部分は外国法人税に含まれない旨の外国法人税の定義の明確化」であるとされている。宮塚久「ガーンジー島事件最高裁判決の検討──外国法人税の意義──」『タックスヘイブン対策税制のフロンティア』（有斐閣、2013）105頁。

(25) ヨーロッパには中世以来の領邦の流れをくむ領邦国家がある。アンゴラ公国、リヒテンシュタイン、ルクセンブルク、モナコ公国等である。これらの国々は現在では、タックスヘイブンまたはオフショアとして利用されている。

(26) *Supra* note 6, at 392.

第7章　なぜ英国王室属領にタックスヘイブンが多いのか　　205

貨（交換比率は1:1）をもち、メキシコ湾流の影響で比較的温暖なことからリゾート地としても有名である（ただし、観光と農業は金融産業にかなり代替されている）。

イギリスや旧イギリス領在住の富裕層は、本国の高い税負担を免れるため、チャンネル諸島の軽課税と秘密保持のオファーに応じてこれらを利用するようになった[27]。さらに大戦後いずれの国でも法人の税負担が重く感じられると、富裕層の租税回避だけでなく、法人用タックスヘイブンが生まれた。法人は居住地国とタックスヘイブンとの租税条約の特典を利用してその実効税率を引き下げることができるようになった。1980年代には国際事業会社（IBC：International Business Company）が生まれた[28]。

上述したように、ガーンジー島事件では、ガーンジーが、近代的な意味における課税権を有する地域であるか否か（措置法施行令39条の14第1項1号）については問題とされなかった。ガーンジーは「有害な税の競争」に従事していると批判され、2000年のプログレス・レポートではタックスヘイブンとしてリストアップされているが、当該法人所得税が「税」ではないとの議論はなかった。すなわち、これまでOECDではガーンジーが租税を課していることを前提として、ただしそれが著しく低い水準にあることに対しタックスヘイブン対策税制によって対処しようとしてきた[29]。

これら、王室属領がタックスヘイブンとして利用される中世以来の領邦国家としての性格や国際法上の位置付けについての踏み込んだ議論が、中里実「財政法の私的構成（下）」[30]である。中世の名残を残す統治システムを有する領邦的な地域において課される金銭負担を近代的な租税と同視することが許されるかとの視点からの問題提起を行っている。

中里は、「租税といっても、歴史的由来も意味も相当異なる二種類のものが混在している」と分析する。すなわち、中世の封建領主の領有権から派生する金銭賦課の権利の延長線上で発展してきたもの（duty）と、十字軍以来の臨時的な金

---

(27) チャンネル諸島には付加価値税（VAT）も遺産税もキャピタルゲイン課税もない。原則20%の所得税が課されるのみである。ジャージーの現状につき、*Supra* note 6, at 385-390.

(28) タックスヘイブン国によって制度は異なるが、ガーンジーでは、ガーンジー会社法により設立されるLLC（Limited Liability Company）が利用されている。取締役1名、株主2名が必要だが、最低資本金制度はない。

(29) 倉地・前掲注（20）75～76頁。

(30) 中里実「財政法の私的構成（下）──民法959条と国庫の関係を素材として」ジュリストNo.1403（2010）169～179頁。

銭賦課で身分議会の承認が必要とされたものから発展してきたもの（tax）の二種類があるとする。現代における租税のうち、流通税（登録税や印紙税）、相続税・贈与税、固定資産税等は、中世の封建領主の領有権から派生する金銭賦課の延長線上で発展してきたものであるという性格を濃厚にとどめているとする。

　ガーンジーは、自治権および税制を含む問題について立法権はもつものの、英国議会がその統治に究極的な責任をもっている。ガーンジーの法制は、ノルマンディ慣習法を基礎にしているが、最近は英国法制を取り入れている[31]。

　このようなガーンジーという英国王室属領の租税制度の特徴は、中世以来の封建領主の領有権から派生する金銭賦課としての租税（duty）の歴史と、特に大戦後の富裕層を集めるためのオフショア・タックスヘイブンとしての役割が、EU法の規制を直接受けない非加盟国の特典との相乗効果と相まって、現行ガーンジー所得税法における非居住者に対する優遇税制として確立したものと思われる。

V　なぜ英国王室属領にタックスヘイブンが多いのか

(1)　英国王室属領の特色（Bailiff による支配）
──マクゴネル事件［ECHR62］（2000年2月8日）

　ガーンジー（正式名称は The Bailiwick of Guernsey）という面積78km^2、人口6万5千人の英国王室属領の Bailiff（総督）によって行われる裁判が、「公正な裁判を受ける権利」（Right to a fair trial）（欧州人権条約6条1項）違反だと欧州人権裁判所で判示されたのが「マクゴネル事件」（*McGonnell v. U.K.*［8 February 2000］ECHR62）である。Bailiff は英国王室により任命されるところの、常に男性の法律家である（70歳定年）。議会の議長および行政庁長官であるのみならず、王立裁判所長、控訴院長も兼ねている[32]。王立裁判所（Royal Court）において Bailiff は民間の治安判事のなかで唯一の職業判事である（ガーンジーおよび王立裁判所については【写真7-1】、【写真7-2】参照）。

---

(31)　本庄・前掲注（5）196〜199頁。
(32)　Bailiff 以外の立法議会の議員も行政官を兼ねるため、議会メンバーは他の議員の提案に対して批判的に精査することはなく、「公的な反対」意見はあり得ない。すなわち、政府に対する効果的な精査はほとんどない。*Supra* note 6, at 382-384.

【写真7-1】
The Bailiwick of Guernsey の国旗

【写真7-2】
新たに建て増しされた王立裁判所の入口

(2015年8月6日・筆者撮影)　　　　　　　　　(2015年8月6日・筆者撮影)

　原告の Richard McGonnell は、「公平な裁判を受ける権利」の侵害を主張した。Bailiff の司法官としての役割と、議会の立法官や委員会の行政官としての機能には親密性が高く、欧州人権条約6条1項が要求する独立性や公平性をもちえないこと（本件においては、当該 Bailiff は、第6開発計画（DDP No.6：Detailed Development Plan No.6）が採択された審議会を Deputy Bailiff として主宰していた点につき）を主張した[33]。

　それは Bailiff が偏見をもっているかどうかという点ではなく、欧州人権条約6条1項に要求されるような独立性の外観や客観的な公平性を持っているかどうかという点に集約される。この点につき、欧州人権裁判所は、「立法や行政過程への直接の関与は、司法官の独立性に疑問を抱かせる。したがって、Bailiff 自身が以前行った開発計画の採択に影響を受けるとの原告の懸念には法的根拠があ

---

(33) この事例は McGonnell が、居住地としての土地利用許可を申請したが、第6開発計画のゾーニングに抵触することから許可されなかったことに対し、王立裁判所に提訴した事例である。王立裁判所長である Bailiff の Graham Dorey 卿は以前に、Deputy Bailiff として第6開発計画を主宰していた。Case of McGonnell v. the United Kingdom, Judgment, paras. 7-14.

り、6条1項違反がある」と判示した（para.46〜57）。

すなわち、「公正な裁判を受ける権利の保障のためには、裁判所が実質だけで
なく外観も立法部から独立しなければならない」との一般論を示し、Bailiff は独
立の外観を備えていないと判断した[34]。

原告の Richard McGonnell は、英連邦（Commonwealth）の上訴審に当たる枢密
院司法委員会（Judicial Committee of the Privy Council）[35]ではなく、欧州人権裁判所
に提訴している。これは当時のイギリスでは欧州人権条約を国内法化した「人権
法」（Human Rights Act 1998）が制定されていなかったことも一要因であろう。
ガーンジーにおける Bailiff の役割（英国政府および枢密院とガーンジー政府との連絡役）
が王室属領における歴史的な機能から由来することは否めない（para.28）。しかし
ながら今日では、EU 加盟のイギリスにおいても（2018年現在）、EU 非加盟のガー
ンジーにおいても、EU 法の影響は避け難い。それは、欧州人権裁判所に直接提
訴した当該判決が、イギリス本国の貴族院制度改革や最高裁判所設立（2009年10
月1日、かつてのギルドホールを改築して設置）につながった事実が如実に表わしてい
る（【写真7-3】、【写真7-4】参照）。

1973年の EC 加盟後、イギリスの「国会主権原則」（三権分立が曖昧で議会に権限
が集中する）が批判されてきた。国会だけが、常にどの会期においても法的に無
制限の立法権をもち、また国会以外の何人も（ゆえに裁判所も）、国会の立法を無
効としたり適用を拒否したりできないという「国会主権原則」は、司法消極主義
というイギリスの伝統につながるものであった。しかし、これらは EU 法との抵
触が問題とされ、その後の最高裁判所設立（2009年）につながった[36]。当該裁判

---

(34) マクゴネル事件に言及している論説として、中村・前掲注（13）180頁、幡新大実「連合王国再
　　考裁判所の設立経緯、任用、運営について」比較法研究74号（2012）171頁。
(35) 枢密院司法委員会は歴史的には英国国王の最高諮問機関であるが、海外領土 Commonwealth
　　およびスコットランドの最終審の審判に当たることになっている（現在は、その機能の一部は最
　　高裁判所に移管されている）。田島裕『イギリス憲法典』（信山社、2010）6頁。ノルマン・コン
　　クエスト（1066年）以来の Privy Council の歴史的役割につき、Dicey, A. V., *The Privy Council*,
　　1887, Hard Press Publishing.
(36) イギリスにおける「国会主権の原則」につき、中村民雄「EU の中のイギリス憲法」早稲田法
　　学87巻2号（2012）325〜357頁、高野敏樹「イギリスにおける『憲法改革』と最高裁判所の創
　　設」上智短大紀要30巻（2010）83〜99頁。
(37) ただし、人口6万5千人のガーンジーという王室属領の Bailiff 制度が人権条約6条1項違反と
　　されても、それだけで本国の貴族院制度改革につながらない。国内に相当の改革主体が存在した
　　（1997年からのブレア労働党政権）のが改革の推進力となったと分析されている。幡新・前掲注
　　（34）171〜172頁。

第 7 章　なぜ英国王室属領にタックスヘイブンが多いのか　209

【写真 7 - 3 】
最高裁判所の玄関にあるエンブレム　　【写真 7 - 4 】最高裁判所内の法廷

（2013年 8 月28日・筆者撮影）
（イングランド、スコットランド、ウェールズ、北アイルランドの国花の組み合わせ）

（2013年 8 月28日・筆者撮影）

例は、その改革の端緒となった事例と位置付けられている[37]。

　それでは立法権（課税権）についてはどうか。租税立法も議会の承認が必要とされるが、三権をともにもつ Bailiff が議長（speaker）をつとめる議会に、近代的な意味における議会の承認があるといえるのか。前述したように、Bailiff に支配されるガーンジーは中世の封建領邦の名残を残す王室属領である。封建領主の領有権から派生する金銭賦課の権利の延長線上で発展してきたもの（duty）が、1960年代から、オフショア・タックスヘイブンとして積極的に利用されるようになってきたものである。課税権といっても議会の承認が必要な近代的な租税（tax）とは異なる。

(2)　今後の方策──OECD および英米の対策

　タックスヘイブン対策は、国際機関としては OECD 租税委員会が中心となって行っている。OECD は米国のマーシャル・プランの受け皿としてヨーロッパで設立された機関であり、参加35ヶ国（2018年現在）は「先進国クラブ」といった位置付けをされている国際機関である。したがって、先進国の立場からループ・ホールを防ぐ政策を試みている。「OECD/G20・BEPS（Base Erosion and Profit Shifting）プロジェクト最終報告書」（2015年10月）[38]もその一つである。

210 第三部 英領タックスヘイブンを利用した租税回避

OECD は1998年の「有害な税の競争」報告書において、王室属領を非難した(2000年のプログレス・レポートではリストアップされている)。イギリス政府は、タックスヘイブンとしてブラック・リストに載せられることを避けるために、金融規制を命じることとなった[39](その結果、2009年のブラック・リストから除外された)。このように、近代的な税制に改革するには、それなりの国際社会からの外圧が必要になろう。

イギリスは、一体型オフショア取引を提供する場である「シティ」を保護しようとする立場から Commonwealth を守ろうとしてきた。それでも、マン島、ジャージー、ガーンジーといった王室属領も租税情報交換協定（TIEA：Tax Information Exchange Agreements）に署名せざるを得なくなった（2013年10月10日および10月22日）。

外国に居住している米国民に対しても課税する市民権課税を採る米国では、FATCA（Foreign Account Tax Compliance Act；外国口座税務コンプライアンス法）が本格施行され（2013年1月）、ジャージーやガーンジーといった米国外の金融機関においても、口座の詳細を米国 IRS（Internal Revenue Service：内国歳入庁）に報告しなければ、米国源泉の所得（利子・配当）や米国資産の売却益等に対し30％の源泉徴収が行われることになった。2014年2月13日に OECD は、政府間で銀行口座情報を自動的に交換するための新たな国際基準の創設を模索するための「共通報告方式」（CRS：Common Reporting Standard）を公表した。100以上の国・地域が参加し、わが国の金融機関も、2017年1月1日より CRS を導入している。

このように、租税情報交換協定の実質化や OECD 租税委員会における BEPS 行動計画の具体化といった各国間の協力が必要ということであろう。

Ⅵ むすびにかえて

本章では、タックスヘイブン問題を、タックスヘイブンとして利用されている

---

(38) OECD, *BEPS 2015 Final Reports*
 https://www.oecd.org/tax/beps-2015-final-reports.htm、21世紀政策研究所・経団連基盤本部編著『BEPS Q&A』（経団連出版、2016）。
(39) イギリス内務省は、最終的に、エドワード報告書を作成した（1998年）。150以上の改革を提言し、ジャージー等の王室属領は基本的な金融規制に欠けていると指摘した。*Supra* note 6, at 386-387.

第7章　なぜ英国王室属領にタックスヘイブンが多いのか　　211

英国王室属領という特異な地域における歴史や法制度のプリズムを通して検討した。OECD 加盟国であり、かつ EU 加盟国でありながら（2018年現在）、Commonwealth に多くのタックスヘイブンを抱える、かつて大英帝国（British Empire）であったイギリス（UK：United kingdom）という国家の特色に焦点を当てた分析を試みた。

　英国王室属領のようにタックスヘイブンとしての役割に甘んじる必要のある国や地域が存在するのも世界の現実である[40]。税制や法制上の優遇を講じることによって、また、秘密保持を供与することによって、多国籍企業や富裕層を誘致しようとする国や地域が即座になくなってしまうとは考えにくい。しなしながら、現在のタックスヘイブン国や地域を生んだ歴史的必然や社会的要因を踏まえたうえでの対策も必要ではないかと思われる。

　OECD 租税委員会の BEPS プロジェクト最終報告書（2015年）が注目を集めている。「税務行政執行共助条約」（Convention on Mutual Administrative Assistance in Tax Matters）の署名国数も増えている（日本では、2013年10月1日発効）。米国の FATCA 法をベースにした自動情報交換メカニズムの策定も進んでいる。

　したがって、オフショアとしての役割をもつ特殊な国や地域においてすら、情報開示を求める国際的なプレシャーを無視した優遇政策を続けることは難しくなりつつある。それは大陸諸国と一線を画した伝統をもつ島国であるイギリスにおいても、EU 法を無視した国内法の適用ができなくなっている現実が、EU 離脱（Brexit）の一因となったことにも表れている。

　各国の法制度や租税制度が異なることを所与としてタックスヘイブン対策を採らざるを得ない一面もあろうが、一方で、このようなタックスヘイブンの特異ともいえる法制度自体を国際基準に近づける努力——先進国が協働しての外圧となるような実体法制・手続制の構築——も必要ではないかと思料する。

---

(40) バスティアン・オーバーマイヤー＝フレデリック・オーバーマイヤー・姫田多佳子訳『パナマ文書』（KADOKAWA, 2016）、朝日新聞 ICIJ 取材班『ルポタックスヘイブン』（朝日新聞出版、2018）参照。

第8章
英領バミューダLPS訴訟における法人該当性
——デラウェア州LPS訴訟との比較において——

I　はじめに

　英領バミューダ諸島の1902年PS法（Partnership Act 1902）、1883年LPS法（Limited Partnership Act 1883）および1992年EPS法（Exempted Partnership Act 1992）[1]に準拠して組成されるLimited Partnership（以下「LPS」という。）[2]は、1名以上のジェネラル・パートナー（GP：General Partner）および1名以上のリミテッド・パートナー（LP：Limited Partner）により構成される事業体である。GPはあらゆる権利および権限を有し、パートナーとして法律上連帯責任を負う（1883年LPS法§2・1(a)、§8C(a)）。一方で、LPは原則としてLPSの事業の経営管理に関与せず、LPSの債務を弁済する責任も負わない（1883年LPS法§2(b)）。

　本章Ⅱで取り上げる英領バミューダLPS訴訟の原告事業体Xは、バミューダ法に準拠して組成されたLPSであり、特例パートナーシップ（Exempted Partnership：以下「EPS」という。）である。【図表8-1】に示すように、原告事業体Xは、生命保険会社が保有する債権・不動産といった資産を取得し、債権についてはその回収を行い、不動産については売却等を行うことを事業目的とする匿名組合契約に基づく利益分配金を受領した[3]。にもかかわらず、2001年4月16日から同年12月31日までの事業年度に関し、法人税の申告書を提出しなかったとして、

（1）1902年PS法が一般法であり、1883年LPS法および1992年EPS法が特別法となる。したがって、1883年LPS法および1992年EPS法は、1902年PS法に優先して適用される。なお、EPS（特例パートナーシップ）はバミューダにおいては、所得（利益）に対する課税が免除されている。
（2）本章では、判決文および他の論説等の表記に合わせ、LPSと略しているが、岡村忠生「Limited Partnershipの法人性（1）」税研No.172（2013）80頁では、米国においてLimited PartnershipはLPと略されており、「LPS」となったのは、複数形のSを誤って略語に加えたものと思われると指摘している。
（3）本件において、アイルランド法人であるD社を介在させてスワップ契約を締結しているのは、日愛租税条約において、匿名組合契約の利益分配金がアイルランド法人に対しては、非課税とされるためであると思われる。いわゆる、トリーティ・ショッピング（条約漁り）と考えられる。

214　第三部　英領タックスヘイブンを利用した租税回避

約 8 億円の法人税決定処分および約 1 億2,000万円の無申告加算税決定処分を受けた。本事案は、当該処分に対し、納税義務不存在を主位的請求として、当該処分の取消しを予備的請求として争った事例である[4]。

同時期に争われた事例として、デラウェア州 LPS 訴訟がある（本章Ⅲ）。デラウェア州 LPS 訴訟は、日本の居住者（納税者）が、デラウェア州の法律に基づいて設立された LPS が行う米国所在の中古集合住宅の賃貸事業に出資し、当該賃貸事業により生じた所得を不動産所得（所得税法26条 1 項）に該当するとして、所得の金額の計算上生じた損失の金額を控除して申告したところ、所轄税務署長から、不動産所得に該当せず、したがって、損益通算（同法69条 1 項）をすることはできないとして更正処分等を受けたことに対し、争った事例である。

このような、国によって課税上の取扱いが異なる事業体であるハイブリッド・エンティティとして、英領バミューダ LPS やデラウェア州 LPS は租税回避の一手法として利用されている。本章では、ハイブリッド・エンティティであるところの英領バミューダ LPS およびデラウェア州 LPS という外国法を準拠法とする多様な事業体の法人該当性につき、わが国租税法における判断基準について検討する。

Ⅱ　英領バミューダ LPS 訴訟における法人該当性

⑴　LPS とハイブリッド・ミスマッチ取決め

バミューダ法上、LPS は無限責任を負う GP および有限責任を負う LP の間のリミテッド・パートナーシップ契約に基づき組成される事業体であり、日本には存在しない法概念であった[5]。LPS はこれまでファンドの組成に用いられるなど頻繁に利用されてきた。その LPS が日本の租税法上、法人に該当すると判断されるか否かによって、節税メリット享受の有無が決定されることになる。

【図表 8-1】に示す本件匿名組合契約は、組合員が10人未満である。2002年改

（4）東京地判2012年 8 月30日（金融・商事判例1405号30頁）および東京高判2014年 2 月 5 日（公刊物未登載）（判決文は、代理人事務所の好意により入手）とも原告勝訴。東京地判・判批として、手塚崇史・旬刊経理情報1332号（2012）48〜53頁、東京高判・判批として、宮塚久＝采木俊憲・西村あさひ法律事務所ビジネス・タックス・ロー・ニューズレター2014年 3 月 1 〜 3 頁。

（5）2004年にわが国でも、有限責任組合員と無限責任組合員を区別し、投資ファンドの組成を活性化させるため、「投資事業有限責任組合に関する法律」（LPS 法）が整備された。

【図表8-1】バミューダLPSを利用したスキームの概要

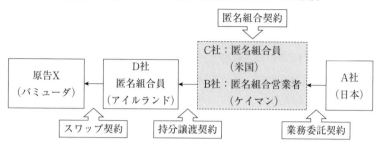

正前の法人税法施行令177条1項4号により、外国法人である組合員については、国内に支店等の恒久的施設（PE：Permanent Establishment）が存しない場合であっても、法人税の申告による総合課税の対象とされていた。したがって、当該LPSが外国法人に該当すれば、当該権利から得た所得は国内にある資産の運用・保有により生ずる国内源泉所得として法人課税を受けるということになる[6]。

2002年に法人税法施行令177条が改正されたため、改正後における本件訴訟の今日的意義は、「現地準拠法に基づいて組成された事業体のわが国租税法上の法人該当性」にある。それは、実務上、当該事業体を利用する投資ストラクチャーの組成に大きな影響を及ぼすことになるからである。

このような二国間での取扱い（法人か組合か）が異なるハイブリッド・エンティティを利用して、両国の課税を免れる取引に関しては、OECD/G20・BEPS（Base Erosion and Profit Shifting）プロジェクト最終報告書（2015年10月）[7]においても、「ハイブリッド・ミスマッチ取決めの無効化」（Action 2）として論点にあげられている。

本章で取り上げる両訴訟はほぼ同時期に争われたが、同日（2015年7月17日）に

---

(6) 本件LPSは、国内事業者に直接匿名組合出資をしておらず、匿名組合出資をした別のアイルランド法人（D社）との間で匿名組合出資にかかる利益の大部分を取得するスワップ契約を締結して利益を得ている。このスワップ契約の権利の国内源泉所得該当性は、東京高裁判決において（争点3）としてあげられているが、（争点1）の法人該当性、および（争点2）の人格のない社団該当性で決着がついたため、判決では判示されていない。

(7) OECD, *BEPS 2015 Final Reports*, 2015.
https://www.oecd.org/tax/beps-2015-final-reports.htm

216 第三部 英領タックスヘイブンを利用した租税回避

出されたバミューダ LPS 訴訟とデラウェア州 LPS 訴訟の最高裁判決は真逆の結論となっている。

(2) バミューダ LPS の法人該当性——東京地裁判決および東京高裁判決

バミューダ LPS 訴訟では、原告事業体 X が法人税法上の納税義務者に該当するか否かという点が争点となった。わが国租税法上の「法人」にも「人格のない社団等」にも該当しないこととなれば、原告は、国内源泉所得である匿名組合契約に基づく利益分配金について何ら法人税の申告義務を負わないことになるからである。

したがって、①原告事業体 X の租税法上の法人該当性、②原告事業体 X の租税法上の人格のない社団該当性[8]が争われたが、東京地判2012年8月30日および東京高判2014年2月5日のいずれにおいても、バミューダ LPS は日本の租税法上、法人にも人格のない社団にも該当しないとの判断が下された。

① 東京地裁判決（2012年8月30日）で示された判断基準

日本の法人税法上、「外国法人は内国法人以外の法人」をいう（2条4号）と規定するのみであり、法人自体の定義規定はない。このような場合、借用概念の「統一説」[9]に従うと、他の法分野で用いられているのと同じ意味に解すべきこととなるため、私法上の法人概念により決まることになる。どのような団体に法人格を付与するかは、国家の政策の問題に帰するところ、民法33条（現行33条1項）は、「法人法定主義」を明示し、法人の成立（法人格の付与）は、法律の定めによってのみ認められるとしている。民法36条（現行35条）においては、外国の法令に準拠して法人として成立した団体（外国法人）については、商事会社等でなければ原則としてわが国において法人として活動し得る法人格の主体として認めないことを明らかにしている。

すなわち、わが国の租税法上の法人は、法律により権利義務の主体とされ、損益の帰属すべき主体として設立が認められたものであり、私法上の法人と同様、

（8）②人格のない社団該当性に関する論点については、本章では省略する。

（9）統一説、独立説、目的適合説の3つの見解のうち、他の法分野におけると同じ意義に解釈する統一説が、租税法律主義＝法的安定性の要請に合致するとして通説となっている。金子宏『租税法［第22版］』（弘文堂、2017）119頁以下、同「租税法と私法——借用概念及び租税回避について——」同『租税法理論の形成と解明　上巻』（有斐閣、2010）385～418頁。

その準拠法によって法人とする旨を規定されたもの（法人法定主義）と解すべきとされる。したがって、東京地判では、外国の法令に準拠して組成された事業体がわが国租税法上の法人に該当するか否かについては、原則として、

　（i）当該外国の法令の規定内容をその文言にしたがって形式的にみた場合に、その準拠法である当該外国の法令によって法人とする（法人格を付与する）旨を規定されていると認められるか否かによるべきであるが（法人格付与基準）、

　（i）による判断が微妙な場合に、（ii）当該事業体を当該外国の法令が規定するその設立、組織、運営および管理等の内容に着目して経済的、実質的に見れば、明らかにわが国の法人と同様に損益の帰属すべき主体として設立が認められたものといえるかどうか（損益帰属主体性基準）を検討すべきとし、

　（ii）が肯定される場合に、わが国の租税法上の法人に該当すると解すべきとした。

　これらの基準をバミューダ LPS に形式的に当てはめて検討した結果、バミューダ LPS は日本の租税法上「法人」に該当しないと結論づけ、国側の主張（被告基準）を退けた。国側は、会社法2条2号の「外国会社」を根拠に、民法36条（現行35条）の「外国法人」には、その根拠法上、法人格を有しない団体も含まれる旨主張したが、「会社法上の『外国会社』は民法上の『外国法人』よりも広い概念である」と判示した。

　国側の主張（被告基準）とは、当該事業体が、①その構成員の個人財産とは区別された独自の財産を有すること（独自の財産保有）、②その名において契約等の法律行為を行い、権利を有し義務を負うことができる（契約締結能力）、③その名において訴訟当事者となり得るか（訴訟当事者能力）を基準として、その準拠法によって日本の法人であれば通常有すべき実質を具備するかという観点で判断すべきとするものである[10]。

　すなわち、東京地判では、本件のバミューダ法の定めである1883年 LPS 法、1902年 PS 法、1992年 EPS 法および本件 LPS 契約を詳細に検討し、独立の法的団体（entity）ではなく、別個の法人格を有するものでもなく、バミューダ法上、

---

(10) 被告基準では、任意組合や人格のない社団まで法人に該当し得ることになるとして、デラウェア州 LPS 訴訟大阪地判以外では採用されていない（【図表8－3】参照）。
　　高裁判決（2014年2月5日）においては、法人といえるための十分条件であるとはいえず、この基準をもって、現行法上法人とされる団体（事業体）と、そうでない団体（事業体）とを区別する基準とすることは困難であると判示している。

パートナーシップは利益を得る目的で共同して事業を遂行する者の間に存する「関係」をいうと判断した。バミューダ準拠法において法人格を付与する旨の規定は存在せず（(i)の法人格付与基準）、(ii)の損益帰属主体性基準についても、損益は法令および契約上、各パートナーに直接帰属すると判示した。

② 東京高裁判決（2014年2月5日）で示された判断基準

同控訴審判決においても、原判決を全面的に支持し、原則として(i)の法人格付与基準で判断するが、諸外国の法制・法体系の多様性等に鑑み、(ii)の損益帰属主体性基準が肯定される場合に日本の租税法上の法人に該当するとの基準を示した。

(i)の法人格付与基準について、民法上の法人が形式的に判断される建前をとるとの理解に基づき、国側の主張するように、外国法人についてのみ個別具体的に実質判断を行うことは内国法人の場合と比較し、法的安定性を欠くとする。

(ii)の損益帰属主体性基準の採用につき、諸外国の法制・法体系の多様性（大陸法系と英米法系との本質的な相違）、わが国の「法人」概念に相当する概念が諸外国において形成されるに至った沿革、歴史的経緯、背景事情等の多様性に鑑みて、損益が帰属しない事業体を日本の納税義務者から除くための基準とする。(ii)の基準については、法人の事業の損益により構成される所得の実質的な帰属主体が法人の構成員であることはないから、法人とそうでない事業体を区別するうえで有用かつ相当な基準であると判示している。

当該控訴審において国側は、【図表8-3】に示すデラウェア州LPS訴訟のうち、直前に判決が出された東京高判（2013年3月13日）（国側が逆転勝訴）を踏まえると、法人に該当すると主張した。しかし、デラウェア州LPSが法人に該当するとの判断の前提となった separate legal entity（独立した法的主体）（州LPS法§201(b)）に相当する定めがバミューダ法にはないので事案を異にするとして、原審判決を全面的に支持し、国側の主張を斥けている。

なお判決文では、損益帰属主体性基準を用いる理由のなかで、「わが国の租税法上の法人が損益の帰属主体であることは、租税法の規定上明らかであり、租税法上の『法人』の意義は、私法上の『法人』と同義であるから、私法上の『法人』の要件として損益の帰属主体であることを挙げることは相当と解される」と判示している。この点につき、これまでの借用概念論が私法上の意味を租税法に

取り込むものであるのに対し、租税法が必要とする固有の意味内容を私法上の概念の要件として取り込めるかのように説示しているものであり、従来の借用概念の統一説との整合性の吟味が必要であるとの指摘がされている[11]。

なお、当該バミューダLPS訴訟東京高判に対し、国側が上告したが、後述のデラウェア州LPS訴訟最判と同日（2015年7月17日）に、同じく第二小法廷にて「不受理決定」となった。納税者勝訴が確定しており、デラウェア州LPS訴訟とは逆の結論が是認されている。

Ⅲ デラウェア州LPS訴訟における法人該当性

(1) デラウェア州LPS訴訟の概要

デラウェア州LPSを利用した節税スキームは【図表8-2】に示す通りである。日本の居住者（納税者）である原告らは、信託銀行との間で信託契約を締結し、同銀行に開設された口座に現金等を拠出した。同信託銀行は、デラウェア州法に基づいて設立された有限責任会社との間で、デラウェア州LPS法に基づき、同有限責任会社をGP、信託銀行をLPとするパートナーシップ契約を締結し、同信託銀行は、パートナーシップ持ち分（partnership interest）を取得した。そのうえで、本件LPSは米国所在の中古不動産を取得し、当該建物を賃貸する事業を行った。

当該信託契約は、出資金2,000万円（一口）につき、7年間における同建物の賃貸事業による現金収入が360万3,000円、7年後の同建物の売却による現金収入が541万8,000円である一方、同建物に係る減価償却費を必要経費として計上すること等により不動産所得の金額の計算上生じた損失の金額を他の所得（給与所得等）から控除することにより（損益通算）、本来負担すべき所得税および住民税が合計2,350万円5,000円軽減されるものと想定されている（当時のパンフレット資料による）。ファイナンシャル・アドバイザリー契約を締結したうえでの、いわゆる、節税商品である。

納税者であるところの原告らが2001年分から2005年分の所得税につき、不動産所得に該当するとして損益通算をして申告等を行ったが、所轄税務署長は損益通

---

(11) 宮塚=采木・前掲注（4）2頁。

【図表 8-2】デラウェア州 LPS を利用した節税スキームの概要

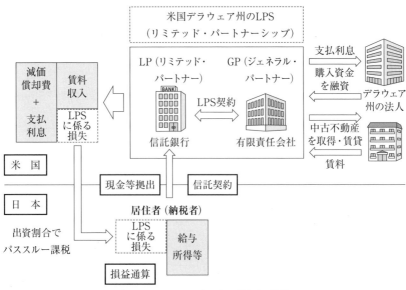

(T & Master No.604（2015）41頁を元に作成)

算をすることはできないとして、更正処分等を行った。その理由は、本件 LPS はわが国の租税法上の「法人」に該当し、不動産賃貸事業により生じた所得は「法人」である本件 LPS の所得となるから、構成員たる納税者の不動産所得に該当しないというものである。

(2) デラウェア州 LPS の法人該当性
① 大阪・東京・名古屋の各地裁レベルでの判断基準

バミューダ LPS 訴訟では、匿名組合出資に基づき分配を受けた利益について法人税が課税されるかという点で、外国事業体の法人該当性が問題となった。一方、デラウェア州 LPS 訴訟では、日本の居住者が外国事業体（デラウェア州 LPS）に出資した構成員として外国不動産の賃貸業を営む場合に、不動産の減価償却費を不動産所得の必要経費として取り込めるか（所得税法26条1項）という点で、法人該当性が問題になった。

【図表 8-3】に示すところの、東京・大阪・名古屋の各地裁判決、東京・大阪・名古屋の各控訴審判決において争われた米デラウェア州 LPS からの不動産

第 8 章　英領バミューダ LPS 訴訟における法人該当性　　221

所得から生ずる損失の損益通算の可否は、租税特別措置法改正前の事案である[12]。これらの事例において課税庁は、LPS は外国法人に該当するので、当該 LPS からの事業の損益は直接原告らに帰属するものではないとの理論構成によって個人所得税における損益通算を否認した。

　英米法諸国では信託が利用されることが多い[14]。一方、大陸法諸国では匿名組合契約（商法535条）が利用されることが多い[15]。当該デラウェア州 LPS を利用

【図表 8 - 3 】デラウェア州 LPS 訴訟における外国事業体の法人該当性の判断基準

大阪地判（2010・12・17）	東京地判（2011・7・19）	名古屋地判（2011・12・14）
納税者敗訴 ⇒	納税者勝訴 ⇒	納税者勝訴
「法人」たる能力および属性の具備が必要として 3 要素基準[13] ＊損益帰属主体性基準は用いず。	(i)法人格付与基準 (ii)損益帰属主体性基準 ＊(i)による判定が微妙な場合に(ii)で判断する。 ＊(ii)が肯定される場合に法人該当性が認められる。	(i)法人格付与基準 (ii)損益帰属主体性基準 ＊(ii)が肯定される場合に法人該当性が認められる。
⇒法人格を認容	⇒法人格を否認	⇒法人格を否認
大阪高判（2013・4・25）	東京高判（2013・3・13）	名古屋高判（2013・1・24）
納税者敗訴 ⇐	納税者敗訴 ⇐	納税者勝訴
外国法で法人格付与されているかを実質的に判断する。 ＊損益帰属主体性基準は用いず。	外国法で法人格付与されているかを実質的に判断する。 ＊損益帰属主体性基準は不要。	(i)法人格付与基準 (ii)損益帰属主体性基準 ＊(ii)は的確に法人の意義を認識するためのもの。
⇒法人格を認容	⇒法人格を認容	⇒法人格を否認

（西村あさひ法律事務所ニューズレター2014年 3 月、2 頁より抜出して作成）

---

(12) 航空機リース事件名古屋地判2004年10月28日（判タ1204号224頁）納税者勝訴判決を受けて、「不動産所得を生ずべき事業を行う民法組合等の個人の組合員の当該民法組合等に係る不動産所得の金額の計算上生じた損失については、なかったものとみなす」税制改正が行われた（措置法41条の 4 の 2 ）。

(13) 注（10）の「被告基準」参照。

(14) 信託法 2 条に定義される「信託」とは、特定の者が一定の目的に従い、財産の管理または処分およびその他の当該目的の達成のために必要な行為をすべきものとすることをいう。
　　すなわち、信託は複数の人から成る社会的関係であり、投資や事業のための団体としても用いられる。法人格を有しないが、一定の信託に対しては法人課税が適用される（法人税法 2 条29号の 2 ）。

(15) 匿名組合契約（商法535条）は、もともとは、10世紀頃から地中海沿岸で広く行われたコムメンダ（commenda）契約にまで遡る古い歴史をもつ大陸法における契約類型である。日本においては1899（明治32）年の商法典制定以来、改正されることなく存続している。ドイツ商法典の Stille

したスキームでも、外国信託銀行との信託契約を介して、原告はLPSに現金等を出資した。LPSは、出資された資金と借入金を元手に米国内の中古集合住宅不動産を取得し、賃貸業を営む。賃貸業は、当初は、賃貸料収入より、支払利息＋減価償却費の方が上回ることから損失が発生。このLPSへの出資持分に応じた損失額が、LPSに帰属することなく（パススルー）、不動産所得の性質を有したまま、信託契約を介して、原告に直接帰属するとの前提のもと、給与所得等と損益通算（所得税法69条1項）をして確定申告を行う節税商品であった。

大阪・東京・名古屋の各地裁・高裁判決に示されたLPSの法人該当性の判断基準は【図表8-3】に示す通りである。東京地裁、名古屋地裁、名古屋高裁が納税者勝訴の判決を、大阪地裁、大阪高裁、東京高裁が納税者敗訴の判決を下し、地裁・高裁レベルともに判断が分かれる結果となった。

大阪地判は、「国内私法基準説」に依りつつ、わが国の私法上の法人であると言いうるための基準を、権利義務の帰属主体となるかにより検討する立場を採っている。すなわち、デラウェア州LPSが、租税法上の「法人」に該当するか否かを、借用概念の統一説に基づき、「民法解釈における法人とは、自然人以外のもので、権利義務の主体となることのできるもの」という観念を借用していると理解し、「わが国の私法上の『法人』とされることによって当然認められる能力および属性を全て具備しているか否か」によって決している（被告基準を採用）。

これに対し、東京地判・名古屋地判は、「外国私法基準説（設立地私法説）」（法人格付与基準）によりつつ、副次的に「国内私法説」（損益帰属主体性基準）を採用する複合的な立場を採ったものと考えられる（バミューダLPS地裁判決、高裁判決も同様の立場を採る）。基本的には、当該外国の法令の規定内容から、その準拠法である当該外国の法令によって法人とする旨を規定されていると認められるか否かという観点から形式的に検討する。さらに、より実質的な観点から、「当該外国の法令が規定する内容を踏まえて、当該事業体がわが国の法人と同様に損益の帰属すべき主体[16]として設立が認められたものといえるかどうかを検証するのが相当で

Gesellschaft の制度を模して作られた制度であり、英語では silent partnership と訳されることが多い。金子宏「匿名組合に対する所得課税の検討」同『租税法の基本問題』（有斐閣、2007）150頁（同『租税法理論の形成と解明 下巻』（有斐閣、2010）14頁に再録）。

(16) 手塚・前掲注（4）52〜53頁は、「損益帰属主体性とは、具体的には、どのような状況があれば認められるのか必ずしも明らかになっていない。そもそも、法人該当性が争われる案件では、準拠法において、法人格の有無を明確に判別できない場合も多い」と批判する。

ある」と判示している。

損益帰属主体性基準については、端的に準拠法の下で法人格が与えられているかのみを判断すれば足り、「損益帰属の主体」の意味が不明であることから不要とする見解もある。私法上の権利関係と租税法上の帰属との関係について、両者を整合的に理解する努力が研究者間で行われてきたが、「所有権の帰属とは異なった次元で損益の帰属を考える余地があるとの理解（＝権利義務の主体と損益の帰属すべき主体を分離可能として捉えている）が東京地裁判決の判定の基にあった」として批判されている[17]。

通説の法律的帰属説[18]を前提とした場合、権利・義務の主体であるならば、当該主体は当然租税法上は損益の帰属主体になるからである[19]。

② 大阪・東京・名古屋の各高裁レベルでの判断基準

控訴審判決のうち、名古屋高判2013年1月24日（裁判所ウェブサイト掲載判例）では法人格は否認され、納税者勝訴となった。その後の東京高判2013年3月13日（訟務月報60巻1号165頁）および大阪高判2013年4月25日（裁判所ウェブサイト掲載判例）では、外国法で法人格が付与されているかを実質的に判断するとした[20]。損益帰属主体性基準は不要とされ、逆に法人格が認容され、納税者敗訴となった。

東京高判および大阪高判においては、(ii)損益帰属主体性基準は不要であると指摘し、新たに「外国法令で法人格を付与する旨を規定されているかどうかだけでなく、外国法令が事業体の設立、組織、運営、管理等についてどのように規定しているかも併せて検討すべきである」との実質的な判断基準を示した。そのうえで、州LPS法に基づいて設立された本件各LPSは、法的主体として存在しているというべきであり、separate legal entityとなる州LPS法§201(b)の規定は、

---

(17) 渕圭吾「判批」ジュリストNo.1439（2012）9頁、吉村政穂「判批」平成24年重要判例解説（2013）205頁、同「ハイブリッド事業体・取引を利用したスキームをめぐる課税上の問題——LPSの『法人』該当性に関する裁判例を手掛かりに——」租税研究755号（2012）246〜247頁。

(18) 経済的帰属説に対し、法律的帰属説の方が妥当と考えられている。金子・前掲注（9）『租税法［第22版］』174頁。

(19) この「権利義務の帰属＝所得（利益）の帰属」という命題につき、岡村忠生「Limited Partnershipの法人性（3）」税研No.174（2014）73〜74頁は、「①権利義務によって所得が算出されるのか、②権利義務に関する帰属と所得に関する帰属とは、同じ意味での帰属であるのか」という2点からの検討が必要であると述べている。

(20) 「各州のLPSを個別に判断する必要がある」とする論説として、秋元秀仁「国際税務訴訟における論点を踏まえた実務の次なる課題」税大ジャーナル22号（2013）27〜61頁。

224　第三部　英領タックスヘイブンを利用した租税回避

【図表 8-4】バミューダ LPS 訴訟およびデラウェア州 LPS 訴訟における 3 つの判断基準

①	国内私法説	デラウェア州 LPS 大阪地裁判決（2010・12・17）
②	設立地私法説（法人格付与基準）＋国内私法説（損益帰属主体性基準）	デラウェア州 LPS 東京地裁判決（2011・7・19） デラウェア州 LPS 名古屋地裁判決（2011・12・14） バミューダ LPS 東京地裁判決（2012・8・30） デラウェア州 LPS 名古屋高裁判決（2013・1・24） バミューダ LPS 東京高裁判決（2014・2・5）
③	設立地私法説（実質判断基準） （損益帰属主体性基準・不要）	デラウェア州 LPS 東京高裁判決（2013・3・13） デラウェア州 LPS 大阪高裁判決（2013・4・25）

LPS を法人とする旨を規定していると解すべきであり、したがって、本件各LPS は、わが国の租税法上の「法人」に該当すると判示した。

　以上をまとめると、デラウェア州 LPS 訴訟およびバミューダ LPS 訴訟は【図表 8-4】に示す三つの判断基準が示されていることになる。

　最初に判断が下された大阪地判（2010年12月17日）は被告基準（国内私法説）を採用した判決となっているが、以後の裁判例においては採用されていない。大阪地判以外では、設立地私法説（＝外国私法基準説）を重視している。判決の結論が異なっているのは、準拠法において法人格を付与されているか否かにつき、あくまで形式的に割り切ってしまうか、「法人」概念につき、実質的な判断を含めるかの相違にすぎない。

　すなわち、東京高判および大阪高判においては、(ⅱ)損益帰属主体性基準は不要であると指摘し、新たに「外国法令で法人格を付与する旨を規定されているかどうかだけでなく、外国法令が事業体の設立、組織、運営、管理等についてどのように規定しているかも併せて検討すべきである」との実質的な判断基準を示した。そのうえで、州 LPS 法に基づいて設立された本件各 LPS は、法的主体として存在しているというべきであり、separate legal entity となる州 LPS 法 §201(b)の規定は、LPS を法人とする旨を規定していると解すべきであり、したがって、本件各 LPS は、わが国の租税法上の「法人」に該当すると判示した。

③　最高裁判決（2015年 7 月17日）における第一基準および第二基準

　第一審判決（名古屋地裁2011年12月14日）および原審（名古屋高裁2013年 1 月24日）ともに、本件 LPS はわが国の租税法上の法人にも、人格のない社団にも該当しないと判断したうえで、本件不動産賃貸事業により生じた所得は不動産所得に該当

するものであるから、本件各処分は違法であるとして、これらを取消すべきものと判示した納税者側勝訴事例である。その最高裁判決（2015年7月17日）では、上告人敗訴部分を破棄、結論として、本件デラウェア州LPSは日本の租税法上の「外国法人」に該当すると判断した。

「わが国の租税法は、外国法に基づいて設立された組織体のうち内国法人に相当するものとしてその構成員とは別個に租税債務を負担させることが相当であると認められるものを外国法人と定め、これを内国法人等とともに自然人以外の納税義務者の一類型としているものと解される」としたうえで、外国の組織体の法人該当性につき、二段階の判断の枠組みを示したうえで、本件LPSに当てはめて、外国法人該当性の判断を行った。

第一基準は、その組織体が外国の法令において日本法上の法人に相当する法的地位を付与されていることが明白であるか否かについての検討、第二基準は、当該組織体の設立根拠法令の規定の内容や趣旨等から、当該組織体が自ら法律行為の当事者となることができ、かつ、その法律行為が当該組織体に帰属すると認められるか否かという点である。

上記の枠組みを本件に当てはめ、第一基準については、デラウェア州のLPS法が、同州のLPSを「separate legal entity」であると規定しているが、「legal entity」が日本法上の法人に相当する法的地位を指すものであるか否かは明確ではなく、また、「separate legal entity」であるとされる組織体が日本法上の法人に相当する法的地位を付与されていること又は付与されていないことが疑義のない程度に明白であるとは言い難い」と判断した。

次に、第二基準を検討し、「州LPS法は、LPSは、法令およびリミテッド・パートナーシップ契約により付与されたすべての権限および特権並びにこれらに付随するあらゆる権限を保有し、それを行使することができる旨を定めていることから、同法はLPSにその名義で法律行為をする権利または権限を付与するとともに、LPS名義でされた法律行為の効果がLPS自身に帰属することを前提とするものと解される」。「このことは、パートナーシップ持分（partnership interest）が人的財産とされ、かつ、構成員であるパートナーが持分を有しないとされていることとも整合する」。したがって、本件LPSは、自ら法律行為の当事者となることができ、その法律効果が本件LPSに帰属するということができるから、権利義務の帰属主体であるとも認められる。

226　第三部　英領タックスヘイブンを利用した租税回避

以上より、「本件 LPS は外国法人に該当するものというべきであり、本件
LPS の賃貸事業により生じた所得は本件 LPS に帰属するため、出資者である納
税者は本件 LPS の事業より生じた損失の金額を各自の所得から控除することは
できない」と判示した。

Ⅳ　外国事業体のわが国租税法における法人該当性

⑴　外国事業体のわが国租税法における法人該当性の判断基準

　上述してきたように、外国事業体のわが国租税法における法人該当性について
は、以下の4つの見解があるとされる[21]。

　　(i)設立地私法説（＝外国私法基準説）
　　(ii)設立地税法説
　　(iii)国内私法説
　　(iv)国内税法説

「法人」の定義については、借用概念が採られるため、(iv)はありえない。設立
地の税法がその事業体を法人として課しているか否かに従う考えである(ii)につい
ても、日本の税法が現地の税法の選択に従う結果となり、不合理である。した
がって、(i)か(iii)しかありえない。

　①デラウェア州 LPS 訴訟大阪地判は、わが国の租税法上の法人は、私法上の
法人と同義であると整理したうえで、わが国の私法を問題とする(iii)国内私法説の
立場を採っている。

　②デラウェア州 LPS 訴訟名古屋地判・名古屋高判およびバミューダ LPS 訴訟
東京地判・東京高判は、(i)設立地私法説（＝準拠法により法人格が付与されているか否
かを判断する）に加えて、(iii)国内私法説を基準として示しているが、その判断は(i)
に拠っている。

　③デラウェア州 LPS の法人格が認容された東京高判および大阪高判も(i)設立

---

(21)　手塚・前掲注（4）51頁、仲谷栄一郎＝赤川圭＝磯山海「判批」International Taxation32巻1
　　号（2012）83頁、仲谷栄一郎＝藤田耕司「海外事業体の課税上の扱い」金子宏編『租税法の発
　　展』（有斐閣、2010）641頁。

地私法説を採るが、形式的にだけではなく、実質的に判断している。州LPS法に基づき設立されたLPSは独立した法的主体（separate legal entity）であり、その構成員から独立した存在であり、法人であると認めることができると判示している。

【図表8-4】に示すように、最初に判断が下された大阪地判（2010年12月17日）は被告基準を採用した判決となっているが、以後の裁判例においては採用されていない[22]。大阪地判以外では、設立地私法説（＝外国私法基準説）を重視している。判決の結論が異なっているのは、準拠法において法人格を付与されているか否かにつき、あくまで形式的に割り切ってしまうか、「法人」概念につき、実質的な判断を含めるかの相違にすぎない。

(2) 外国法に基づく事業体についての形式判断および実質判断

岡村は、LPSという団体を設立し、事業を行うことに向けられた〈人の意思〉という観点から、課税関係は、団体を形成する意思を尊重すべきである（契約が自由な意思に基づいて形成されるのと同様に、団体の設立も人の自由な意思に基づいて行われるため）と主張し、形式判断を重視している[23]。この場合の形式判断とは、日本法の下での法人格付与に近い法現象が認められる場合に法人と判断することをいい、その判断は法人法定主義の形式に従った、できるだけ一義性のあるものとすべきとする。ジェネラル・パートナーシップで団体性の希薄なものについてまで「損益を帰属すべき主体としての実体がある」とは考えられないとして、法人性を肯定した上記デラウェア州LPS訴訟東京高判を批判する。

名古屋地判および原審の名古屋高判を覆すことになった最高裁判決において、デラウェア州LPSの法人性が確定してしまった。結果として、LPSは、日本では法人、米国ではパートナーシップ（LPSは、チェック・ザ・ボックス規則以前は、課税上必ず組合として扱われてきた）というハイブリッド・エンティティとなってしまったことになる。

---

(22) 手塚・前掲注（4）52頁は、①の大阪地裁判決を設立地私法説ととらえる。一方、仲谷＝赤川＝磯山・前掲注（21）85頁は、①を国内私法説ととらえる。
　　判旨は「わが国の租税法上の法人とは、『自然人以外のもので、権利義務の主体となることができるもの』をいう」として被告基準を認めていることから、私見としては、国内私法説と捉える。
(23) 岡村・前掲注（2）73〜81頁、同「Limited Partnershipの法人性（2）」税研No.173（2014）69〜74頁、同「Limited Partnershipの法人性（3）」税研No.174（2014）71〜78頁参照。

(3) 租税法における準拠法

上記裁判例の結論はそれぞれ異なるが、大阪地判以外は、基本的には設立地私法説（＝外国私法準拠説）が採られている。そのうえで、法人格の付与という形式判断を重視して割り切ってしまうか、各国の法人制度の違いを考慮してあくまで日本での課税権の問題として実質的な判断にこだわるか、の差異となる。

デラウェア州 LPS にしても、バミューダ LPS にしてもタックスヘイブン国や地域を利用したハイブリッド・ミスマッチ取決めによる二重非課税取引に該当する。複雑なタックス・スキームによって生じた「無国籍所得」（stateless income）であり、実質判断により法人格を認めるべきとの意見もある[24]。

しかし、外国事業体に対する実質判断を行えるのは争訟段階になってからのことである。原告がスキームを組む段階では実質判断は難しく、形式判断に依るしかない。そして租税法は裁判規範ではなく、行為規範である。

国際的な取引は私法取引であるが、私法取引から生じた所得に対する課税段階では公法関係となる。「公法は水際でとまる」という国際公法の大原則があるため、逃げていく税金、すなわち、課税管轄権から合法的に逸脱する（しかし、租税回避行為であると認められるところの）国際的なタックス・プランニングに対しては有効な課税権の行使が難しい[25]。

国際的なタックス・プランニング・スキームに関して、外国の準拠法の適用に対する反対意見、すなわち、日本の租税法規の前提問題となる私法上の法律関係について日本の私法が適用されるべきとの見解もある[26]。準拠法について、租税回避の有無が争点となる事案においては、課税庁は法の適用に関する通則法7条の規定（法律行為の成立および効力は、当事者が当該法律行為の当時に選択した地の法による）に拘束されず、日本法を基準として考えることができるとする考えである。

---

(24) 落合秀行「外国事業体の税務上の取扱いに関する考察」税大論叢73号（2012）88〜146頁、東恒「租税法における海外事業体の法人該当性の判断基準」立命館法政論集12号（2014）1〜37頁。

(25) 外国税額控除事件（りそな銀行事件・最判2005年12月19日、三菱東京 UFJ 銀行事件・最判2006年2月23日）のスキームに関しては課税すべき法律の規定を見つけられなかったので、外国税額控除制度の濫用だとして課税処分を行った。すなわち、権利濫用に類した一般法理が適用された。弘中聡浩「我が国の租税法規の国際取引への適用に関する一試論」『西村利郎先生追悼論文集 グローバリゼーションの中の日本法』（商事法務、2008）369頁。

(26) 中里実「制定法の解釈と普通法の発見（上）（下）──複数の法が並存・競合する場合の法の選択としての『租税法と私法』論」ジュリスト No.1368（2008）131〜140頁、No.1369（2008）107〜113頁、同『タックスシェルター』（有斐閣、2002）246頁。

これは、最大手の損保会社である東京海上日動火災保険（株）が原告となった「ファイナイト再保険事件」（東京高判 2010年5月27日判時2115号35頁）において示された考えである。「本件のような租税回避行為の有無が争点となる事案においては、適用する法律を当事者の自由な選択によって決定させるならば、当事者間の合意によって日本の課税権を制限することが可能となり、著しく課税の公平の原則に反するという看過しがたい事態が生ずることになるから、法の適用に関する通則法42条（公序）の適用によって、外国法の適用を排除し、国内公序である日本の私法を適用すべきである」と判示しているが、多くの学説は疑問視している。

(4) 当事者の選択と国内租税法

準拠法の適用につき、当事者による法選択の効果を否定できるかどうかについては、①租税法規上の概念それ自体の解釈が問題となる場合と、②租税法規上の概念の当てはめの対象の確定が問題となる場合がある[27]。

①はわが国の租税法規の解釈問題であるから、日本の租税法規が適用され、外国準拠法の適用は問題とならない。わが国の租税法規が借用概念を規定する場合、立法者が通常念頭に置いているのは日本の民商法である。しかし、場合によっては外国法の概念を基準とすべきこともあり得るが、個別に判断されるべきことになる。

②の租税法規上の概念の当てはめの対象が「私法上の法律評価の結果」の確定である場合には、準拠法選択の問題が生じる。当事者の選択した準拠法否定論に対して、岡村は、「もし準拠法を無視して日本の民法を適用するのであれば、それは現実に成立している私法上の法形成を引き直しているのであり、租税回避の否認と異ならない」と批判している[28]。

LPS訴訟では、法人格の有無が問題となっている。その判断によって日本の課税上の扱いが異なるからであって、②の租税法規上の概念の当てはめの対象の確定が問題となる場合に該当する。

デラウェア州LPSを利用したスキームは高額所得者を対象とした節税商品である。当該節税商品の提供にあたって提供者の金融機関は、関連法規を含めて現

---

(27) 弘中・前掲注（25）370〜383頁。
(28) 岡村忠生「税負担回避の意図と二分肢テスト」税法学543号（2000）26頁。

230 第三部 英領タックスヘイブンを利用した租税回避

地法制を精査したうえでタックス・プランニング・スキームを組んだものであろう。その場合に、デラウェア州法上のLPSが法人であるか否かに関しては、当該外国の法令の規定内容をその文言に従って文理解釈し、法人格を付与する旨を規定しているとは認められないと判断したうえでのスキームであったろうと思われる。

　法人の定義といっても大陸法と英米法では異なる。ある国からみれば法人だが、他方の国からみれば課税上存在しないこともありうる[29]。にもかかわらず、それらをすべて日本の法人格付与の実質的基準に合わせて課税対象とするか否かを判断するのでは、国際取引は機能不全に陥ってしまう。各国税制のミスマッチから高度で複雑なタックス・プランニングのテクニックが発達し、結果として様々な矛盾を引き起こしている「逃げていく税金」問題は、ゆゆしき国際租税法上のループ・ホールである。それでも、私法取引は当事者が自由に選択できる分野であり、争訟の段階になって、第二基準という国内法に対する形式基準とは異なる実質基準を用いる最高裁の判断に対して、疑問が残らないわけではない。

V　英領バミューダLPS訴訟およびデラウェア州LPS訴訟の比較

(1)　外国法人の定義の曖昧さ

　所得税法2条1項6号および法人税法2条3号に定義される「内国法人」の場合は、通説・判例となっているところの私法からの借用概念のうち「統一説」による理解で足りる。しかし、「外国法人」の場合は、「内国法人以外の法人をいう」と規定されるのみである（所得税法2条1項7号、法人税法2条4号）。内国法人の場合と同様に統一説により形式的に切り分けようとしても、国内私法を基準とするのか、設立地私法を基準とするのかの判断は難しい。

　さらには、団体課税（法人課税）を私法に依拠し、形式的に切り分けている日本の場合と異なり、デラウェア州LPS法のようなアメリカ法においては、国家制定法としての民法や商法は存在せず、法人法が州法として存在するため、設立された団体を、連邦租税法が定めるそれぞれの課税領域に当てはめる作業が行わ

---

(29) 税制調査会（第1回国際課税ディスカッション・グループ）議事録（2013年10月24日）8頁。

れている[30]。

⑵　アウトバウンド取引であるバミューダ LPS 訴訟およびデラウェア州 LPS 訴訟

　LPS という形式は、米国や英領以外においても見受けられる。デラウェア州 LPS 訴訟は信託契約による個人居住者のアウトバウンド取引の事例であり、バミューダ LPS 訴訟は匿名組合契約によるアウトバウンド取引を行う内国法人の事例である。

　インバウンド取引とは外国法人や外国人による対内取引であり、アウトバウンド取引とは内国法人や個人居住者による対外取引である。後者の対外取引を行う個人居住者は、原則として、全世界所得について課税される。したがって、日本の所得税法における損益通算を利用できるような、外国事業体を利用した節税商品が開発されることになる。

　バミューダ LPS 訴訟の原告 X は、バミューダ法に準拠して組成された LPS である。このような事業体の法人該当性の判断基準は、デラウェア州 LP 訴訟東京地判と同様に、設立地私法説（法人格付与基準）＋国内私法説（損益帰属主体性基準）であった[31]。控訴審判決も、原判決を全面的に支持している。

　バミューダ LPS 訴訟において国側は、【図表 8-3】に示すデラウェア州 LPS 訴訟のうち、直前に判決が出された東京高判（国側が逆転勝訴）を踏まえると、法人に該当すると主張した。しかし、デラウェア州 LPS が法人に該当するとの判断の前提となった「separate legal entity」（州 LPS 法 §201⒝）に相当する定めがバミューダ法にはないので事案を異にするとして、原判決を全面的に支持し、国側の主張を斥けた。その後、最高裁不受理決定によって「法人該当性」が否定された。

⑶　両判決の比較および今後への影響

　2015年 7 月17日という同日に、最高裁第二小法廷において異なる判断が下され

---

(30) つまり、米国では、法人法や団体法が州ごとに異なるので、連邦租税法はこれらに依拠することをせずに、法人課税を受けるかどうかについて、納税者に選択を認めている（財務省規則による「チェック・ザ・ボックス規則」）。岡村・前掲注（ 2 ）79頁。

(31) デラウェア州 LPS 訴訟東京地裁判決とバミューダ LPS 訴訟東京地裁判決は、同じ川神裕裁判長による判決である。

た。バミューダ LPS 訴訟の原審・東京高判（2014年2月5日）では、設立地私法説（法人格付与基準）＋国内私法説（損益帰属主体性基準）により、法人該当性が否定された（不受理決定なので、最高裁の判断基準は示されていない）。一方、デラウェア州 LPS 訴訟最判では、下級審段階で示された損益帰属主体性基準への言及はなく、権利義務の帰属主体といった法的側面を重視して、法人該当性が肯定された。判断が分かれたのは、現地の法制度の解釈および権利義務の帰属主体性の判断の相違による[32]。

　二つの訴訟を比べると、バミューダ法に、separate legal entity の定めがないことが決定的な相違点のようにみえる（英国系の LPS の根拠法には見受けられない）。しかし、デラウェア州 LPS 訴訟最判の第一基準では、separate legal entity とされる組織体が日本法上の法人に相当する法的地位を有すると評価できるか否かは明確ではないとしている。

　米国の大多数の州の LPS 法は、2001年のモデル法（Revised Uniform Limited Partnership Act）に依拠したものとなっており、デラウェア州 LPS 法と同様の規定を有する可能性が高い。したがって、デラウェア州 LPS 最判を受け、米国各州の LPS は、わが国では法人と判断される可能性が高い（その後、2016年4月27日東京地判において、米ワシントン州 LPS は日本の租税法上「法人」に該当すると判示された）。

　両判決とも、内国法人の判断に適用される形式基準に加えて、実質基準による設立準拠法アプローチを採っている。バミューダ LPS 訴訟では実質基準として、損益帰属主体性基準を示している。デラウェア州 LPS 訴訟では、権利義務帰属主体性基準が示されている。

　吉村は、「わが国の租税法が、まさに法人格の有無という明確な基準によって課税方式の振分けを行っている点を重視すれば、その背後にある実質的根拠の追求まで踏み込むデラウェア州 LPS 判決の態度には疑問の余地がある」との評価を示している[33]。

　藤曲は、「第一基準の判断基準は、これまでの類似事案の高裁判決と異なり、借用概念論を根拠としたものではない」点を指摘している[34]。また、第二基準

---

(32) 判批として、鬼頭朱実・税務弘報63巻12号（2015）94頁、長戸貴之・ジュリスト No.1492（2016）199頁、平野嘉秋・税研 No.186（2016）18頁、衣斐瑞穂・ジュリスト No.1493（2016）65頁（調査官解説）、田中啓之・租税判例百選［第6版］（2016）46頁。

(33) 吉村政穂「デラウェア州法に基づくリミテッド・パートナーの『法人』該当性」税務弘報63巻12号（2015）104頁。

の権利義務の帰属主体性基準につき、「租税法の固有概念として解釈している」としつつ、これらの組織体を画然と区分する基準とは言い難いとする。

宮塚＝北村は、「租税法独自の視点から、『法人』概念の解釈に関する判断をしたもの」と捉えている[35]。「ただし、『法人』概念の解釈を行うにあたり、一定程度租税法以外の私法その他の法領域の『法人』の特徴（属性）を参照したものと読むことも可能であることから、借用概念の『目的適合説』と同様の考え方に基づいて解釈したものとしても捉え得る」としている。

日本のような大陸法系では、法人法定主義を採用しているが[36]、英米法では、法人格という概念がそもそもない[37]。日本の民法は、法人の規定を設けて、法人だから権利義務の主体になれるという大陸法系の法律のフレームワークになっているが、英米法では、会社債権者が構成員の財産に遡及できない判例をもって事業体に法人格があるとされる。

相反する判断が、同日に同じ第二小法廷で決定されたことは、バミューダLPSにつき、原審の東京高判の損益帰属主体性基準ではなく、デラウェア州訴訟最判が示した権利義務帰属主体性基準に拠って判断しても「法人に該当しない」と判断された可能性があることになろう。

それは、英米の根拠法が異なることによる。イギリスのパートナーシップ法は、パートナーシップはパートナー間の「リレーション」であるとか、あるいは、パートナーシップの総体のことを「ファーム」と呼び、特に法人格に相当する表現が出ているわけではない[38]。

バミューダのような英領は元々コモンローを体系化しており、米国LPSとは異なる。「コモンローにおける agent（代理）は、大陸法系の代理とは異なっている。英国起源の元々のパートナーシップは、パートナーシップ自体は legal per-

---

(34) 藤曲武美「外国事業体（米国デラウェア州LPS）が租税法上の法人に該当するとされた事例」税務弘報64巻2号（2016）179〜180頁。

(35) 宮塚久＝北村導人「米デラウェア州LPSに関する最高裁判決の概要と実務への示唆」旬刊経理情報 No.1426（2015）42頁。

(36) 大陸法系でも、たとえば、ドイツでは、伝統的に合名会社や合資会社は私法上法人ではないとされているが、合名会社を法人と認める有力学説も出てきている。非法人とされている民法組合についても、一定の範囲で固有の権利・義務を認める最判が出されているように、法人概念は、どの国でも流動的である。結局、法人であることの意味が何であるかを正確に整理することは困難である。宮塚＝北村・前掲注（35）46頁。

(37) 「座談会　デラウェア州LPS判決を受けて」税務弘報63巻12号（2015）81頁。

(38) 前掲注（37）88頁。

son ではなく、訴訟当事者能力もないのに対し、米国のパートナーシップは、パートナーシップが本人（principal）であることから、パートナーは、パートナーシップの agent であり、米国のパートナーシップは、訴訟当事者能力もある」と、今村は相違点を説明している[39]。

これら二つの異なる判断を受け、今後は、英領における LPS の利用が増える可能性がある。

VI　むすびにかえて

多様な外国事業体の法人該当性につき、本章で取り上げた英領バミューダ LPS 訴訟の判断も、デラウェア州 LPS 訴訟の判断も、結局のところ、日本法でいうところの形式基準（＝日本の租税法上の法人概念は、日本の私法上の法人概念と同じである）では対応しきれず、実質的な判断要素を加味する結論となった。

それは、内国法人の形式的な割切りと異なる基準である。しかし、各国の法制度は、それぞれ、歴史的、伝統的、文化的に異なる背景に基づいて醸成されてきたものであり、単純に日本法の枠組みでのみ判断しきれない。一方で、グローバル化の進展は法概念の調和をも求めており、したがって、将来的には、「国際的な課税権の行使と法制の調和」という問題への対応が求められるかもしれない。

訴訟の段階で、実質的判断を重視することは、申告実務上、問題が多い。しかしながら今後は、「権利義務の帰属主体性」に基づく判断基準を示した両判例が先例となるわけである。当該判断基準が、新たな「法的安定性」を生み出すと言えないこともない。

---

(39)　今村隆「バミューダ LPS の租税法上の『法人』該当性」税研 No.181（2015）20〜21頁。

第9章
英国王室属領の特殊性とEU法およびBEPSの影響
――オフショア・タックスヘイブンとして利用されるガーンジーの分析を通して――

I はじめに

ガーンジー（正式名称は The Bailiwick of Guernsey という。）は、隣接するジャージー（両島を合わせて「チャンネル諸島」という。）、マン島とともに、英国王室属領（UK Crown Dependencies）[1]という特殊な地位を形成している（面積63km²、人口6万5千人）。イギリス女王が元首であるが、その地位はノルマンディー公（Duke of Normandy）としての地位に基づく。ガーンジーはUK（連合王国：United Kingdom）ではないが、British Islandsにイギリス本国とともに含まれる。

フランスのノルマンディーに近く（【図表9-1】に示すように、フランスより20km、イギリス本国より280km）、1204年ジョン失地王がノルマンディーをフランスに奪還されて以来800年以上に及ぶ特異な憲法上、政治上の地位にある。防衛と外交はイギリス政府が担当しているが、UKの

【図表9-1】
イギリス・フランスとガーンジー、ジャージーの位置関係

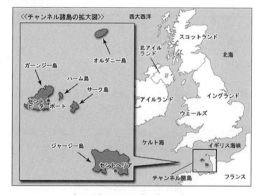

http://image.search.yahoo.co.jp

---

(1) ヨーロッパの長い歴史によって形成されてきた多くの属領（Dependencies）のうち英国王室属領は、ガーンジー、ジャージー、マン島の3つのみであり、ヨーロッパに位置していてもジブラルタルはイギリスの海外領である。*European Dependencies: Akrotiri and Dhekelia, Bailiwick of Guernsey, Bailiwick of Jersey, Faroe Islands, Gibraltar, Isle of Man, Jethou*, Wiki Series, USA, 2011.

一部でも、英連邦（Commonwealth）でもない特殊な関係を保持している。EU にも加盟していない。したがって、イギリス法にも EU 法にも支配されない。独自の憲法（1213年のジョン王の憲法（Constitutions of King John）以降）のもとで、独自のガーンジー法を制定し、政府も議会も裁判所も持っている。1341年以降 Royal Charters を定め、歴代イギリス君主が島民の権利や特権を認めてきた。

ガーンジー、ジャージー、マン島の３つの英国王室属領は1998年の OECD「有害な税の競争プロジェクト」で示された４つのタックスヘイブン判断基準に該当するとされた[2]。2000年のプログレスレポートには、カリブ海の英連邦グループとともに、35のタックヘイブン国・地域としてこれら英国王室属領が挙げられていた。もっとも2009年４月に、先進国の金融センターの問題まで踏み込んだ見直しが行われ、タックスヘイブンの判断基準は、「他国との租税情報交換協定の確立」および「税制の透明性の確保」の２つに絞られた。税負担が低いことは、タックスヘイブンの基準の第一順位から滑り落ちている。

日本企業もガーンジーをタックスヘイブンとして利用しており、損保ジャパン㈱が原告となった「ガーンジー島事件」最判2009年12月３日民集63巻10号228頁の舞台として知られる[3]。

このような現状を踏まえ、本章では「なぜ、ガーンジーは隣のジャージーとともに、オフショア・タックスヘイブン[4]として、利用されるようになったのか」という点につき、まず、歴史的経緯に基づく特異な法制、行政、司法制度について、次いで、イギリス法の影響とガンジー法制について、分析する（ⅡおよびⅢ）。

（２）　４つの判断基準は、以下の通りである。①金融・サービス等の活動から生じる所得に対して無税若しくは名目的課税、②実効的な情報交換の欠如、③税制の透明性の欠如、④誘致される金融・サービス等の活動について実質的な活動が行われることが要求されていない。OECD, *Harmful tax competition*, 1998, at 24の Box 1 参照。www.oecd.org/tax/transparency/44430243.pdf
　　　EU 委員会は、1997年11月５日、「欧州連合における有害な租税競争と取り組むためのパッケージ」を提示している。日本語訳・村井正＝宮本十至子（村井正「協調と競争―― EU における税制調和のディレンマ――」租税法研究26号（1998）15～20頁に収録）。
（３）　ガーンジー島事件は、損保ジャパン㈱の現地法人が、現地で選択可能な４つの税率のうち、国際課税資格を取得したうえで、１％を超えて30％までの税率のうち26％の税率を選択して承認されたことに対し、タックスヘイブン対策税制が適用された事例である。
（４）　オフショア金融センター（OFCs：offshore financial centres）とも呼ばれる。オフショア金融センターには必ずしも確立された定義はないが、2000年の IMF の定義によれば、「非居住者に対し、国内経済の規模や金融と不釣り合いな範囲の金融サービスを締結する管轄」をいう。本庄資『オフショア・タックス・ヘイブンをめぐる国際課税』（公益社団法人日本租税研究協会、2013）38頁。

Bailiwick というのは、中世の代官の名残といえる Bailiff によって支配される
王室属領であって、政府（State）と司法（Court）が分離しておらず、それが独自
立法の容易さ、司法の中立性の不十分さにつながり、タックスヘイブンとしての
利用につながったという要因がある。これらの要因を、residence（居住地）、
domicile（永住地）、jurisdiction（管轄）、さらに、租税や社会的責任を免れる法人
のコーポレート・ガバナンスという観点から検討する(Ⅳ)。

　「産業としてのオフショア・タックスヘイブン・ビジネスに対し、歯止めとな
る仕組みの構築は可能か」との問いに対しては、オフショアビジネスが産業と
なっているタックスヘイブン国や地域（王室属領）側の事情を含めて考察する。
結論として、国際公約を標榜する条約レジームの国内実施としての情報的手法の
国際化、各国の実体法が異なることを所与とするハイブリッド・ミスマッチによ
る国際的二重非課税を防ぐための方策が必要なことにつき考察する(Ⅴ)。

　2018年現在、イギリスは EU 離脱手続中である。イギリスは伝統的に「国会主
権原則」を採るため、EU 法の優越性原則の縛りがジレンマの一つとなってお
り、EU 離脱のレファレンダムへとつながった（2016年6月23日：Brexit）。2017年
3月29日に EU 基本条約（リスボン条約）50条に基づき、欧州理事会に離脱の通知
を行い、離脱手続を開始した。2019年以降、EU から離脱したとしても、EU 法
の及ぼす影響は避けがたい。租税回避に関しても、OECD/G20の BEPS（Base
Erosion and Profit Shifting）プロジェクト最終報告書（2015年10月）にあげられた15の
行動に対する勧告の実効化、すなわち、EU 指令等の二次法がイギリスに対して
も影響を与えることは間違いない。

　英国王室属領の特殊性を考慮に入れた本章の目的は、イギリスと EU 二次法と
の関係、さらには BEPS の影響を踏まえたうえでの「オフショア・タックスヘ
イブンにおけるループホールを防ぐ手立て」の検討である。

Ⅱ　チャンネル諸島がタックスヘイブンとなった背景
——ガーンジーの歴史

(1)　混合法体系であるところのガーンジー法

　チャンネル諸島最大のターニングポイントは、ヘースティングの戦い（1066年）
でノルマンディー公ウィリアム2世が勝利をおさめ、イングランド王ウィリアム
1世となり、「征服王」と呼ばれた時点である。この時以降、チャンネル諸島は

238 第三部 英領タックスヘイブンを利用した租税回避

ずっとイギリス王室と結びついている。1201年にはイングランド王に属するフランス領土（ノルマンディー）を征服するため、フランスのフィリップ2世はノルマンディーに侵攻し、1204年には公国をジョン王から奪還したにもかかわらず、チャンネル諸島はイギリスに忠誠を示した[5]。1254年にヘンリー3世は息子のエドワードに対し、チャンネル諸島は王室と離れることはなく、そのまま永遠にイングランド王に残ることを確認した[6]。

フランスはこれら島嶼の所有権を要求していたが、1213年以降、ジョン失地王はいわゆる「ジョン王の憲法」により、チャンネル諸島に特別な地位を与えた[7]。この特殊な関係については、1950年、その帰属をめぐり、英仏によって国際司法裁判所にもちこまれた「*Minquiers and Ecrehos* 事件」にも表れている。両島は、ジャージーの北東に位置する島嶼であるが、フランスは当該海域で漁業を行っていた。当裁判所は、歴史的証拠に基づき、ジャージーに帰属すると判示した。

枢密院も、拡大「憲法」に配慮している（*Renouf v Attorney General for Jersey* [1936] A.C.445）。1997年段階でも、当局は「ジョン王時代の検証は、典拠のあるなし、日付にかかわらず、正確な記録として確立されたジャージー住民の特権として認められる」としている。

このように、イギリス王室との関係を維持しつつも、ガーンジー法はノルマン法や慣習法の影響を受けている。イギリス（UK）の議会で制定された法律が適用されることは原則としてなく、独自の立法機関をもっている。イギリス法体系の範疇にあるが、ノルマン慣習法、教会法、ローマ法（サルカ法典）の影響を受けたミックスされた法体系という特徴をもつ。中世の領主国（Principality）の名残をとどめており、立法・行政・司法の三権分立が確立されているわけではない。三権を兼ねる Bailiff（地方行政官）によって統治される王室属領という特殊性から、権力が集中し、チェック&バランスが機能せず、独自の信託法や LLP 法、LPS

（5）ノルマンディーが1259年パリ条約により公式にフランスにもどり、百年戦争後の1450年に決定的に戻った後も、チャンネル諸島はイギリス王国と結びついてきた。平野和彦「チャンネル諸島とヴィクトル・ユゴー（1）」桐朋学園大学研究紀要36号（2010）188～190頁。

　　なお、ガーンジーは、1461～68年のフランスによる占領、1940～45年のドイツによる占領時以外は、イギリス王室の直轄地であり続けている。

（6）Darryl Ogier, *The Government and Law of Guernsey Second Edition*, published in 2012 by the States of Guernsey, at 206.

（7）*Id.*, at 146-147.

第9章　英国王室属領の特殊性とEU法およびBEPSの影響　239

法の制定が容易であった。後述するところの、大英帝国の植民地行政官を守るシステムであった non-domicile（非永住者）の規定も、オフショア・タックスヘイブンとしての利用を加速させてきた面がある。

　現代のガーンジー法は、「ガーンジー（島）民の自由は、自分たち自身の法に基づいて判断されるべき」という一般原則の伝統を受け継いでいる。それは、エドワード3世によるガーンジー憲章（The Charter of Guernsey）（1341年）以降、チャールズ2世による憲章（1668年）までの19の連続した憲章が、島民の慣習や法律、商業制度・財政制度を中心とする権利や特権を認め、確認する文書として、綿々と受け継がれてきていることにも表れている[8]。さらに憲章では、ガーンジーと王室との重大な関係を明確にしている。

　一方で、先行判例や法曹の養成を通じてイギリス法の影響が大きくなってきたのは、ここ3世紀のことである。イギリス法が直接あるいは拡大して適用されるようになってきた。同時に、国際法やEU法の要素を、変更させながら、ガーンジー法に取り込んでいる。これらの外的要素は、ノルマン法や長く続いた地域の慣習や法令を同化・吸収し、現代の、変化し続けるガーンジー法の形成に絡んでいる[9]。

(2)　王立裁判所に独立性があるといえるのか――マクゴネル事件

　現在、ガーンジーやジャージーのような王室属領は、行政的には王室を代表する Lieutenant-governor（副総裁）および Bailiwick の行政責任をもつ Bailiff（地方行政官）によって統治されている。Lieutenant-governor は王室に指名されるところの統括官（Military commander of the Island）であり、憲法上、王室の利害に反する場合は、拒否権をもつ。Bailiff はガーンジーの代表（representative）であり、政府の長（president）、立法府の議長（speaker）、裁判所長（president）を兼ねている。Bailiff は Lieutenant-governor とともに、枢密院、内務省とガーンジーの行政機関との連絡役を担う。それは島民の民意を王室につなぐ歴史的機能から由来している[10]。

　Bailiff は中世の封建制時期の代官の役割を担う[11]。Bailiff は英国王室により任

（8）Tim Thornton, *The Charters of Guernsey*, 2004, Woodfield Publishing, at 71-172.
（9）*Supra* note 6, at 187-188.
（10）Case of *McGonnell v The United Kingdom*, Judgment, paras.17, 28.

240 第三部 英領タックスヘイブンを利用した租税回避

命されるところの、常に男性の法律家である（70歳→現在は65歳定年）。行政官であ
りながら、立法府の議長でもあり、王立裁判所長・控訴院長でもある。王立裁判
所（Royal Court）において、Bailiff は民間の治安判事（Jurats）の中での職業判事
であり、職権上、控訴院長でもある[12]。

王立裁判所は、ノルマンディーから分離することとなった13世紀から始まって
いる[13]。通常裁判所や治安裁判所のほか、控訴院も含まれる。最終審はロンド
ンにある枢密院司法委員会（Judicial Committee of the Privy Council）[14]に管轄がある
が、適用されるのはガーンジー法である。

Bailiff が、王立裁判所および政府の長として２つの役割をもつことにつき、
Bordeaux Vineries Ltd v States Board of Administration [4 Aug 1993] におい
て、控訴院は、「Bailiff は裁判所と政府両方に責務をもつところの法によって作
られた職務であり、２つの機能をもつ結果として、両方を行うことが可能であ
る」と判示していた。

しかしその後、英国王室属領の Bailiff によって行われる裁判が「公正な裁判
を受ける権利」（Right to an independent and impartial tribunal）（欧州人権条約６条１項）
違反であると欧州人権裁判所で判示されたのが「マクゴネル事件」[15]である。

この事例は、原告の Richard McGonnell が、居住地としての土地利用許可を
申請したが、第６開発計画のゾーニングに抵触することから許可されなかったこ

---

(11) 領主は領主権に基づき地代等を賦課徴収し、代官（Bailiff）を通じ住民を保護し管理する権利
　　をもつ。中里実「主権国家の成立と課税権の変容」金子宏ほか編『租税法と市場』（有斐閣、
　　2014）32頁。
(12) 三権分立が明確ではない裁判所制度ではあるが、それでも、王室の承認を得て、王立裁判所改
　　正法（The Royal Court（Reform）（Guernsey）Law, 2008）が成立した。ガーンジー法は、法案
　　を承認する（Ratifying a Projet de Loi）という形式を採る。
(13) Darryl Ogier, *History of the Buildings of Guernsey's Royal Court*, Ozannes, 2004.
(14) 枢密院司法委員会は歴史的には英国国王の最高諮問機関であるが、英連邦（Commonwealth）
　　およびスコットランドの最終審の審判に当たることになっている。田島裕『イギリス憲法典』
　　（信山社、2012）171頁。
(15) *McGonnell v The United Kingdom*（Application no.28488/95）, Judgment, Strasbourg, 8 Feb-
　　ruary 2000, ECHR62.
　　マクゴネル事件に言及している論説として、中村民雄「貴族院から最高裁判所へ：ヨーロッパ
　　法との関わり」比較法研究74号（2012）180頁、幡新大実「連合王国再考裁判所の設立経緯、任
　　用、運営について」比較法研究74号（2012）171頁、加藤紘捷「イギリスの2005年憲法改革法と
　　独立の最高裁判所」駿河台法学19巻２号（2006）84頁。いずれも憲法改革（大法官の地位や最高
　　裁の設立）への布石となる判例として捉えている。イギリス国内においても同様である。*Supra*
　　note 6, at 115.

とに対し、王立裁判所に提訴したものである。王立裁判所長である Bailiff の Graham Dorey 卿は 5 年前に、Deputy Bailiff として第 6 開発計画を主宰していた。原告の McGonnell は「公正な裁判を受ける権利」の侵害を主張した。Bailiff の司法官としての役割と、議会の立法官や委員会の行政官としての機能には親密性が高く、欧州人権条約 6 条 1 項が要求する独立性や公平性をもちえないことを主張した。

それは Bailiff が偏見をもっているかどうかという点ではなく、6 条 1 項に要求されるような独立性の「外観」あるいは「客観的な」公正性を持っているかどうかという点に集約される。この点につき、欧州人権裁判所は、「立法や行政過程への直接の関与は、司法官の独立性に疑問を抱かせる。したがって、Bailiff 自身が以前行った開発計画の採択に影響を受けるとの原告の懸念には法的根拠があり、6 条 1 項違反がある」と判示した (paras.46-57)。

すなわち、公正な裁判を受ける権利の保障のためには、裁判所が実質だけでなく外観も立法府から独立しなければならないとの一般論を示し、Bailiff は独立の外観を備えていないと判断した[16]。

当該訴訟の経緯をたどると、原告の McGonnell は、ガーンジー王立裁判所判決 (1995年 6 月 6 日) のあと、欧州人権委員会 (European Commission of Human Rights) に異議申立てをした (1995年 6 月29日)。これは当時のイギリスでは、欧州人権条約を国内法化した人権法 (Human Rights Act 1998) が制定されていなかったことが一因であろう。同委員会は1998年10月20日、人権条約 6 条 1 項違反があるとの意見を表明し、その後、欧州人権裁判所に付託したものである。

ガーンジーにおける Bailiff の役割 (英国政府および枢密院とガーンジー政府との連絡役) が王室属領における歴史的な機能から由来することは否めない (para.28)。しかしながら、EU 離脱 (Brexit) 後のイギリスにおいても、EU 非加盟のガーンジーにおいても[17]、EU 法の影響は今後とも避け難い。それは、欧州人権裁判所に付託された当該事例が、イギリス本国の貴族院制度改革や最高裁判所設立

---

(16) マクゴネル事件判決後、ジャージー政府の委員会報告書 (2010年) は、Bailiff は政府の代表としての務めをやめるべきであり、政府は独自の代表を選ぶべきと提言した。今後は、ガーンジーにおいても Bailiff の議会での役割に変化が起こるかもしれない。*Supra* note 6, at 115.

(17) ガーンジーEC 法 (1973年) 第 3 章は、人権に関しては欧州人権裁判所判決を参照すべきことを義務づけている。そして、同裁判所判決は、ガーンジー裁判所に対しても拘束力がある。*Supra* note 6, at 171.

242　第三部　英領タックスヘイブンを利用した租税回避

(2009年) につながった事実が如実に表わしている。

(3)　Bailiff による支配とイギリス本国との結びつき
—— EU および OECD との関係

　ガーンジーの法令 (laws and ordinances) は、委員会で審議されたのち、政府が提案し、議会を通過することになる。ガーンジーの法律案 (draft laws) はイギリス内務省で精査され、枢密院におくられて王室の承認を得る。ただし、政令 (ordinances) に関しては、王室の承認は不要である。このようなガーンジー法の立法過程に、果たして自治権があるといえるのか、という疑問が生ずる。

　ガーンジーの防衛と外交はイギリス本国が負っていることから、財政上の負担金を担う。一方で、歴史的にイギリス本国とは、自由貿易の権利をもつ。

　13世紀以降、ノルマンディー公としての英国王室の属領であり続けているが、言語や慣習は地理的に近接するフランス (ノルマンディー) の影響から、徐々にイギリスの影響が強くなってきた。現在のガーンジーは、園芸産業もあるが、観光と金融が主産業である。18世紀から裕福なイギリス人の資産保有地として、一種のオフショア金融センターとして利用されてきた。ガーンジーやジャージーは、他国の裕福な商人がイギリスの関税を逃れるため、あるいは、年金にかかるイギリスの所得税を逃れるため、更には、自分の名前を使わずにチャンネル諸島の会社を通じての投資のために利用されてきた。すなわち、チャンネル諸島は「個人や法人が他の法域の法令や規制を回避する手助けをする政治的に安定した仕組みを提供する」ことで、ビジネスを引き寄せようとしてきた[18]。

　ガーンジー信託法、ガーンジーLLP 法、LPS 法、ガーンジー所得税法等がイギリス法系でありながら、金融オフショアとして利用しやすい独自の法制を発達させてきたのは、上述したような Bailiff の議会や裁判所における役割、少人数の議会で法律が作りやすく、したがって、三権分立が曖昧な状態が何世紀にもわたって続いていることも要因であろう。ガーンジーの Royal Court の建物は行政府をも兼ねている。Royal Court の法廷は、裁判開催場所 (Royal Court Chamber) であると同時に、島の議会の開催場所 (Meetings of the States of Deliberation, the Island's Parliament) となっている (【写真9−1】は新築後の王立裁判所入口)[19]。

---

(18)　ニコラス・シャクソン著・藤井清美訳『タックスヘイブンの闇』(朝日新聞出版、2012) 162頁、416頁。

第9章　英国王室属領の特殊性と EU 法および BEPS の影響　　243

1973年のイギリスの EC（後の EU）加盟後は、ガーンジーと EU の関係も金融オフショアとしての利用を促進する大きな要因となっている[20]。すなわち、イギリスの EC 加盟表明後、1960年代の長い交渉を通じて、チャンネル諸島はいくつかの選択肢（独立、特別条件の確保、加盟）のうち、イギリスの参加と同時に共通市場の「準加盟国」

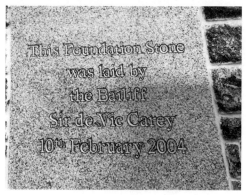

【写真9-1】
王立裁判所入口脇の Bailiff の名を記した礎石

(2015年8月6日・筆者撮影)

(Associate State)[21]としての立場を選択した。それは正式加盟国の全ての特典をもつわけではないが、EU 法全てに従う必要がなく、イギリス本国に適用される共通市場の規制から免除され、ジョン王の時代からの住居の規制や法や特権を保持していることを意味する[22]。

　ローマ条約（1957年調印の欧州共同体（EC）基本条約）のいくつかの条項（税、農業、移民）は適用除外される。チャンネル諸島、マン島への適用に関しては、英国の EC 加入条約の議定書3（Protocol No. 3 of the Treaty of Accession of the United Kingdom to the European Community of 1972）に盛り込まれている。EU 司法裁判所判決や、人権に関しての欧州人権裁判所判決には拘束されることになる[23]。

　チャンネル諸島は、EU の関税管轄領域であり、共通の関税に服することになり、物の移動の自由が適用される。しかし、他の EU 原則は適用されない。人、

---

(19) 2015年8月6日著者訪問時のヒアリングおよび *supra* note 13, at 15.
(20) 指令や規則といった EC（EU）二次法の適用は、1994年（ガーンジー）EC（適用）法によっている。
(21) EU の内部規定自体には存在しないが、EU との協調関係を有する非加盟国や、EU が主導する活動や事業に参加する非加盟国に対して「準加盟国」(associate state, associated country) という表現を用いる。
(22) Peter Johnston, *A Short History of Guernsey*, Guernsey Press Co., 1982, at 75. たとえば、EU 指令に基づく共通政策であるところの付加価値税（VAT：Value Added Tax）はチャンネル諸島では適用する必要がない。
(23) *Supra* note 6, at 171.

サービス、資本の移動の自由に関し、特に、ファンドの加入要件は除外されている。所得税率が低く、付加価値税もなく、財政的自治も保証されている。他の特権と相まって、島の主要産業である国際金融に寄与している。

国際関係につき、条約法に関する一般条約であるウィーン条約法条約（1969年）29条によると、条約は締約国の全領土に対して拘束力がある。イギリスの場合、王室属領を含む。しかし、イギリスは条約を批准するときは、王室属領に対しても適用するか否かにつき属領と協議すべきとしている。この慣行は、他の加盟国に認められており、国連事務総長により、「29条の目的の異なる意図として確立している」とみなされている[24]。

一方、OECD の条約は、チャンネル諸島、マン島、ジブラルタル、バミューダにも適用される。OECD の法定資格や現状は、チャンネル諸島の法律によって認められている。1998年には、上述した「有害な税の競争」報告書が公表され、2000年のタックスヘイブン・リストにはガーンジーやジャージーが含まれていた。その後2009年の見直しで、「税制の透明性の確保」、「他国との租税情報交換協定（TIEAs：Tax Information Exchange Agreements）の確立」にタックスヘイブンの判断基準が絞られたことにより、現状ではガーンジーやジャージーはグレイゾーンに属していることになる。

租税を含む内政問題について王室属領は自治を有する。したがって、租税情報交換協定（TIEAs）の締結はイギリス本国への委託ではなく、Bailiwick が行うことになる[25]。イギリスは多国間自動的情報交換枠組であるマルチ税務行政執行共助条約を締結、王室属領や海外領土との間でも同様の自動的情報交換を行うことを発表した。マン島は2011年8月3日、ジャージーは2013年8月1日、ガーンジーは2013年8月23日に日本と租税情報交換協定を締結し、発効している。

このような租税情報交換協定により、OECD は透明性とコンプライアンスの向上に指針を向けている。しかし、王室属領が金融オフショアとして利用されるのは、その独特の地位（イギリス本国との関係、EU との関係）に基づいた独自の法制

---

(24) *Supra* note 6, at 245-247.

(25) 中里実「ローマ法と租税法」租税研究767号（2013）118〜119頁は、「ガーンジーと英国王室との歴史的関係からして、ガーンジーはイギリス女王の荘園であり、荘園は課税権をもたないので、上納金であって、税金ではない。日本政府とガーンジーとの条約についても、女王の私物のような地域をどう扱うかは常に考えなくてはならない」と、王室属領にすぎない Bailiwick と日本との間に租税情報交換協定が締結できるのかについて疑問を呈している。

と技術にある。以下、イギリス法の影響を受けているガーンジー信託法および
ガーンジーLLP法・LPS法、さらには所得税を中心とするガーンジーの税制に
ついて検討する。

III　イギリス法の影響とガーンジー所得税法

　ガーンジー法は、直接にイギリス法を忠実に反映するものではないが、それで
もイギリス法の影響は大きい。刑事法は、イギリス・コモンローを反映してい
る。民事法（契約法、不法行為法、会社法、有限責任法）は折衷的ではあるが、それで
も、フランスの影響より、イギリスの影響が強くなってきた。たとえばガーン
ジーの最初の会社法（1856年）は、フランス商法（1807年）の影響を受けていた
が、1883年の株式会社または有限責任（会社）に関する法律（the Guernsey *Loi rela-
tive aux Sociétés Anonymes ou à Responsabilité Limitée*）はイギリス会社法（1862年）に
拠っていた。1908年法も1900年イギリス会社法をモデルとしている[26]。
　ガーンジー法曹界も、これまでの長い伝統に加えて、信託法や会社法、マネー
ロンダリング法につきイギリス法の研究を重ねている。それは、法曹はイギリス
本国で弁護士（barrister, solicitor）としての訓練を受け、裁判官もイギリスのテキ
ストや判例に近しいという実務的な理由による[27]。イギリス本国やガーンジー
の伝統であった狭い、厳格な文理解釈によるアプローチは、リベラルな解釈へと
変化している。立法は、欧州人権条約（その国内法であるガーンジー人権法（The
Human Rights（Bailiwick of Guernsey）Law, 2000））（2006年9月施行）に沿っており、法
令や公的な法規の定義に関する解釈ルールである（ガーンジー）解釈法（Interpreta-
tion（Guernsey）Law, 1948）に基づいて解釈される。

(1)　イギリス法の影響
①　信託法
　厳格な意味でのオフショア市場である「オフショア金融センター」（OFCs）と
しての利用には、（ガーンジー）会社法、持ち主を特定させない証券化のための
ビークルとして（ガーンジー）信託法、パススルー課税が可能な（ガーンジー）LLP

---

(26)　*Supra* note 6, at 175.
(27)　*Supra* note 6, at 178, 180.

246　第三部　英領タックスヘイブンを利用した租税回避

法、LPS 法が用いられている。

　信託（trust）とは、設定者（委託者）が信託証書、遺言もしくは信託宣言に基づいて、自己の財産（信託財産）を相手方（受託者）に支配的に帰属させつつ、同時にその財産を、一定の目的（信託目的）に従って、自己または他人（受益者）あるいは社会のために、受託者をして管理または処分ないし事業の経営をなすべき衡平法（equity）上の義務に従わせる信認関係（fiduciary relation）をいう。11世紀初頭ノルマン人によるイギリス征服の頃に誕生し、13世紀頃までに広く普及したユース（use）の慣行に始まると解されている。すべての土地は国王により保有されたが、国王は一定の奉仕を受ける代わりにそれを主要な男爵あるいは領主に割り当てた。それが次々と他の者へと与えられ、最後には、その土地に住み、それを耕し、あるいは使うことができる権利を有する者＝保有者（tenant）となる。use は信託の原型であった[28]。

　中世イングランド土地法の必要性から生じ、次第に一般的な法制度として形成されたものであり[29]、衡平法（equity）による数百年にわたっての歴史的所産である[30]。柔軟性を特徴とする英米法のなかでも、信託はもっとも柔軟な法的思考の一つである。メイトラントは、「法律学の分野でイギリス人が残した業績の中で最も偉大で特徴的なものは、信託の概念を幾世紀にもかけて発展させたことだ」と明言している[31]。

　信託は、私的な書面であって、公的なものではない。信託における受託者の最大の仕事は信託財産の投資である。受託者は信託財産に関する適切な収益をもたらし、しかも、元本を保存すべき善良なる管理者の注意義務に従って、信託財産を合理的に運用しなければならないが、信託財産に関する最良の運用とは何かと

---

(28) リチャード・モイス「連合王国における私益信託の利用」新井誠編訳『信託制度のグローバルな展開』（日本評論社、2014）551頁、ポール・マシューズ「英国2000年受託者法」同372頁。

(29) 7、8世紀頃から ad opus（〜のために）という語句が、on behalf または to the use of すなわちユース（use）の意味に使用されていた代理説を嚆矢とする。ad opus により表現される関係が次第に、コモンロー上の寄託（bailment）および代理（agent）という明白な法理に発展した。海原文雄『英米信託概論』（有信堂、1998）1〜2頁、7頁。

(30) 中世の十字軍の時代、故国を離れる騎士たちが自分の財産を信頼できる管財人に預け、その管財人が騎士の妻子のために財産を管理した。所有者の財産を、仲介者（管理人すなわち受託者）を通じて受益者と結びつける三者協定であり、その後、法整備が行われた。信託の効用は、本質的には資産の所有権を操作することである。シャクソン著・藤井訳・前掲注（18）64頁。

(31) モイス著・新井訳・前掲注（28）569頁、572頁、メイトラント著・森泉章監訳『信託と法人』（日本評論社、1988）4頁。

第9章　英国王室属領の特殊性とEU法およびBEPSの影響　　247

いうことに対して、確立した基準を一律的に設けることは困難である。投資政策は時代の進展とともに変遷し、制定法、判例、信託条項の内容、さらには時の経済状況に応じて絶えず変化するからである[32]。

　イギリスの保守的な安全性を念頭におく投資政策（衡平法の受益者保護主義に由来する）のなかで、職業的な法人受託者によるダイナミックな投機場所として、ケイマン、バミューダ、チャンネル諸島が適していたと言えよう。これらの法域における法律は、イギリス本国のような他の法域でなされた命令から信託財産を保護すべく「排他性」条項を有しているからである[33]。すなわち、これらの法域における法律は、イギリスなど他の法域でなされた命令から信託財産を保護すべく制度設計されている。資産保護の形式であり、反取消立法である。受託者は遺留分権や婚姻に関連する外国の規則による攻撃に脆くはないと規定されており、この規則は当地の判事によって解釈される。結果として、オフショア法域が他の法域の命令を認める傾向は少ない。

　このようにして、資産からの収益の享受をコモンロー上の所有権から分離させる特質をもつ信託の利用によって、所有権を別々の要素に分離する堅固な法的障壁が生み出される。この法的障壁は決して破られない情報障壁になることがある。信託に入れられた資産につき、受託者は登記をするが、受益者はどこにも登記をしないからである。

　ガーンジーにおいて、信託は1860年頃に導入され、イギリス人が主として利用した。当然ながら、規制が必要とされてきたが、1989年ガーンジー信託法（The Trusts（Guernsey）Law）が制定されるまで、長く続いたイギリス法原則に対する規制が法制化されることはなかった[34]。

　遺留分条項を包含する大陸法系と異なり、コモンロー法域では、信託財産としての元本を処分する完全な自由がある。そして、オフショア法域に置かれ、外国法の適用を排除する条項を有し、すべての信託財産がオフショアに存する信託を、イギリス裁判所が直接変更したという判例報告は存在しない[35]。

（32）海原・前掲注（29）204〜205頁。
（33）モイス著・新井訳・前掲注（28）563頁。
（34）*Supra* note 6, at 175.
（35）モイス著・新井訳・前掲注（28）561〜562頁。*Charman v Charman* ［2007］EWCA Civ503が先導的な判例となっている。Mr Charman（夫）は、1987年にジャージーにて信託を設定し、その後それをバミューダに移した。Mrs Charman（妻）は、離婚に際して、当該信託財産は考慮さ

248　第三部　英領タックスヘイブンを利用した租税回避

②　LLP 法と LPS 法

イギリスでは、1907年 LPS 法（Limited Partnership Act 1907）によって登録が義務付けられている LPS（Limited Partnership：有限責任組合）が利用されている。あらゆる権利および権限を有し、パートナーとして法律上連帯責任を負う1名以上の GP（General Partner：無限責任パートナー）、および、原則として LPS の事業の経営・管理に関与せず、LPS の債務の弁済をする責任も負わない1名以上の LP（Limited Partner：有限責任パートナー）によって構成される事業体である。

さらには、1990年代から利用される形態として、（無限責任を原則とする）組合形式でありながら、出資額以上の責任を負わない有限責任組合員から構成される事業体である LLP（Limited Liability Partnership）がある。有限責任を徹底させたジャージーLLP 法（2000年）、イギリス LLP 法（2001年）（ジャージーで可決された後、イギリス本国で成立した ）、ガーンジーLLP 法（現行は2013年修正法）は、監査の緩みを招き、金融法制の欠如を助長することとなった[36]。全てのメンバー（構成員）は契約内容に従って共同の責任を負う一方で、他のメンバー（構成員）については個人的な責任は負わないからである。

イギリスの LLP は corporate body（法人）であり、組合員とは独立した法律上の存在である。しかしながら、税法上、LLP は組合と同様にパススルー課税の対象となるため、法人税もキャピタルゲイン課税も支払う必要がない透明な存在（tax-transparent）となっている。個人でも、法人でも、GP または LP になることは可能である。

このような柔軟性に富む entity の居住地選択に関しては、操作の余地が大きい。信託にせよ、LPS にせよ、LLP にせよ、とにかく PE（Permanent Establishment：恒久的施設）を認定して、源泉地国としての課税権を守る傾向が強いように見受けられる[37]。それは LPS に関する PE 認定事案である「*Unger* 事件」（1991年）[38]にも示されている。当該事例では、1942年米加所得税条約に基づき、LP で

れるべきと主張した。受託者が、バミューダの裁判所に指示を仰ぐという証拠はなかった。しかし控訴院は、信託財産は財源なので、事実上、Mr Charman の銀行口座の資産であるとする見解をとった。

(36) John Dum & Prem Sikka, *Auditors: Keeping The Public in the Dark, Association for Accountancy & Business Affairs*, 1999, at 2-3.

(37) 浅妻章如「信託等の entity と国際課税：居住地概念等を手掛りとして」租税研究744号（2011）202頁。

あるところのカナダ居住者に対し、マサチューセッツ州 LPS によるキャピタル
ゲインの利益分配に対して、米国で課税できるかが問われた。LPS からの利益
の分配の結果として、Robert Unger は当該条約の意味するところの PE を米国
に有しており、その結果として、米国で課税されると結論づけられた。

　法規制が企業に緩やかで、米国内タックスヘイブン（domestic tax haven）とし
て知られるデラウェア州の LPS、およびイギリス領であるバミューダの LPS に
ついて争われた日本での 2 つの最判（2015年）も同様である。デラウェア州の法
律に基づいて設立された LPS の法人該当性が認められた「デラウェア州 LPS 訴
訟」（最判2015年 7 月17日民集69巻 5 号1253頁）と同日に、同じ第二小法廷で不受理決
定がされた「バミューダ LPS 訴訟」においては、バミューダ法に準拠して組成
された LPS の法人該当性が否定されている。バミューダ法上、パートナーシッ
プは利益を得る目的で共同して事業を遂行する者の間に存する「関係」をいうと
判断し、バミューダ準拠法において法人格を付与する旨の規定は存在せず、損益
は法令および契約上、各パートナーに直接帰属すると判示した。

　バミューダのようなイギリス領では、コモンローにおける agent（代理）を体
系化しており、パートナーシップ自体が本人（principal）である米国 LPS とは異
なるとされる。イギリス起源の元々のパートナーシップは、パートナーシップ自
体は legal person ではなく、訴訟当事者能力もない。

　英米法における partnership は、もともとは、ローマ法の societas（組合）に起
源を有する[39]。法人（社団や財団）とは全く別個のものである。契約に基づく単
なる構成員の集合体にすぎない societas（partnership）は、構成員から独立した存
在としての社団（corporation）と対置するものである。Societas（partnership）にお
いては、構成員はそれ自身の人格を保持し続けている。Societas は、共通の目的
のために集まった組合と定義され、人が集まって形成された一つの集合体という
よりも、資産を集めることの方に力点が置かれる。その結果、構成員の財産は、
組合の債務の引当てとされ、無限責任を負うことになる。

　有限責任組合形式でありながらイギリスの LLP は、各メンバーとは別の法人

---

(38) *Robert Unger v Commissioner of Internal Revenue*, 936 F. 2 d 1316, D.C.Cir. 1991［June 28,
　1991］. 租税裁判所からコロンビア地区巡回裁判所への控訴審。
(39) 中里実「LPS は法人か？──ローマ法に基づく考察」小泉直樹＝田村善之編集『中山信弘先生
　古稀記念論文集　はばたき──21世紀の知的財産法』（弘文堂、2015）1012〜1014頁。

格（legal personality）をもつところの corporate body である。有限責任は株式会社の特徴であり、責任を有限化することにより、経済活動が活性化されてきた。しかし、上述したように societas を起源とする partnership は歴史的に法人（社団や財団）とは別個の組織体である。

　イギリス LLP は法人格をもちながらも、パートナーシップとしてパススルー課税を適用されるため、LLP 自体は非課税法人となる（tax-transparent）。さらには、イギリス LLP は非居住者のみのメンバー構成も認められるため、OFCs での設立法人をメンバーとすることにより、イギリス居住者の構成員のいない非課税のイギリス法人の設立が可能となる。

　LLP 形式やタックスヘイブン国を利用した「*Tower MCashback LLP* 事件」（2011年）[40] や「*Mayes* 事件」（2011年）[41] のような節税スキームをめぐっては、課税庁（HMRC：Her Majesty's Revenue and Customs）と対立する結果となっている。

　前者は、2001年資本控除法（Capital Allowance Act 2001）のもと、ソフトウェアの権利についての支出に関する初年度控除（First Year Allowances）に関する事案であり、2つの LLP により、申し立てられた。手続問題と実体問題の2つの争点があったが、最高裁では、支出問題（expenditure issue）が主たる争点となった。すなわち、トレード目的のソフトウェアの権利を得るため、LLP は資本支出を負うか否かが争われた。

　後者の原告 Mayes は、1988年所得税及び法人税法における対応的損失控除（Corresponding Deficiency Relief）として180万ポンドの控除を主張した。タックスシェルターである投資型生命保険契約スキームに関する訴訟であり、後述するアーロンソン報告書でも最もひどい租税回避スキームとして記載されている（para.3.20）。まず、ジャージーの個人居住者が2つの証券を購入し、ルクセンブルク法人に譲渡。同法人は、追加払い、部分解約ののち、イギリスの LLP に時価譲渡、次いで、個人居住者 Mayes に譲渡した後、解約。この際生じた譲渡損に対し、対応的損失控除を計上して申告したものである。控訴院判決は、高等法院判決を是認し、対応的損失控除を認めた。課税庁側の主張したラムゼイ原則

---

(40) *Commissioners for Her Majesty's Revenue and Customs v Tower MCashback LLP 1 and another* [2011] UKSC19. 今村隆「英国におけるラムゼイ原則と資本控除（capital allowance）への適用」租税研究760号（2013）170～186頁。

(41) *D Mayes v HMRC* [2011] EWCA Civ407. 今村隆「英国における General Anti-Abuse Rule 立法の背景と意義」税大ジャーナル22（2013）94～97頁。

第9章　英国王室属領の特殊性と EU 法および BEPS の影響　　251

（ラムゼイ事件で示された租税法規の目的論的解釈）の適用は認められなかった。

　前述してきたような歴史的経緯により、OFCs となる要因をもつチャンネル諸島において、1名以上の GP（通常の組織体（firm）におけるパートナーと同様の法的地位をもつ）および1名以上の LP（法人における株主と同様の役割をもつ）によって構成される LPS 法、および、無限責任を原則とする組合に有限責任を認める LLP 法を制定したことは、企業のガバナンスの劣化を促したことになる。少人数の議会構成員によって立法が行われるチャンネル諸島において特例的な有限責任パートナーシップが認められ、パススルー課税という租税優遇を受けることができることは、更なる OFCs としての利用を促したことになる。

(2)　ガーンジー所得税法

　11世紀以降、現在でも、ガーンジーは10の教区（parish）から成り立っており、教区の話合いは納税を行っている戸主が出席して行われた。納税とは固定資産税（rate payers）であり、選挙権と結びつけられ（1923年）、「教区税及び選挙法」(The Parochial Taxation and Voting Law) によって、教区民すべてに選挙権が与えられた1963年まで続いた。イギリス本国との関係では、エリザベス1世の時代(1560年) に、Charter によって住民はイギリスの課税から免れ、通常の軍事支援を受け、貿易に関する特典を得ている[42]。

　現在のガーンジーは、EU に加盟しておらず、付加価値税（VAT）を導入する必要はない。遺産税もキャピタルゲイン課税もない。1960年代にオフショア金融センター（OFCs）となって以来、数万社の登録会社や数えきれない登録不要の信託があり、うち多くは免税あるいは特別非居住者税制の適用を受ける。これらは他国の租税を回避し、規制を免れるために、安全な OFCs に集まった資産である。口座の預金利息に対して、ガーンジーでは課税されない。口座の額が大きくなると、より守秘性の高い信託会社が利用されたが、配当に対しても課税されない。

　LLP 自体に対しては課税されず、損益の配賦段階で、パススルー課税される。さらには、損益通算や、居住地国と投資国との間の二重課税回避のための租税条約による特典を享受することもできる。

---

(42) *Supra* note 6, at 1, 181.

252　第三部　英領タックスヘイブンを利用した租税回避

　そもそも、中世の領主国（Principality）の要素を色濃く残しているチャンネル諸島のような属領（European Dependencies）における租税は、領邦領主の領主権という土地所有権に根差す私法的なもの（財産権の延長）であり、地代の要素を含むものといえる。中里は、「主権概念成立前の中世の課税権は、領邦領主の土地所有権に根差す私法的なもの（財産権の延長）」と分析している[43]。

　課税承認権も、主権概念の成立を受けた絶対主義時代以降の課税制度とは異なる。そのように考えると、「ガーンジー島事件」で問題とされたような、交渉による所得税率の選択という特異な制度も理解が可能となるかもしれない。当時のガーンジー所得税法（Income Tax (Guernsey) Law, 1995）によると、ガーンジー法人は、①20% の標準税率により所得税を課税されるが、②申請により免税を受けることができるほか、③所定の所得につきその金額に応じて段階的に異なった税率により所得税を課されることもでき、さらに、④国際課税資格を取得して、0％を超えて30% までの間で自ら申請し税務当局によって承認された税率によって所得税を課されることもできた。

　現行ガーンジー所得税法（Income Tax (Guernsey) Law）は、個人の居住状況（resident, non-resident）を基本として分類したうえで、課税している。個人も法人も標準税率は20% である。オフショア金融センターである当該管轄権へ法人（LLP、LPS 形態を含む）を設立あるいは信託を設定し、利益を留保させる組織体に対しては、レントとして登録料（registration fee）を課している。そしてこれら低率所得税と登録料は、小さな島（state）のインフラ整備に必要な歳入として十分な額となっている。

　すなわち、金融産業が主産業となっているチャンネル諸島では、名目会社やLLP、LPS、信託の登録に課せられる登録料が島（state）の収入の９割を占めており、６万５千人の人口に対して十分な額となっている[44]。しかし、このようなイギリス本国に比べて軽すぎる負担は、結局、（イギリス本国ひいてはグローバルレベルでの）大多数の中低所得者に負担を強いることによって成り立っている制度であり、特権である。EU に加盟していないことから、イギリス調査委員会の推

---

(43) 中里実「制度の効率性と租税」論究ジュリスト10号（2014）85頁。

(44) Prem Sikka, *The Role of Offshore Financial Centres in Globalization*, Blackwell Publishing Ltd., 2003, at 381, 391.

(45) *Crown Dependencies 8th Report of Session 2009-2010*, The Report of the House of Commons, Justice Committee, 30 March 2010.

第9章　英国王室属領の特殊性と EU 法および BEPS の影響　　253

奨するものだけを取り入れていると批判されている[45]。長い特異な歴史に由来
するとはいえ、不公平との誹りは免れない。

Ⅳ　オフショア・タックスヘイブンとなる要因の分析

　グローバリゼーションが、資本を国家の領域を越えさせ、タックスヘイブンを
生み出す余地を作ったことになる。タックスヘイブンは、競争的な、規制緩和の
進展による資本の移動に決定的な役割を演じている。タックスヘイブンは、①機
密が保持され、②無税もしくは低課税、③規制が緩やかで財務開示が不要な場所
である[46]。英国王室属領では、'residence'、'domicile'、'jurisdiction' 概念の新た
な解釈による利用が、更には、資本に対する租税や社会的責任を回避させるよう
な法人形態（legal personality）の利用が行われている。
　それはすなわち、多国籍企業（＝低課税地域で利益が出るように合法的なスキームによ
る会計操作を行う。）および超富裕層の個人（＝タックスヘイブン以外に税金をほとんど払
わない合法（および非合法）的な手段を用いる。）によるオフショア・タックスヘイブン
の利用という現実である。

(1)　Residence（居住者）および Domicile（永住者）

　イギリスの所得税は resident および ordinary resident に該当する納税者に対
して課税される。個人が、納税者となる resident あるいは ordinary resident に
該当するか否かに関しての一般的なガイダンスとして、1973年に発行されたリー
フレットが IR20［第 1 版］である。当該 IR20［1999年版］の適用解釈を課税庁が
誤っており、居住者に該当しないとして、Robert Davies, Michael James, Rob-
ert Gaines-Cooper によって争われたのが「*Davies, James, and Gaines-Cooper v
HMRC* 事件」（2010年）[47]である。
　Davies と James は、2001年 3 月、少なくとも 1 年ベルギーでフルタイム勤務
を始めるために出国したので、2001/ 2 課税年度は、イギリスでは居住者（resi-

---

　　https://translate.google.co.jp/translate?hl=ja&sl=en&u=https://www.publications.parliament.
　　uk/pa/cm200910/cmselect/cmjust/56/56i.pdf&prev=search
(46)　*Supra* note 44, at 390.
(47)　*Robert Gaines-Cooper, Robert Davies, Michael James v HMRC*［2010］EWCA Civ83. 2011年10
　　月19日の最高裁判決［2011］UKSC47も同旨である。

dent）でも、通常居住者（ordinary resident）でもないと主張したが、課税年度が開始する2001年4月6日の時点ではベルギーでフルタイム勤務と認められないから、イギリス居住から抜けたことにはならないと判断された。一方、Gaines-Cooper は、1993/4から2003/4年まで居住者ではないと主張したが、イギリスに90日以上滞在しているかどうかが絶対的な基準となるわけではないとされた。このようなリーフレットに依拠して居住の有無が判断されることは、イギリスでは居住について法令による根拠が乏しいことを意味する。

　一方、ガーンジー所得税法は、個人に対して、居住状況（resident, solely resident, principally resident）によって区分して課税する。OFCs としてのガーンジーは当該管轄権に設立された法人に対しレントとして登録料を課すが、法人の利益の留保に対しては、低税率の法人所得税負担を課すにすぎない。多国籍企業は、租税負担を減らし、利益を増やし、株主に配当をすることができる。しかし、これら法人の活動は当該 OFCs に何ら具体的な活動をもたらすわけではなく、租税回避地としての温床となるだけである[48]。後述する BEPS プロジェクトは人為的な課税逃れに対抗するものである。タックスヘイブン国における低税率に対抗しようとするとあらゆる国が Race to the Bottom、すなわち税率の引下げ競争となってしまう懸念があり、現実に先進国の法人税率はかなり低率になっている。

　多国籍企業は、OFCs において 'residence' を要求しつつも、他の管轄における市場や独占状態を捨てるわけではない。OFCs における 'residence' は、現実的な住居ではなく、架空の住所にすぎない。個人納税者も信託等の entity を通じて、好き勝手に居住地を選んでいる。イギリスの法人に関する居住地基準は「管理支配地基準」（法人の本店所在地を居住地とする）であるため、タックスヘイブンは、'residence' すなわち、合法的な租税回避スキームを提供する登録場所（booking centre）にすぎないのが現実である。

　さらに、イギリスにおける domicile（永住者）の制度も重要な役割を果たしている。Domicile の概念は、もともとは植民地の住民が大英帝国内のどこに住んでいても身元を証明できるように編み出されたものである。たとえば、インド駐在のイギリスの植民地行政官は、インドの居住者だが domicile はイギリスであり、イギリスの法律に従うものとされていた（植民地で暮らすイギリス人を植民地国の

---

(48)　せいぜいの役割として、ロンドンやニューヨーク、東京の金融市場の発展に寄与した点が挙げられる程度である。*Supra* note 44, at 391.

税法から隔離する必要があったため)。1914年改正により、イギリスの居住者 (resi-dence) だが、イギリスに永住地がない者 (non-domicile) は、世界全体から得る所得について課税を免れるようになった[49]。したがって、イギリスで得た所得に対してのみ課税されることになる。

この制度は、第二次世界大戦後、大英帝国がほとんどの植民地を失うと、イギリスに住む (主に旧植民地国の) 外国人の税逃れに利用されるようになった。したがって、non-domicile のヘッジファンド・オーナーは自分の全ての所得をイギリス国外で計上することで所得税を逃れることができる。すなわち、非永住者たる居住者 (UK resident non-domiciled) のイギリス外の資産処分から生じたキャピタルゲインは、一定額の課徴金を納めた場合には送金された金額のみが課税対象となる (送金課税:Remittance Basis)[50]。

さらに信託に関しては、これまでも、譲渡所得課税と相続税の両面で優遇措置を受けてきた。委託者が7年以上生存したという条件で相続税債務は発生しないことになるが、それは、永住者 (domiciled in England) が設定した信託に対してのみ適用され、non-domicile に対しては適用されない。しかし、2006年、大蔵省は、信託は本質的に租税回避の手段であるとの主張を譲らず、結果として、domicile によって設定された新しい信託に対しては、2006年以前から存続する信託とは異なる取扱いを受けるようになった[51]。

(2) Jurisdiction (管轄)──国外所得免除方式と帰属所得主義

グローバリゼーションの進展に対して、課税権の行使は国境を越えることができない点がよく指摘される。国際租税法の基本的なパラダイムはグローバル化が広がる遥か前に形成されたものであり、各国の「国家主権の中核に属する課税権」を前提に、「国家間」の課税権の配分を主眼とする。「課税はローカル」の本質は今なお維持されている[52]。

---

(49) シャクソン著・藤井訳・前掲注 (18) 362～363頁。
(50) 2012年度改正により、イギリスに12年以上居住している non-domiciled resident については、課徴金を一律5万ポンドに引き上げる等の見直しが行われた。村井英樹「欧米主要国における最近の税制改正の動向」https://www.mof.go.jp/pri/publication/zaikin_geppo/hyou/g735/735_a.pdf [最終訪問日:2018年10月18日]
(51) モイス著・新井訳・前掲注 (28) 566～567頁。
(52) 藤谷武史「租税法における国際的規範形成と国内法」法律時報84巻10号 (2016) 36頁。

256 第三部 英領タックスヘイブンを利用した租税回避

OFCs の進展は、国内管轄（onshore jurisdictions）における高税率と規制の厳格さがもたらしたとの指摘もあるが、サッチャーやレーガンによる規制緩和、関税管轄（exchange control）の廃止、所得税の減税の時期に OFCs が進展した事実からみて、この考え方は疑問視されている[53]。

チャンネル諸島のような OFCs は、結局、主要先進国の覇権（hegemon）によって保護されていることになる。チャンネル諸島は、イギリスにも EU にも属さない自治権をもった島というのはフィクションであり、上述してきたような曖昧さに満ちた島（state）である。イギリス本国は島に対して力をもっている。ロンドンのシティ（the City）を守るため、EU との関係で有利なビジネスの取決め交渉をする。しかしながら、最近は、イギリス政府も金融規制改革を求めざるを得なくなっている。国際レベルで存在する税の抜け穴（tax loophole）をなくする方向性が先進国の趨勢となっているからである[54]。

課税管轄権に関してのヨーロッパの考え方は、「国外所得免除方式」（国外にある所得は課税対象としない考え方。他方、日本やアメリカは全世界所得課税を一旦行ったうえで外国税額控除方式を採る）および「帰属所得主義」（領域内・国内に PE が設けられたときに初めて課税を開始する）である[55]。

国外所得免除方式では、領域内の所得のみ課税することになる（Territorial System）。企業は、進出先の国で課税される税金のみ支払えばいいことになり、資本輸入中立性が確保されることになる。こういった形で、居住地がまず国内法により国外所得に対する課税権を一方的に放棄、それ以外にも租税条約を用いた源泉地国の源泉地課税を制限または放棄する例が見られる。一方、現在の帰属所得主義では、ソース・ルールを一応考えたうえで、国内源泉所得のうち、領域内・国内の PE に帰属する所得を総合課税する[56]。

このように、各主権国家が多様な税制をもち、それぞれがばらばらに課税管轄権を行使するという状況が、所与の前提とされている。Resident（居住地国）と実

---

(53) *Supra* note 44, at 390.

(54) *Supra* note 44, at 392.

(55) 税制調査会（第1回国際課税ディスカッショングループ）議事録（2013年10月24日）4～6頁。http://www.cao.go.jp/zei-cho/news/2013/__icsFiles/afieldfile/2013/11/26/25dis11kai_1.pdf

(56) 日本も、OECD モデル租税条約7条（2010年改訂）に沿って、平成26年度税制改正（2014年3月）により、総合主義から帰属主義への変更が行われた。伊藤剛志「近年の国際課税関係の法改正」ジュリスト No.1483（2015）14～19頁。

際のマーケットとなる国で課税を受けないように利益を移転し、留保する基地会社（base company）として、タックスヘイブン国や地域が巧みに利用されていることになる。

(3) 法人のコーポレート・ガバナンス──租税と社会的責任を免れる法人

　チャンネル諸島のような特異な背景をもつ王室属領が OFCs として利用されるのは、納税者が本国からの課税を免れるために有利となるような法体系や技術が存在するからである。多国籍企業や超富裕層の個人は、複雑な取引を駆使することによって合法的に課税を免れている。

　現在、多くの国で法人所得税が存在し、課税所得と企業利益がリンクさせられている。しかし、擬制説と実在説の対立をあげるまでもなく、法人所得課税に対する確固とした理論的根拠は乏しく、法人商人にも商工業利益を課税したという歴史的経緯があるにすぎない。そして、今日、法人所得税は課税逃れのしやすい租税となっている[57]。

　OFCs における信託や LLP、LPS 形式の entity を利用した取引を複雑に組み合わせ、合法的に租税を回避するスキームが用いられている。タックスヘイブン対策税制でも、移転価格税制でも対応しきれないものの一つがハイブリッド・ミスマッチと呼ばれる取決めである。それは、複雑な取引を駆使することにより課税を逃れている「納税者になろうとしない存在」であり、ある事業体について、ある国からみれば法人であるが、他方の国からみれば、課税上存在しないような entity が租税回避の手法として利用されている。

　Sikka は、企業（会計士、弁護士、銀行家）が資本に対する租税や社会的責任を避けるために法人形態を利用し、多国籍企業がオフショア・タックスヘイブンの架空空間を利用している現実を非難している[58]。

　中里は、経済のグローバル化に対し、主権国家の併存状態を前提とする現在の租税制度は十分に対応できておらず、特に法人税に関しては、課税逃れの蔓延等による税収減少等の危機的な状況、すなわち、Race to the Bottom という状況が作り出されている点を、エコノミスト誌の記事をもとに指摘している。かつて50％ほどあった主要国の実効法人税率は、各国で税率の引下げ傾向が続いてお

---

(57) 中里実「租税史回廊　法人税の課税」税経通信71巻7号（2016）6〜7頁。
(58) *Supra* note 44, at 390.

り、現在は20%台が普通のこととなっている。また、企業には社会的責任として納税の義務があるとし、タックス・コンプライアンス（納税者の法令順守）を重視し、申告行動、税務における企業のコーポレート・ガバナンスの役割に着目している。課税庁による調査を通じたコーポレート・ガバナンスの役割に着目すると同時に、会社法を通じたタックス・コンプライアンスの確保の強化に努めるべきという提案を行っている[59]。

藤谷も、国家の制御能力の制約との関係で、グローバル企業のコーポレート・ガバナンスにつき、多国籍企業に対する行為規範（Code of Conduct）の策定を提案している。グローバル化がもたらす国家の制御能力の低下として、規制緩和がもたらすところの所得分配機能の弱体化があげられる。したがって、市場社会内部に再分配的要素を再度組み込む戦略（＝グローバル企業の行為規範の必要性）を模索せざるを得ないのではないかとの指摘である[60]。

以上指摘されるように、タックス・コンプライアンスを重視するためには、申告行動、税務におけるコーポレート・ガバナンスの推進が必要になる。大規模な国際的な課税逃れに対しては、情報を収集し、対応を考えるという情報的手法の強化が求められよう。

すなわち、国際的課税逃れ——機密が保持され、無税もしくは低課税、規制が緩やかで財務開示が不要なタックスヘイブンの利用——対策としては、①情報収集の強化、および／または②租税回避否認規定の充実（一般的租税回避否認規定（GAAR：General Anti-Avoidance（or Abuse）Rule）という2つの方向がある。

うち、中里は、前者の役割を重視し、課税庁による調査を通じたタックス・コンプライアンスの重視、他方で、会社法を通じたコーポレート・ガバナンスの確保の強化に努める途を選択することにより、OFCsに圧力をかける方向性を提示している[61]。同様に、杉江も、コーポレート・ガバナンスは企業・課税庁双方にメリットがあるとする。具体的には、大企業の税務分野におけるコーポレート・ガバナンスの充実により、税務コンプライアンスが向上し、税務に関するリ

---

(59) 中里実「タックス・シェルターからタックス・コンプライアンスへ」ジュリスト No.1496（2016）16〜18頁。

(60) 藤谷武史「市場のグローバル化と国家の制御能力——公法学の課題」新世代法政策学研究18巻（2012）280〜281頁、290〜291頁、同「企業・投資活動の国際的展開と国家」公法研究74号（2012）100〜111頁。

(61) 中里・前掲注（59）18頁。

スク、財務リスクを軽減できるとしている[62]。

後者②の役割を重視する見解については、V(1)で検討する。

V　EU 法および BEPS の影響
——産業としてのオフショア・タックスヘイブンに対する歯止めは可能か

(1)　EU 二次法の影響

イギリスは、2016年6月23日のレファレンダムにより EU 離脱を決定し、政府は2017年3月29日に EU に対して離脱を正式に通知した[63]。EU 基本条約（リスボン条約）50条に基づき、離脱の通知の時より脱退協定締結のための交渉が開始される。メイ首相は、今後 Global Britain を目指すとしている。

しかしながら、EU からの離脱後も、Commonwealth のみでイギリスは成り立たない。EU との相互関係、共通の枠組みを無視することはできず、今後とも EU 法の影響は避けがたい。後述する EU 租税回避指令は OECD の BEPS 勧告を反映したものとなっており、したがって、日本のような加盟国以外に対する影響も大きい。

2012年12月、EU 委員会は、租税回避の一般的な否認規定を国内法に欠く国の存在は EU 市場の機能にとっても有害である等の理由から、加盟国に対して「一般的租税回避否認規定」（GAAR）の導入を勧告した。EU はタックス・プランニングを合法的な行為（legitimate practice）とみなしてきた。が、完全に適法だが法の意図する取決めを通じて税負担を軽減するスキームに対しては、立法当局は後手に回りがちであるところ、行き過ぎたタックス・プランニングは税収のほか EU 市場にとっても有害であると判断した。

---

(62) 杉江潤「租税条約等に基づく情報交換、相互協議を巡る最近の傾向」租税研究740号（2011）9頁。

(63) Brexit を巡り高等法院は2016年11月3日、「離脱手続を正式に開始するためには、議会の承認が必要になる」との原告勝訴判決を下した。*R (Miller) v Secretary for Exiting the European Union* [2016] EWHC2768（Admin）. 政府が行使している国王大権には、国会の同意なくして EU 離脱通知を行う権限が与えられているのかというイギリス憲法上の論点（国会主権原則）を争った訴訟であった。

政府側の上訴を受け、2017年1月24日に最高裁判決が出された。8対3で政府主張を棄却し、高等法院判決を踏襲するものであった（[2017] UKSC 5）。当該最高裁判決を受け、EU 基本条約50条を発動するうえでの法的権限を政府に与える法案（European Union（Notification of Withdrawal）Bill）が同年2月7日下院に提出され、翌8日に可決された。貴族院でも3月13日に可決され、14日の国王裁可を受けて法律として成立した。

それは、租税回避指令（Anti-Tax Avoidance Directive 2016/1164）（2016年7月12日
EU経済・財務委員会が採択）[64]に盛り込まれている（以下の③に該当）。租税回避防止
規定は、①利子損金算入制限、②出国課税、③一般的租税回避否認（GAAR）、④
外国子会社合算税制（CFC：Controlled Foreign Company）（わが国のタックスヘイブン対
策税制に相当する）、⑤ハイブリッド・ミスマッチの5つで構成されており、うち
①④⑤は後述のBEPS勧告をEUに導入するものとなっている。今後、EU加盟
国は2018年12月31日までに国内法化を義務付けられる（②のみ2019年12月31日が期
限）。

　以上の指令採択に至る背景を分析する。アメリカは実質主義を重視するが、イ
ギリスは法形式を重視する立場に立つ。このような厳格な文理解釈を伝統とする
イギリスでも租税回避をめぐっては、1981年の「*Ramsey*事件」[65]以降、目的論
的解釈が採られ（ラムゼイ原則）、裁判所においても濫用的なスキームを阻止する
ための拡張解釈も現れ、解釈をめぐるブレが生じる事態を引き起こしていた。
　このような状況下でGAAR立法（2013年7月財政法206条〜215条として発効）[66]の基
礎を提供したのが「アーロンソン報告書」（GAAR STUDY：Report by Graham Aar-
onson QC）である（2011年11月11日）。当該報告書は、上記ラムゼイ原則の不確実性
や限界（前述のMayes事件では、課税庁側の主張したラムゼイ原則の適用は認められなかっ
た）を解釈するための、新たなルールの創設を目指したものである。広範囲に適
用される一般的否認規定は適当でないと結論づけており、真っ当なタックス・プ
ランニングには適用せず、濫用的な取決めを標的にする穏健な規定を導入するこ
とは有益であるとした（paras.1.5、1.6）。

---

(64) 2016年1月にEU委員会が「租税回避対応パッケージ」を公表。同年7月12日に、その中核と
　　なる租税回避指令（Anti-Tax Avoidance Directive）が採択された。Council Directive（EU）
　　2016/1164.
(65) *W. T. Ramsay Ltd. v Inland Revenue Commissioners*, H.L.［1981］S.T.C.174.
　　取引自体は真正に成立しているにもかかわらず、取引を全体として考察し、該当する制定法を
　　適用する方法をラムゼイ原則とよぶ。渡辺徹也「イギリスにおける最近の租税回避事件と
　　Ramsey原則の動向」税法学553号（2005）219〜254頁は、ラムゼイ原則の適用に関して、判例の
　　変遷を分析している。
(66) 2013年財政法第5編（Finance Act 2013, Part 5, General Anti-Abuse Rule）として制定法に
　　導入された。財政法では、abuse（濫用）のみに対応し、avoidance（回避）は対象外としてい
　　る。客観基準として、ダブルリーズナブルテストにより判定する（207条（2））。岡直樹「英国
　　のアーロンソン報告書とGAAR」フィナンシャル・レビュー126号（2016）117頁。

信託や LLP、LPS といった entity の居住地選択には操作の余地が大きく、それらが国際的な租税回避に利用されているのが現実である。イギリスでは上述の租税回避をめぐる解釈の混乱もあり、GAAR が導入されたが、日本でも同様の立法で対応できるかという点に関しては、消極に捉える論者の方が多いように思われる[67]。私見としても、包括的否認規定ではなくむしろ、個別立法による対応、さらには、情報的手法の国際化により、執行面において OFCs に圧力をかける方向性の方が望ましいのではないかと考える。

情報的手法とは、行政法学において形成されつつある行政手法論のうち、「人間の行動を適正な方向へ誘導するうえで、情報の提供・啓発により誘導するソフトな手法」[68]をいうが、租税法における情報的手法の国際化とは、国際的二重課税の排除のような実体面のみならず、徴税面での国際協力に関する法制度の構築としての手法をも指す[69]。

(2) 情報的手法の国際化

昨今の経済（市場）のグローバル化に伴う国際的協調の下、ソフトな規範形成の役割が増えつつある（政策実現過程のグローバル化）。同一の取引に複数国の租税法規範が適用されることがむしろ通常の事態である国際課税の領域では、抵触法的な視点も必要になる。かつては、公法は国家政策との結びつきが強く、抵触法の前提となる各国法の交換可能性や私法にみられるような同質性が存在しないため、公法の領域に抵触法の発想を適用することには否定的な考えがあった。が、昨今は、二国間の行政協力関係において自国行政法と他国行政法の適用関係の調整が生じる場合の解決方法として提唱されている（公法抵触法の議論）[70]。公法抵

---

(67) 消極派として、中里・前掲注（59）18頁、浅妻・前掲注（37）203頁、宮崎裕子「一般的租税回避否認規定」ジュリスト No.1496（2016）37〜43頁、岡村忠生「一般的租税回避否認規定について」ジュリスト No.1496（2016）44〜50頁。積極派として、今村・前掲注（41）104頁、森信茂樹「BEPS と租税回避への対応」フィナンシャル・レビュー126号（2016）13〜15頁。

(68) 阿部泰隆『行政の法システム（上）』（有斐閣、1992）389頁。

(69) 国際租税法の執行が各国の行政機関に委ねられている点についての理論的課題につき、原田大樹『行政法学と主要参照領域』（東京大学出版会、2015）75頁、80〜102頁。

(70) 斉藤誠「グローバル化と行政法」磯部力ほか編『行政法の新構想 I』（有斐閣、2011）339〜374頁、興津征雄「グローバル化社会と行政法」法律時報88巻2号（2016）81〜82頁、原田大樹「グローバル化時代の公法・私法関係論」浅野有紀ほか編著『グローバル化と公法・私法関係の再編』（弘文堂、2015）34頁、同「国際的行政法の発展可能性」自治研究88巻12号（2012）80〜100頁、横溝大「行政法と抵触法」自治研究89巻1号（2113）128〜141頁。

触法の議論とは、グローバル化に対応する公法理論の中に公法抵触法を含む国際民事ルールを位置付けるべきとの議論である。二国間の行政協力関係において、自国行政法と他国行政法の適用関係の調整の必要が生じた場合の解決方法として提唱されている。

そして、グローバルな政策形成過程において実現されるべき政策目標が共通化されることや、政策実現過程において各国間の法執行体制を平準化することで相互の信頼関係を醸成することが求められている[71]。すなわち、国内公法規制が「国際公益」を標榜する条約レジームの国内実施としての、あるいは事実上の国際共通政策指針の具体化としての性質を強めるにつれて、その規律内容や目的について相当程度の平準化圧力が働くと考えられている[72]。

グローバルな政策目標の共通化につき、国際租税法の分野では、OECD モデル租税条約[73]やコメンタリー、OECD 移転価格ガイドラインといった法的拘束力をもたないソフトな形（ソフトロー）に準拠して租税条約が締結され、国内法化されることにより、実体法化されている[74]。

現実的に法人税率や課税標準の統一化が難しいことは言うまでもないが、法人概念が国によって異なるなかで、法人に対する実体法的な課税ルールをグローバルに統一することも難しい[75]。実体法の統一化よりむしろ、租税執行共助や相互協議といった手続的な要素、すなわち、租税法における情報的手法の国際化が重要になってくるのではないか。

これまでにも規範（ハードロー）としての租税条約は、126ヶ国・地域との間で締結・適用されている（2018年10月1日現在：財務省HP）。今後はむしろ、多国間での租税情報交換協定、税務行政執行共助条約（日本は2013年10月1日発効）が重要に

---

(71) 原田・前掲注（70）「グローバル化時代の公法・私法関係論」44頁。

(72) 藤谷武史「市場に対する国際的なレギュレーションの動態と『国際私法における当事者自治』」国際私法年報15号（2013）87頁。

(73) 各国政府がエンドースしていない国連モデル租税条約と異なり、OECD モデル租税条約は加盟国政府が正式にオーソライズしている。各国それぞれ受け入れない箇所については留保を付している。浅川雅嗣「OECD における BEPS と自動的情報交換への取り組み」租税研究786号（2015）79頁。

(74) 藤谷・前掲注（52）36〜37頁、宮崎裕子「国際課税におけるデファクト・スタンダード」ソフトロー研究9号（2007）79〜80頁。

(75) 経済活動のグローバルが各国の公共政策を収束させるかは、比較法・比較政治経済の中心的な争点であり、租税政策はその重要な素材である。各国の法人税制は一定の制度に収束するかにつき、増井良啓「法人税制の国際的調和に関する覚書」税研 No.160（2011）30〜37頁。

第9章　英国王室属領の特殊性と EU 法および BEPS の影響　　263

なってくると思われる[76]。すなわち、これまで租税執行の領域における執行管轄権の競合の調整について、租税条約を中心に行われてきたが、それらは維持されるとしても、国際的な経済活動では他国の規範が自国の規範形成に作用するため、執行管轄権の調整を多国間で行うことが必要になろう。それが、税務行政執行共助条約であり、租税条約に基づく情報交換である。

租税条約に基づく税務当局間の情報交換には、①要請に基づく情報交換、②自発的情報交換、③自動的情報交換の3形態がある。米国の外国口座税務コンプライアンス法（FATCA：Foreign Account Tax Compliance Act）（2013年1月施行）を契機として、「共通報告基準」（CRS：Common Reporting Standard）に基づく自動的情報交換の開始が G20等で検討されてきた[77]。

OECD に設置された「税の透明性と情報交換に関するグローバル・フォーラム」は国際基準の確立を目指すが、その第一次的源泉は OECD モデル租税条約26条4項5項（2005年改訂）における「情報交換規定」である。外国からの要請に対しても新たな質問検査権の導入、銀行秘密があっても情報交換を拒否することにはならない等のグローバル・スタンダードが決められ、2014年2月、G20財務大臣・中央銀行総裁会議は「共通報告基準」（CRS）を承認した。当該グローバル・フォーラムは、各国の税務執行共助に関する調整の場と位置付けられ（2006年に初の報告書公表）、各国の税務行政に関するピア・レビュー（相互審査）が実施されている[78]。

2014年12月9日には、Directive2011/16/EU を修正した租税分野における義務的自動情報交換に関する Directive2014/107/EU（EU 運営条約115条に基づく）が採択された。2016年4月12日には、所得税情報の開示に関する改正指令（Amending Directive 2013/34/EU COM（2016）0198final）も公表された。一定の多国籍企業について、EU 域内の各国とその他の地域に大別して、従業員数、売上高、課税所得額、未払所得税額および納付税額を含む国別報告書を求める内容である。

わが国でも租税条約等に基づく「自動的情報交換」（AEOI：Automatic Exchange of Information）を可能とするための国内法として、平成27年度税制改正（2015年3

---

(76)　田中良「租税執行における情報交換」法律時報86巻2号（2014）23頁。
(77)　浅川・前掲注（73）94～97頁、108～113頁。
(78)　OECD グローバルフォーラムの透明性と情報交換の推進について、一高龍司「所得課税に係る情報交換を巡る動向とその含意」租税法研究42号（2014）23～46頁、吉村政穂「国際課税における金融口座情報の共有体制の確立」金子宏ほか編『租税法と市場』（有斐閣、2014）535～537頁。

月）において、非居住者に係る金融口座情報の自動的交換のための報告制度が創設され（条約実施特例法10条の5以下）[79]、2017年1月より CRS による金融口座情報の自動的情報交換制度が導入された。2017年1月1日より金融機関は対象口座の特定手続を行い、税務署への申告を行っている。

　自動的情報交換は、もともとは脱税の摘発を目的としている。情報交換の相手国の居住者の情報を国税庁が報告、逆に、外国の金融機関の口座を保有する日本居住者の情報が外国の税務当局から国税庁に集まることになる。CRS に沿って、定型的に、自動的に、納税者の口座特定手続（デューデリジェンス手続）が行われる[80]。ループホールの利用に対応する BEPS プロジェクトとは異なるが、自動的情報交換という情報的手法によるソフトな誘導方法の活用は、国際的な租税回避行動への対応の一手法になり得ると思われる。

(3) BEPS プロジェクトの効果——ハイブリッド・ミスマッチをどう防ぐか

　すでに EU 租税回避指令（Council Directive（EU）2016/1164）に一部が取り込まれている OECD/G20 BEPS プロジェクト[81]は、2015年10月、検討結果を15の行動にまとめ、最終報告書として公表したものである。Action 11（測定モニタリング）によると、「BEPS による税収の損失は、控え目に見積もっても毎年1,000億米ドル〜2,400億米ドル、世界全体の法人税収の4〜10%に達すると推計されて」いる[82]。二重非課税により失われたであろう税収を取りもどし、タックスヘイブンに集まる富の再分配、すなわち「分配の公正」が求められている[83]。

　BEPS プロジェクトは、多国籍企業による（従来の国際課税ルールではまったく合法である）ところの租税回避スキームに対する国際的な議論の枠組みの設定である。しかし、OECD は立法機関でも条約制定機関でもない国際機関であり（2018

---

(79) 増井良啓「非居住者に係る金融口座情報の自動的交換」論究ジュリスト14号（2015）218〜223頁。

(80) 浅川・前掲注（73）77〜115頁、浅妻章如「国際的情報収集」ジュリスト No.1496（2016）51〜55頁。

(81) *OECD/G20 Base Erosion and Profit Shifting Project 2015 Final Reports Executive Summaries.*

(82) *Measuring and Monitoring BEPS, Action 11, 2015 Final Report*
http://www.oecd.org/ctp/beps-2015-final-reports.htm

(83) 知原信良「国際課税と再分配」租税法研究44号（2016）73〜74頁、ガブリエル・ズックマン著・林昌宏訳『失われた国家の富　タックスヘイブンの経済学』（NTT 出版、2015）、トマ・ピケティ著・山形浩生ほか訳『21世紀の資本』（みすず書房、2014）。

年現在の加盟国は35ヶ国）、法的拘束力をもたないソフトローとしての提言にすぎない。国家主権の縛り（課税管轄権、執行管轄権）、国際的経済秩序の縛り（スティクホールダーの抵抗）という阻害要因から、BEPS プロジェクトの国際的課税逃れ対策としての有効性に対しては疑問も呈されている[84]。しかし、租税回避対応パッケージとして EU 租税回避指令に勧告内容が採択され、加盟国の国内法化段階にある EU と同様に、今後 OECD 加盟国には、国内法化、租税条約の改訂あるいは多国間協定の開発が求められ、ハードロー化されることによる有効化が期待される。

　税制調査会においても「『BEPS プロジェクト』の勧告を踏まえた国際課税のあり方に関する論点整理」（2016年11月14日）が公表され、経済取引の国際化等に伴う調査事務の複雑化・困難化や申告件数の増加等にも対応できるよう執行体制やモニタリング機能の増強が必要であるとされている。このようにして、グローバルな政策目標の共通化である BEPS プロジェクトは、国内法化を通じて法的拘束力を持つことになる。

　うち本章のテーマに関係する Action 2（ハイブリッド・ミスマッチ取決めの無効化）および Action 12（義務的開示制度）を取り上げる。

　前者（Action 2）は、ハイブリッド金融商品の配当に対する課税上の取扱いが国によって異なることを利用して配当の支払国・受取国のいずれでも課税されない二重非課税状態への対策として、配当について外国子会社配当益金不算入制度（＝受取配当の非課税）を導入している国は、配当支払地国側で損金算入（＝非課税）されている場合には、制度の対象外とすべきとしている（リンキング・ルールの勧告）。

　後者（Action 12）は、国税当局が租税回避スキームを速やかに把握するため、プロモーターやそれを利用する納税者に対して、そのスキームの内容等、一定の情報を課税当局に報告することを義務付ける制度の導入を勧告している。

　個人が OFCs を利用したタックス・プランニングを目論む場合、LLP や LPS によるハイブリッド・ミスマッチを利用した金融商品や事業体を利用することが多い。受益者が特定できない信託を利用して、OFCs に資産を移転し、課税管轄を逃れる租税回避スキームを組んだり、あるいは、プロモーター側が信託を金融

---

(84) 中里実「BEPS プロジェクトはどこまで実現されるか」ジュリスト No.1483（2015）25〜30頁。

266　第三部　英領タックスヘイブンを利用した租税回避

商品に組み込んで利用する場合もある。

　事業体の法人該当性が国によって異なる取扱いとなることを利用している前者については、リンキング・ルールが有用になり得る[85]（2015年度税制改正で、損金算入配当について外国子会社配当益金不算入制度を適用しない措置が講じられた）。

　信託の利用によって受益者が特定できない——すなわち、所有権を別々の要素に分離する法的障害が、堅固な情報障害となる——場合について、後者の勧告（Action 12）はどこまで効果的か。OFCs に信託を設定する場合については、OFCs 国の信託法が利用されることになるので、実体法制が各国によって異なることを克服することはできず、義務的開示のみでは効果は限定的と思われる。しかし、プロモーターに対するディスインセンティブにはなりうる。

　いずれにせよ、情報的手法の国際化は各国の法執行体制の平準化をもたらす。あるいは、コーポレート・ガバナンスの強化（会計基準は既に国際化されている）により、国際標準へ移行するような圧力をかけることも必要であろうと思われる。上記の税制調査会の論点整理（2016年11月14日）においても、タックス・プランニングの義務的開示制度導入への留意事項が記載されている。基準設定にあたっては、「制度目的を効果的に達成しつつ、過剰な事務負担等を与えないよう、何らかの客観的な基準を用いて開示対象となるスキームを特定することが必要である」とされている。米国、イギリス、アイルランド、ポルトガル、カナダ等ではすでに、義務的開示制度が導入されている。具体的には、①どのような取引を報告対象とし、②誰が、③いつ、④何を報告し、⑤開示しなかった場合にはどうなるのか、の各構成要素についてそれぞれ選択肢を提示して、各国の実情に合った制度を組み立てていく「モジュラー方式」が勧告されている。ハイブリッド・ミスマッチ取決めが含まれる疑いのある国際的なスキームが開示対象となる。

VI　むすびにかえて

　ガーンジーもジャージーも EU には加盟していない。しかし、OECD のソフトロー（BEPS プロジェクト等）は EU 二次法（EU 指令等）に取り込まれる。EU 指

---

(85) ただし、LPS という外国事業体のわが国租税法上の法人該当性につき、デラウェア州 LPS は外国法人に該当し、バミューダ LPS は外国法人ではないと最高裁で同日（2015年7月17日）に判示（後者は不受理決定）されたような混乱は生じ得る。

令は各加盟国において法的拘束力をもつ国内法化が行われることにより、加盟国や準加盟国に対して影響を及ぼす。それはイギリスのEU離脱後においても同様であり、イギリス本国の覇権によって保護されている王室属領も例外ではあり得ない。

OFCsであるところの英国王室属領は、それぞれ独自法をもつ。しかし、イギリス本国との関係のうえに成り立っている独自法であり、したがって、EU指令やOECDのBEPSプロジェクト等によるループホールを防ぐためのソフトローに対して、ガーンジー国内法も影響を受けることになる。これらのプロセスを進展させることにより、加盟国や準加盟国に対して、取引方法や手段の開示義務を課す。結果として、執行構造における平準化・共通化・互換性の強化が進むと思われる。

「産業としてのオフショア・タックスヘイブン・ビジネスに対する歯止めとなる仕組みの構築は可能か」という本章で取り上げた問いに対し、実体法としては、訴訟となるリスクを孕む一般的租税回避規定（GAAR）の導入ではなく、個別立法の迅速化による対応を望みたい。ただし、一方で資本移動の自由を容認しながら、他方で各国の主権的決定に基づく実体法における不整合を容認する以上は、各国の規制の不整合を突いた戦略的行動が生じることは避けられない宿命にあるといえよう[86]。

立法はどうしても遅れる。しかし、強権力性が強く、不確定概念につき課税庁の裁量問題へとつながる包括的否認規定より、個別法の立法化および厳格な文理解釈の途を望みたい。同時に、緻密をもって知られる国内租税法に対する解釈と、抽象的な規定とならざるを得ない租税条約に対する解釈との齟齬を埋める作業も必要となろう。

グローバル化が世界規模での富の再分配を阻害し、「分配の公正」が失われつつある現状に対して、迂遠なアプローチ手法ではあるが、法人の企業倫理——コーポレート・ガバナンス——の向上を促し、そして、情報的手法の国際化により、自国租税法と他国租税法の間における接触法関係の調整を促すような法執行関係の平準化が、執行手続面においては望ましいと思料する。

---

(86) 藤谷・前掲注（72）95頁。

事項索引

あ

青写真·················· 175, 179, 181
アウトバウンド取引····················· 231
アルトマーク（Altmark）判決··· 171, 189
アーロンソン報告書······················ 260
伊方原発訴訟···················· 120, 122
ウィーン条約法条約··············· 23, 244
英国NDA（Nuclear Decommissioning
　Authority）················ 92, 108, 109
英国王室属領(UK Crown Dependencies)
　·················· 194, 204, 235
英連邦（Commonwealth）
　·················· 194, 208, 236, 259
越権訴訟·························· 32, 138
エネルギー政策基本法····················· 144
欧州委員会（European Commission）
　·················· 159
欧州共同体法（European Communities
　Act 1972）····· 7, 15, 18, 23, 60, 66, 198
欧州人権裁判所（ECtHR）
　·················· 66, 86, 241, 243
欧州人権条約（ECHR）········ 42, 65, 207
オフショア金融センター（OFCs）
　·················· 195, 251, 256, 257, 265, 266
オーストリア政府による提訴····· 173, 174
オーフス条約······················ 28, 134
オーフス条約三原則····················· 29, 33

か

外国法人税························· 202, 203
外国法人の定義························· 230
回収不能コスト（stranded cost）······ 100
核燃料サイクル············ 101, 103, 107
過度の費用負担要件····················· 33, 35

環境公益訴訟················· 87, 134, 146
環境団体訴訟············ 27, 31, 135, 136, 137
環境団体訴訟法案········ 51, 146, 151, 153
環境・法的救済法············ 30, 31, 136, 137
ガーンジー··············· 204, 205, 206, 237
ガーンジー信託法······················ 245
ガーンジー所得税法············ 202, 251, 252
ガーンジー島事件············ 201, 236, 252
ガーンジー法················· 239, 242, 245
帰属所得主義························· 256
客観訴訟········ 131, 133, 146, 149, 150, 151
供給責任···························· 94
具体的な争訟性······················ 151
グリーンピース事件····················· 39, 136
景観利益···························· 147
権限配分バランス（balance of
　competences）····················· 22
権限踰越（ultra vires）原則··· 37, 39, 57
原告適格········ 10, 12, 27, 30, 36, 38, 41, 87,
　133, 134, 143, 185, 189
原子力規制庁························· 95
原子力基本法························· 92, 95
原子力損害賠償支援機構·················· 91
原子力損害賠償支援機構法·················· 101
原子力廃止事業······················ 110
原子力廃止措置の事業体·················· 113
原子力フェイズ・アウト
　·················· 111, 112, 114, 165, 181
原発再稼働差止め仮処分決定····· 119, 154
公益的団体訴訟························· 30, 145
公正な裁判を受ける権利·················· 240
高等法院法（Senior Courts Act）31条
　·················· 11, 36, 38
公法人···························· 114, 115
効率性原則························· 44, 63

高レベル放射性廃棄物……………… 102, 105
国王大権……………… 5, 6, 14, 17, 20, 24
国外所得免除方式……………………… 256
個人的該当性………………… 176, 178, 189
コスタ対エネル（Costa v ENEL）事件
………………… 9, 22, 43, 61, 198
国会主権（原則）
………………… 5, 6, 20, 25, 52, 57, 63, 208
国家自治（national autonomy）原則
……………………………………… 44, 63
固定価格買取制度（CfD）
………………………… 114, 159, 163, 164
コモンロー………………… 66, 233, 249
コーポレート・ガバナンス……… 257, 258,
266, 267

さ

サリバン報告書…………………………… 34
志賀原発訴訟………………………… 129, 132
市場の失敗…………………………… 171, 172
自然的正義（natural justice）………… 54
持続可能な発展（EU 運営条約11条）
……………………………………… 53, 55, 85
司法消極主義…… 47, 58, 73, 133, 155, 208
司法審査（請求）… 10, 11, 12, 32, 35, 135
司法積極主義……………… 50, 58, 84, 86, 87
司法へのアクセス権…………… 28, 32, 50
市民訴訟……………………… 37, 138, 139
重大明白説…………………… 125, 126, 154
十分な利益（sufficient interest）要件
……………………… 12, 32, 41, 50, 135
準加盟国（associate state）………… 243
準拠法……………………………… 228, 229
情報的手法…………………………… 261, 262
職務執行命令（mandatory order）
……………………………………… 46, 49, 83
シルフィット（CILFIT）事件……… 60
新エネルギーミックス戦略……… 157, 184
人権法（Human Rights Act 1998）
………………………… 42, 65, 241

信託（trust）……………………… 246, 247
シンメンタール（Simmenthal）事件
………………………… 10, 61, 198
誠実な信頼関係原則（EU 基本条約 4 条
3 項）………………………………… 82
絶対的安全性…………………………… 118
設立地私法説（外国私法基準説）
………………………… 224, 226, 227
セラフィールド再処理工場（THORP）
………………………… 103, 104, 114
先決裁定（preliminary ruling）
………… 9, 30, 43, 48, 54, 59, 80, 198
宣言的判決（declaration）
………………… 46, 48, 74, 75, 77, 83
専門技術的裁量……………… 122, 127, 128
総括原価方式……………………………… 94
相対的安全性…………………… 127, 131, 150
訴訟要件の緩和（克服）…… 143, 145, 152
租税回避（tax avoidance）…………… 196
租税情報交換協定（TIEAs）210, 244, 262
損益帰属主体性基準……… 217, 218, 221

た

大気質計画…………………………… 46, 70
第 5 次エネルギー基本計画…………… 114
ダイシー（A.V.Dicey）………… 6, 63, 64
大権の救済………………………………… 77
宝塚市条例事件………………………… 153
タックス・コンプライアンス………… 258
タックス・シェルター………………… 193
タックス・プランニング
………………… 198, 228, 230, 265
タックスヘイブン………………… 194, 253
タックスヘイブン対策税制…………… 202
団体原告適格………………… 30, 155
団体訴訟の判決効………………………… 148
地域独占………………………………… 94
地層処分………………………… 102, 105
デュケーン電灯㈱事件………………… 101
超国家的（supranational）機構

事項索引　271

―――――――――――― 21, 43, 59
デラウェア州 LPS 訴訟
　―――――― 219, 220, 224, 232
電力システム改革―――――― 113
ドイツ再生可能エネルギー発電業者等に
　よる提訴―――――― 173, 174, 176, 177
東京電力ホールディングス――― 91, 113
豊前火力発電所事件―――――― 140, 141

は

ハイブリッド・エンティテ――― 214, 227
ハイブリッド・ミスマッチ取決め
　―――――――――――― 215, 265
パクシュⅡ原発――――――― 181, 186
バックエンド問題――――――― 106
バック・キャスティング――――― 106
発送電分離（アンバンドリング）
　―――――― 94, 96, 97, 99, 112, 160
浜岡原発訴訟――――――――― 130
バミューダ LPS 訴訟 ――― 214, 216, 232
比例性原則―――――――――― 169, 170
ヒンクリーポイント C 原子力発電所
　―――――――――――― 158, 159
ヒンクリーポイント C 国家補助 ―― 163
ファイナイト再保険事件――――― 229
ファクタテイム（Factortame）事件
　――――――――――――― 8, 64
ファン・ヘント・エン・ロース（Van Gend
　en Loos）事件 ―― 9, 44, 62, 75, 198
不一致宣言（不適合の宣言）（declaration
　of incompatibility） ――――― 42, 66
福島第一原発事故――――― 91, 95, 117
付託手続―――――――――――― 78
プルトニウム―――――― 102, 107, 127
プロイセンエレクトラ（Preussen
　Elektra）事件 ――――――― 166, 167
紛争管理権―――――――――― 140, 141
文理解釈（statutory interpretation）
　―――――――――――――― 68, 73
法人格付与基準――――――――― 221

法人法定主義―――――― 216, 217, 233
法の支配（rule of law）―― 5, 21, 52, 64

ま

マクゴネル（McGonnell）事件 ― 206, 240
民事訴訟規則54部（Civil Procedure Rules,
　Part54）―――――――――― 11, 38
目的論的（目的的）解釈（purposive
　interpretation）―――――――― 55, 68
持株会社制―――――――――――― 99
もんじゅ第二次訴訟――――――― 125

や

優先処理手続（expedited procedure）
　―――――――――――――――― 79
ユニバーサル・サービス――――― 112, 113
予備的結論（preliminary conclusion）
　―――――――――――――――― 76

ら

六ケ所村再処理工場――――――― 111
ローズ劇場（Rose Teatre）事件 ――― 39

A-Z

Bailiff ―――――― 204, 207, 209, 237, 239
Bailiwick of Guernsey―――――― 204, 235
Blackburn 事件 ――――――――― 16
Brexit（EU 離脱）
　――――― 23, 162, 164, 181, 211, 237
Cadbury Schweppes 事件 ― 196, 197, 199
CFC（Controlled Foreign Company）税制
　――――――――― 196, 197, 200, 201
ClientEarth ――――― 47, 51, 71, 72, 77, 87
CRS（共通報告基準）――― 210, 263, 264
Davies, James, and Gaines-Cooper v
　HMRC 事件 ――――――――― 253
Domicile（永住者）―――――― 254, 255
EDF Energy 社 ―――――― 158, 162, 186
EU 基本条約50条（EU からの離脱）
　――――――――――― 13, 24, 187

EU 運営条約107条（国家補助ルール）
.... 159, 165, 166, 175, 187
EU 運営条約108条（委員会の審査と決定）
.... 163
EU 国民投票法 3
EU 司法裁判所 9, 198
EU 指令 66, 67
EU 大気質指令 45, 69
EU 電力自由化指令 97, 160
EU 二次法 98, 237, 259, 266
EU 法の直接効果 7, 43, 62
EU 法の優越性 7, 43, 60
EU 離脱通知 3, 13, 17
EURATOM 条約 181, 182, 183, 187
FATCA（外国口座税務コンプライアン
ス法）............ 210, 263
GAAR（一般的租税回避否認規定）
.... 258, 259
GCHQ 事件 15
IRC 事件 12, 38

Janecek 事件 82
Jurisdiction（管轄）............ 255
LLP 法 248, 250
LPS 法 214, 248
Mayes 事件 250
OECD/G20・BEPS プロジェクト最終報
告書 209, 211, 215, 237, 264, 265
OECD 租税委員会 194
OECD モデル租税条約 262, 263
OECD 有害な税の競争報告書
.... 194, 210, 236
Partnership 249
Ramsey 事件 260
Residence（居住者）............ 253
Separate legal entity
.... 218, 223, 224, 225, 231, 232
Tower MCashback LLP 事件 250
Unibet 事件 82
Vent De Colère 事件 167, 168
WDM 事件 40

〈著者紹介〉

兼 平 裕 子（かねひら ひろこ）

1978年　広島大学政経学部法律政治学科卒業
2003年　神戸大学大学院法学研究科博士後期課程修了・博士（法学）
税理士を経て、2007年より愛媛大学法文学部准教授、2010年より教授

〈主要著書〉

『それでも環境税を払いたくなる本』（海象社、2009年）
『低炭素社会の法政策理論』（信山社、2010年）
『民法と税法の交錯』（愛媛大学法学研究叢書、2012年）
『借用概念と税務争訟』（清文社、2016年）

英国司法審査と EU 法

2019 年 1 月 20 日　初版第 1 刷発行

著　者　兼　平　裕　子
発行者　阿　部　成　一

〒162-0041　東京都新宿区早稲田鶴巻町514

発 行 所　株式会社　成 文 堂

電話 03（3203）9201（代）　Fax 03（3203）9206
http://www.seibundoh.co.jp

製版・印刷　藤原印刷　　　　製本　弘伸製本
©2019　H.Kanehira　　Printed in Japan
☆乱丁本・落丁本はお取り替えいたします☆
ISBN978-4-7923-0637-3 C3032　　検印省略

定価（本体5700円＋税）